L'Enquête et ses graphies en sciences sociales

Figurations iconographiques d'après société

Édité par
Katrin Langewiesche
& Jean-Bernard Ouédraogo

L'Enquête et ses graphies en sciences sociales

Figurations iconographiques d'après société

Édité par
Katrin Langewiesche
& Jean-Bernard Ouédraogo

© Amalion 2019

Amalion
BP 5637 Dakar-Fann
Dakar CP 10700
Sénégal
http://www.amalion.net

ISBN 978-2-35926-078-6 (broché)
ISBN 978-2-35926-079-3 (ebook)

Conception de la couverture par Will McCarty
Photo de la couverture par Milton Guran
Conception de l'intérieur par Nord Compo
Achevé d'imprimer par Imprint Digital, Seychelles Farm, Upton Pyne, EX5 5HY, UK

Tous droits de reproduction, de traduction, d'adaptation, de représentation réservés pour tous pays. Aucune partie de cet ouvrage ne peut être traduite, adaptée ou reproduite de quelque manière que ce soit sans l'autorisation d'Amalion.

Sommaire

1 L'enquête en sciences sociales et les formes de l'écriture
   Katrin Langewiesche & Jean-Bernard Ouédraogo 1

Première partie
Les images, l'identité et la mémoire

2 Mémoire et vidéo à Port-de-Bouc.
   La théorie de M. Halbwachs à l'épreuve du terrain
   Roger Cornu 15

3 Bricolage de la mémoire : sources orales et visuelles
   dans la construction de l'identité agouda
   au Bénin et au Togo
   Milton Guran 33

4 Être chercheur et photographe en sociologie :
   Médiation autour de la fête religieuse *Hanoukkah*
   Sylvaine Conord 57

Deuxième partie
L'épistémologie des images

5 Le récit des images
   Sylvain Maresca 75

6 De la méthodologie de l'image chez Henri Bergson
   Ioulia Podoroga 93

7 À propos de l'être humain. L'art paradigme
  de l'anthropologie
  Albert Piette 111

Troisième partie
Photographies et rythmes

8 Vers une *image-temps* de la restitution
  Ralf Marsault 137
9 Les rythmes de l'urbanisation globale. Exploration
  des compétences cosmopolites
  Emil Abossolo Mbo & Cassis Kilian. 155
10 Les jeux vidéo en aveugle : essai de rythmanalyses
  Mathieu Triclot. 175

Auteurs

Emil Abossolo Mbo est acteur. Il a donné des représentations au théâtre dans des pièces comme *Hamlet, Titus Andronicus, La Tragédie du roi Christophe* et en 2018 dans *Le Traitement* au Théâtre des Abbesses et au Théâtre Dijon-Bourgogne. Il a écrit et mis en scène le spectacle *Champs de sons* qu'il interprète lui-même et joué dans des nombreux films africains, européens et américains.

Sylvaine Conord est maîtresse de conférences en sociologie à l'université Paris Nanterre où elle est également chercheure dans l'équipe Mosaïques de l'UMR LAVUE (CNRS, 7218). Elle est aussi photographe et enseigne la sociologie visuelle à l'université Paris Nanterre. Elle est impliquée actuellement dans des programmes de recherche collectifs concernant l'image des quartiers populaires et la recherche participative. Elle a publié entre autres avec Cécile Cuny, *Etudes urbaines. Approches photographiques* (Altrimédia, 2015) ; avec Anne Steiner Anne, *Belleville cafés* (L'échappée, 2010). Elle a édité le livre *Arrêt sur images. Photographie et anthropologie, Ethnologie française*, Tome XXXVII, 1. (PUF, 2007).

Roger Cornu, sociologue au CNRS, a publié de nombreux travaux sur le monde du travail, sur l'image dans les sciences sociales et sur les conditions épistémologiques, méthodologiques et historiques de la pratique sociologique contemporaine.

Milton Guran, anthropologue au Laboratoire d'Histoire Orale et Image (LABHOI), Université Fédérale Fluminense de Rio de Janeiro, Brésil, photographe et auteur de plusieurs études, *Agoudas : les brésiliens du Bénin* (La Dispute, 2010) et *Autour de l'extrême* avec Jean-Luc Monterosso, Françoise Gaillard, et Seloua Luste Boulbina (Contrasto, 2011).

Cassis Kilian a écrit une thèse sur le cinéma africain dans le contexte postcolonial. Elle enseigne l'anthropologie à l'Université de Mayence en Allemagne. Avant ses recherches académiques, elle a travaillé comme actrice et son expérience dans les deux domaines l'a incitée à explorer les affinités et les zones frontalières entre l'anthropologie et l'art de la scène.

Katrin Langewiesche est anthropologue à l'Institut d'ethnologie et des études africaines de l'Université de Mayence en Allemagne. Ses intérêts de recherche portent sur la diversité religieuse dans les sociétés africaines modernes ainsi que sur des développements méthodologiques et épistémologiques en sciences sociales. Elle est l'auteure du livre *Mobilité religieuse. Changements religieux au Burkina Faso* (Lit Verlag, 2003).

Sylvain Maresca est professeur émérite à l'université de Nantes, France. Ses recherches portent sur la sociologie des images et l'usage des images dans les sciences sociales. Il est l'auteur du blog « La vie sociale des images ».

Ralf Marsault est photographe et anthropologue (Ph.D. Anthropologie visuelle). Il est rédacteur à *Anthropoweb*, portail des sciences humaines et chercheur indépendant associé à Phanie, centre de l'ethnologie et de l'image, Paris. Il a récemment publié « Éléments d'anthropologie punk », *Journal des anthropologues* n° 152/153, 2018 et exposé en juin 2018 « Alex Amann/Ralf Marsault : dialogues de formes, formes des dialogues », Maison abandonnée, Villa Cameline, Nice.

Jean-Bernard Ouédraogo est sociologue au CNRS et membre de l'Institut interdisciplinaire d'anthropologie du contemporain (LAIOSIIAC, EHESS/CNRS) à Paris, France. Il est l'auteur de plusieurs ouvrages dans le domaine des arts parmi lesquels *Kalidou Kassé peintures : Expériences de la forme* (Amalion, 2014), *Identité visuelle en Afrique* (Amalthée, 2008), *Arts photographiques en Afrique* (L'Harmattan, 2002) et a édité *Nobert Elias, Ecrits sur l'art africain* (Kimé, 2002).

Albert Piette est anthropologue, Professeur à l'Université Paris Nanterre, membre du Laboratoire d'ethnologie et de sociologie comparée au CNRS, France. Après des travaux sur les faits religieux et l'épistémologie des sciences sociales, il s'intéresse aux modalités d'observer, de décrire et de comprendre l'être humain, comme l'indiquent ses ouvrages les plus récents : *Anthropologie existentiale* (Pétra, 2009), *Contre le relationnisme* (Le Bord de l'eau, 2015), *Le volume humain* (Le Bord de l'eau, 2017), *Anthropologie théorique ou comment regarder un être humain* (Iste éditions, 2018).

Auteurs

Ioulia Podoroga est docteure en philosophie, spécialiste de la philosophie de Bergson et auteure d'un livre *Penser en durée : Bergson au fil de ses images* (2014). Elle enseigne à l'Université de Strasbourg et à l'EHESS, Paris, France.

Mathieu Triclot, philosophe, Université de technologie de Belfort-Montbéliard (Laboratoire IRTES), France. Ses recherches portent sur la cybernétique, l'histoire de l'informatique et la notion d'information. Il a écrit *Le moment cybernétique* (Champ Vallon, 2008) et *Philosophie des jeux vidéos* (Zones, 2011).

1

L'enquête en sciences sociales et les formes de l'écriture

Katrin Langewiesche
& Jean-Bernard Ouédraogo

> Puisque... puisque je ne peux pas m'arracher à l'objectivité qui m'écrase ni à la subjectivité qui m'exile, puisqu'il ne m'est pas possible ni de m'élever jusqu'à l'être, ni de tomber dans le néant..., il faut que j'écoute. Il faut que je regarde autour de moi plus que jamais... Le monde...
>
> Jean-Luc Godard,
> *Deux ou trois choses que je sais d'elle* (1967).

L'initiative du séminaire *L'enquête et ses graphies : figurations iconographiques d'après société* repose sur une question simple, à savoir quels sont les manières et les moyens iconographiques les plus adéquats dont disposent aujourd'hui les sciences sociales pour traduire le plus exactement possible les ressources de l'enquête de terrain ?

Une série de réponses, à la faveur de l'irruption du « visuel », s'offre à nos usages ; la photographie, la vidéo, le dessin et les dispositifs informatiques ou numériques variés sont utilisés pour tenter d'exprimer les résultats issus du travail de terrain. À cette problématique que partagent aujourd'hui nombre de chercheurs en sciences sociales, il nous a semblé utile d'associer, afin d'approfondir la perspective, la question relative à l'écriture iconographique qui tente, au moins dans les sciences sociales, de s'affirmer face aux formes scripturales classiques. En effet, l'usage souvent illustratif de l'iconographie habituelle laisse intacte l'épreuve nouvelle de la traduction des faits de terrain en figures visuelles.

L'écriture scripturale a, depuis son invention, forgé nos modes de pensée, ajusté nos formes d'expression des plus descriptives aux plus abstraites et s'est ainsi imposée aux chercheurs comme la voie la plus efficace, sans doute aussi la plus noble, du fait de son inscription dans un héritage savant ancien, pour traduire nos idées et perceptions sur la réalité qui nous entoure et sur laquelle se projettent nos théories et nos actions heuristiques les plus usuelles. Les anciennes fonctions religieuses et politiques du « verbe » et de la « parole » y sont certainement pour quelque chose dans l'institution de l'hégémonie technologique de l'expression scripturale.

Comme on le sait, la lecture n'est autre que la reproduction d'un son. Ainsi, note Marcel Détienne (1967 : 58), « la parole chargée d'efficacité n'est pas séparée de sa réalisation ; elle est d'emblée une réalisation, une réalité, une action ». Prolongement d'une légitimité divine ancienne, l'écriture repose sur un socle historique solide qui contribua à informer les formes d'expressions actuelles, y compris celles visuelles. Les autres formes de traduction, de lecture et d'interprétation du monde apparaissent dans un tel contexte historique comme des supplétifs, des formes secondes qui ne tirent leurs forces qu'inscrites dans une chaîne de significations prescrite par le « verbe ». Ainsi, les fonctions d'encodage, de représentation et d'analyse qui acquière une puissance sur la réalité sont alors réduites à leur forme scripturale. Cette suprématie des systèmes de notation graphique, qui est aujourd'hui fragilisée dans sa cohérence et donc son efficacité, par les avancées technologiques et par la fragmentation du système de valeurs qui marginalisent les formes classiques de l'écriture au profit d'une prolifération iconologique sans précédent, qui ouvre à des modalités inédites d'expression d'une forme nouvelle d'intelligibilité du réel. Et de fait, les contours de ce « réel » s'en trouvent ainsi modifiés, élargis, augmentés. De la photographie à la télévision en passant par les dispositifs d'informations domestiques, l'image est partout présente et opère une reconfiguration de l'ordre ordinaire du discours, profane et académique. Elle introduit de nouveaux rapports à l'interprétation du monde et place donc au centre des enjeux sociaux les modalités de l'écriture, de la lecture et de la traduction des réalités sociales. Cet état historique de la « traduction » et de « l'interprétation » des faits sociaux souligne fortement les limites des formes classiques de la « transcription » et invite à repenser, en la réévaluant rigoureusement, la fonction des autres formes d'expression de la réalité, en particulier celles iconographiques. Il y a un avantage, pour les sciences sociales, à cette « crise » de l'écriture et de la lecture, car ainsi que le formule justement Heinz Wismann (2012 : 162), « pour qu'il y ait réflexion, il faut que soit marquée une fin, une limite ; ce qui se déploie à l'infini ne se replie jamais sur soi ». L'élargissement du périmètre des expériences du monde fractionné met à l'épreuve, soumet à une concurrence « sauvage », c'est-à-dire non encore réglementée, des sens inédits, le « régime de vérité » porté naguère par l'écriture classique, autrefois principe d'unité formelle des « objets » et des « êtres » reconnus par nos sens. Les évocations vivantes, objectives, par la langue concrète des sensations et les traductions d'émotions individuelles sont structurées par les règles de la description des « styles ethniques », des normes collectives. Cette double tâche, parce qu'importante dans la dynamique de la description analytique, centrale dans les sociétés humaines, mérite un approfondissement et que lui soit consacré un programme ambitieux de recherche. Les textes présentés ici se contenteront d'en esquisser quelques linéaments.

RETOUR SUR LA GENÈSE DE L'ÉCRITURE

Avant l'avènement des « écritures », la codification de la langue permettait l'établissement d'un espace partagé de signes sonores, qui déjà reposait sur une identification des éléments de l'environnement. C'est le découpage de cette langue parlée en un certain nombre de symboles phoniques ou lettres dont la sérialisation amorcera le processus de création des alphabets. Divers systèmes de notation des reconnaissances figuratives ou abstraites ont précédé les formes graphiques que nous appelons aujourd'hui « écriture ». La gestation de ces formes « graphies » viendrait de la nécessité de « lire » les signes sacralisés des événements de la nature et des échanges humains. D'où, dès l'origine, le caractère « mnémonique » de ces « graphies ». Ce processus d'invention de l'écriture qui tente de pallier l'insuffisance des sons et du langage des gestes a connu plusieurs étapes : la forme pictographique introduit l'ordre linéaire dans l'indétermination des choses et des êtres et dégage un « langage visuel indépendant » ; la forme idéographique, par l'association d'images simples, crée des concepts, des notions abstraites et la possibilité d'une lecture des signes au deuxième degré ; l'introduction d'éléments phoniques consacre la suprématie de la parole et l'avènement de l'écriture idéo-phonétique. Ces formes scripturales traduisent, selon Ladislas Mandel (1998 : 205), la langue du « répertoire visuel et sédimentaire du groupe, auquel s'ajoute naturellement tout le gestuel expressif du scripteur ». Cette histoire de l'écriture scripturale est l'histoire de la transformation de la vision simple, une image réfléchie sur la rétine, en un regard, un acte qui exige une direction et une accommodation des objets vus, appréhendés et intégrés à l'action humaine. Ce processus exprime le progrès des connaissances qui permettent d'examiner, de discerner et de classer.

Ces opérations éminemment historiques, évoluant selon l'état des savoirs dans une société donnée, autorisent de choisir parmi les aspects des choses sans pour autant épuiser la possibilité d'expression de la multitude des facettes de leur enveloppe phénoménale. La dynamique de la technologie de communication fait progresser le « regard », l'intelligibilité des choses visibles et élargit le champ de notre expérimentation, de notre action intentionnelle. Le langage et son expression écrite ont simplifié la complexité de « représentation » des objets tels qu'ils se présentent à la vue. Les formes visuelles ont, depuis la peinture, la photographie et le cinéma, réintroduit dans notre champ de vision un foisonnement pittoresque de signes visuels en amplifiant, donc en complexifiant, les caractéristiques des objets offerts à notre regard intéressé. On comprend alors les limites du « son », d'un alphabet, à traduire de manière exhaustive les multiples facettes ainsi découvertes des « objets » réels (concrets ou abstraits) impliqués dans les interactions humaines. Des modes d'expression de l'écriture scripturale ont « raccordé les esprits », les modes de perception, de réception et d'interprétation par la lecture de ces signes en les alignant sur les images normées par la puissance des interactions sociales, qui expriment les idées et le potentiel des actions qu'elles suscitent. L'importance historique de cet accord sur l'identité des « choses » et sur les rapports entre les signes ainsi identifiés est capitale pour envisager le tournant, plutôt le retour iconographique à elles dans la structuration des significations visuelles. L'observation des moments *hiéroglyphiques* nous renseigne sur la fonction compressive des formes dominantes scripturales dans la transcription du réel. « L'écriture hiéroglyphique était, indique Ladislas Mandel (1998 : 41), une écriture d'une grande complexité, faite de pictogrammes, d'idéogrammes, d'éléments phoniques et de quelques déterminatifs. Les vingt-trois symboles purement consonantiques, que cette écriture renfermait, auraient pu permettre sa démocratisation ». Le « monde » pouvant ainsi être exprimé dans une combinaison de vingt-trois symboles associant des signes représentationnels figuratives à d'autres plus abstraites.

Cette expression de la diversité du « monde » dans une forme scripturale, bien qu'autorisant les descriptions les plus détaillées et les combinaisons analytiques les plus sophistiquées, se présente face au spectre extrêmement large de la réalité de notre environnement physique et de relations sociales abstraites qui irriguent notre vie humaine. Il apparaît clairement que la grammaire scripturale ne prend en charge qu'une portion limitée des entités identifiées par nos cinq sens. En s'en tenant à l'ordre de la vue, on peut noter les manifestations de cette perception restreinte dans de nombreux passages de la littérature. Victor Hugo a maintes fois exprimé cette incapacité à traduire ce qui apparaît « dans son œil et dans l'esprit ». Dans une lettre à Baudelaire, il écrit : « J'ai fini par mêler à mes dessins du crayon, du fusain, de la sépia, du charbon, de la suie et toutes sortes de mixtures bizarres qui arrivent à rendre à peu près ce que j'ai dans l'œil et dans l'esprit ». Le soin minutieux de l'écrivain qui use de procédés narratifs élaborés ne lui permet pas d'englober le foisonnement des éléments signifiants issus de la réalité. Pas moins que d'articuler autre chose qu'une belle cadence exprimant l'émotion toute subjective du sculpteur.

Cette question de la transposition des réalités dans un autre support par le truchement d'une technique d'écriture, qui copie intelligemment le monde, souligne un problème humain crucial, celui de la tension constante existant entre « voir » et « penser ». Ces deux situations de l'être humain sont importantes à ses activités. C'est aux interstices de cette tension essentielle que les hommes agissent, construisent des outils, des objets et forment du commun. C'est pourquoi elle est également importante à la faculté de découverte, à la science. « Voir » c'est identifier, définir, manipuler et penser par l'abstraction et pour des formes diverses d'action. La tradition scripturale a utilisé le concept en tant que « représentation imagée » de la réalité ; elle y retient les caractéristiques jugées essentielles des « choses », des « objets » soumis à l'exploration scientifique. Cette opération rigoureusement menée de « réduction » a permis de faire fonctionner l'intention utilitariste du rôle social du savoir. Bien que dans les sciences dites « dures », sa performance heuristique ne soit pas freinée par cette sélection contrôlée, dans les sciences sociales, les limites de ce modèle se font de plus en plus présentes. Comment « résumer » les multiples dimensions de l'activité humaine en quelques paramètres ? Outre la question de la « représentativité », il devient évident que la construction du sens des pratiques sociales s'origine dans des dimensions non prises en compte par une mise en série de faits sélectionnés. Or, l'élargissement des signes candidats à la corrélation explicative force à reconsidérer l'ordre des faits afin d'évaluer, donc d'établir, les limites de chacune des entités impliquées dans le déroulement de l'action des individus et des groupes sociaux. Chacun pouvant alors légitimement revendiquer une compétence d'explication. La question de l'utilisation de l'image en sciences sociales introduit obligatoirement une mise à l'épreuve de la totalité du processus de fabrication des connaissances. Elle conduit en effet à questionner les principes concourant à la sélection des variables, à leur hiérarchisation, à leur combinaison au cours de la vérification des hypothèses et de l'attribution de statuts précis aux variables. Ainsi l'irruption foisonnante des dimensions visuelles du réel dans les procédures scientifiques, conduit-elle à une découverte de la multiplicité des possibilités de combinaisons logiques, et donc à une évaluation des catégories, des techniques et des analyses courantes dans les sciences sociales. Cette gigantesque question ne trouvera pas une solution satisfaisante dans cet ouvrage ; la tâche de celui-ci sera accomplie s'il pouvait contribuer à mieux formuler la question. Une chose semble d'ores et déjà certaine : les conséquences épistémologiques de l'élargissement des dimensions de l'objet scientifique sont plus efficacement traitées lorsqu'elles sont replacées dans la genèse de l'intention du sujet interrogateur. La grande question que le contexte historique actuel nous impose est celle relative à l'affrontement de la culture du livre, dominante depuis l'invention de l'imprimerie, et la nouvelle « culture des écrans ». La culture du livre, qui a influencé les pratiques visuelles, cinéma et télévision, fait face aujourd'hui à l'irruption du numérique. Il est remarquable de constater que la narration cinématographique, par exemple, s'est construite à partir de récits linéaires. L'écriture manifeste la pensée linéaire basée sur une logique de succession imbriquée d'éléments issus de la culture orale. Il faut souligner que cette culture orale première, longtemps dominante dans de nombreuses cultures, portait déjà en elle à la fois des aspects de l'écrit et de l'image, forme paradigmatique de la pensée virtuelle. L'émergence de la pensée visuelle bouleverse les repères cognitifs classiques ainsi que les modèles sociaux de communication imposés par la tradition écrite. Celle-ci valorise des formes non verbales de la symbolisation en imposant un mode spatial d'expression de la pensée. Ce nouveau rapport au monde complexifie la relation centrale, pour la recherche, du chercheur à son objet. Les pratiques sociales se trouvent alors amplifiées, augmentées face à l'intention heuristique du chercheur et soulignent les limites des performances analytiques des moyens anciens d'investigation. Identifier le « problème » est un premier pas indispensable à la réalisation nécessaire d'un métissage entre textes et images dans l'exploration scientifique à venir. Ainsi que le fait remarquer Serge Tisseron (2013 : 47), cette opposition « est donc probablement destinée à s'effacer derrière une culture "par écrans" qui intégrera le meilleur de l'une et de l'autre ». Reste donc à déterminer les acquis à conserver et les dimensions (techniques et cognitives) obsolètes à jeter au rebut.

Le projet intellectuel du séminaire est de figurer la réalité sociale, de traduire visuellement ses manifestations, des plus abstraites aux plus concrètes, en usant des diverses formes iconographiques. Ainsi le retour sur la genèse de l'écriture pourrait-il l'attester, l'écriture est un moyen d'expression qui permet à un observateur de rendre présent à l'imagination des objets que le récepteur, le lecteur, n'est pas en mesure d'avoir devant lui. Ce « transport de témoignages » est une forme de notation de la pensée, d'une interprétation de la perception du monde réel. Dans la posture de l'observateur, l'œil assume une fonction qui est bien loin de son statut physique d'organe récepteur du corps humain. Cet organe est soumis, de la sensation primaire à la perception raisonnée, au contexte social du sujet qui opère alors un filtrage lui permettant de fabriquer le regard, de l'exercice de l'intellection ordinaire. C'est au croisement des émotions personnelles avec les normes sociales et des circonstances diverses que s'exprime un relativisme du rapport à l'objet, qui ne décrit jamais exactement la « réalité empirique ». L'individu est, affirme Maurice Merleau-Ponty (2005 : 179), un « système de puissances motrices ou de puissances perceptives, notre corps n'est pas objet pour un "je pense" : c'est un ensemble de significations vécues qui va vers son équilibre ».

Le travail des sciences sociales, qui est d'explorer et de comprendre les modes de fonctionnement des sociétés humaines, prolonge presque parfaitement la curiosité humaine au principe de l'invention de l'écriture et, par conséquent, charrie les difficultés des origines de cette quête d'intelligibilité. Le terrain et l'objet de ces sciences sociales sont l'homme en société, société dans laquelle le chercheur est lui-même acteur.

Le travail d'analyse sociale pose toujours aux chercheurs la question de la transcription des données et des résultats obtenus. Les modèles canoniques privilégient l'usage de l'écriture scripturale et relèguent souvent les formes d'écritures iconographiques dans la perception sensible, l'allusif et le flou symbolique, à l'extrême opposé de la rigueur démonstrative et argumentative de l'écriture. Dans le processus de production et de diffusion des connaissances en sciences sociales, le moment de l'enquête, en particulier, est une situation de transcription idéale pour examiner le passage d'un ordre de fait à un autre et pour retracer sa fonction dans le projet scientifique. Les contributions de l'ouvrage interrogent les modalités d'implication de l'image dans la fabrication, la transformation et la présentation des données issues de l'enquête de terrain.

LE MOMENT DE L'ENQUÊTE : FABRICATION DES IMAGES

Durant l'enquête ethnographique, sons et images ne sont pas seulement adaptés à la description des choses matérielles et des procédures techniques ; elles peuvent également décrire des interactions et des actions complexes, comme dans des rituels (Conord), des transmissions d'une génération à l'autre (Cornu, Guran) et l'imposition des rythmes urbains (Kilian et Abossolo Mbo). Lors des cérémonies où plusieurs actions ont lieu en même temps et rapidement, l'observation à l'œil nu peut rester du domaine de l'impression. Les détails que l'on ne voit pas lors de l'observation directe, ou que l'on ne note pas dans le cahier de terrain, sont nombreux. Les images et enregistrements permettent de saisir ces détails et de les retrouver *a posteriori*. Sans succomber aux illusions positivistes, toute réalité est décrite à travers des dispositifs de sélection, les images ou sons enregistrés peuvent transformer une impression en donnée ethnographique (Guran 2010). Ainsi les images permettent-elles de créer un lien entre une observation flottante qui joue sur la disponibilité du chercheur et une observation focalisée jouant sur la systématicité (Olivier de Sardan 2016 : 146).

De plus, les images ont la potentialité de recueillir des données difficilement énonçables parce que trop douloureuses ou enfouies dans un passé lointain (Cornu, Marsault, Kilian et Abossolo Mbo). Le fait d'utiliser des images ou enregistrements sonores comme point de départ pour poser des questions aux concernés permet de recueillir un corpus de données spécifiques, qui peut évoquer des éléments qui ne sont justement pas observables, comme la nostalgie, l'éthique du travail ou des histoires passées. Par leur force évocatrice, les images placent le chercheur dans une relation dynamique avec les enquêteurs par rapport aux flux massif d'information, de circulation des images, des sons et des sensations. Durant l'enquête ethnographique, chaque situation engage le chercheur dans plus d'une possibilité de choix pour la décrire et la rendre intelligible. Avec ou sans images, il y a plus q'une transcription possible des données collectées. Non seulement parce que le rédacteur doit établir une distinction de statut dans les éléments de sa source basée sur, les logiques de sélection et sur l'identité du destinataire de l'écrit, mais aussi parce que chaque phrase, syntaxe et sémantique, est grosse de plusieurs perceptions. Toute image produite ou récoltée sur le terrain ajoute des interférences à cette situation pour compliquer l'universel, déconstruire un sens unique et affiner les traductions des faits sociaux. Le questionnement sur le rôle de l'iconographie lors du terrain ethnographique révèle, en effet, des parallèles avec la pratique de traduction. En reprenant les mots de Barbara Cassin, philologue et philosophe, par rapport au langage, on constate que la description qui part des images et du langage, donne une tout autre lecture du monde : nous ne sommes plus sous le régime de la phénoménologie, qui a pour tâche de dire ce qui est comme c'est, mais sous le régime de la performance, qui fait être ce qui se dit (Cassin 2016 : 48).

LE MOMENT DE LA PRÉSENTATION : COLLABORATION SÉMANTIQUE ENTRE IMAGES ET TEXTE

Si les anthropologues reconnaissent l'importance des images en tant qu'objet de recherche, ils restent méfiants vis-à-vis de ces dernières en tant qu'outil de recherche ou encore plus en tant que mode de présentation des résultats. Mjaaland (2013) constate – en particulier pour l'usage de la photographie – que celle-ci n'a pas pu s'imposer dans la recherche anthropologique jusqu'à aujourd'hui, malgré la plus grande attention portée à l'image ethnographique archivistique et malgré les discussions postmodernes sur la véracité de la photographie, qui ont émergé au fur et à mesure que la photographie s'est imposée sur la scène de l'art contemporain. Reléguée à un aide-mémoire, l'image photographique continue d'occuper une position inférieure dans les textes anthropologiques. Pourtant les moyens d'expression visuelle ou sonore ne sont ni moins ni plus scientifiques que l'écriture orthographique. En revanche, les images ont des potentialités heuristiques qu'elles sont les seules à posséder. La photographie confirme et nie simultanément la vérité tout en mettant l'accent sur une apparente exactitude. Ce « potentiel subversif de la photographie », que Barbara Wolbert (2000) suggère comme une des raisons pour sa marginalité dans les recherches anthropologiques, peut s'étendre à l'écriture visuelle en général. Une autre potentialité des iconographies se traduit par des nouvelles formes de relations avec les sujets de l'enquête et avec le public à qui est destinée la présentation des résultats. Les images interrogent l'autorité de l'auteur qu'elles placent dans une relation dialogique avec les récepteurs. Elles donnent ainsi une importance à l'invention de dispositifs dans lesquels les présentations graphiques et sonores sont données à l'expérience, ouvrant les possibilités au travail collectif. Les présentations des résultats les plus innovantes en sciences sociales combinent plusieurs formes d'expressions en appliquant une collaboration sémantique entre l'écrit et l'image. Cette collaboration sémantique, mise au service de la narration anthropologique, enrichit l'écriture dont la linéarité constitue une des limites (Attané et al. 2008). Les images ajoutent au langage descriptif des chercheurs des moyens d'expliciter des discordances, de comparer, de mettre en présence plusieurs visions sur les faits sociaux. Lorsque l'on prend au sérieux la force des iconographies, comme le font les contributeurs de ce livre, le recours aux diverses pratiques d'enregistrement visuel et sonore conduit à de nombreux bouleversements, que ce soit dans la collecte, la production et le traitement de données, que dans l'élaboration de nouvelles formes de narration et d'édition.

L'ORGANISATION DU LIVRE

L'ouvrage interrogera en trois parties les implications de l'image dans la fabrication, la transformation et la présentation des données issues de l'enquête de terrain.

Dans la première partie, Roger Cornu et Milton Guran questionnent la constitution des mémoires et des identités individuelles et collectives. La photographie se tient au seuil de la mémoire et perpétue une interrogation sur les conditions d'exercice de la mémoire individuelle et collective. Guran analyse l'utilisation de la mémoire par les Africains mis en esclavage au Brésil, qui sont revenus dans leurs pays d'origine au cours du xixᵉ siècle, ainsi que le sens qu'ils donnent à cette mémoire qui reste indéniablement liée à l'esclavage. Photographe et anthropologue à la fois, Guran s'appuie sur ses propres images et sur les photographies d'archives. Roger Cornu ne questionne pas seulement la constitution de la mémoire collective dans l'univers des ouvriers de l'ancien chantier naval à Port-de-Bouc, mais il revient aussi sur la notion de « recherche impliquée » et son influence sur la recherche. Les vidéos de reconstitution du travail des riveurs lui permettent de ressusciter des gestes oubliés et de raviver des hiérarchies anciennes. Les articles de Roger Cornu et de Sylvaine Conord rappellent que l'image, plus que tout autre mode de présentation, oblige les chercheurs à s'interroger sur les connaissances qu'ils convoquent, produisent ou questionnent, mais aussi sur leur position et leur relation avec les acteurs et le public. Sylvaine Conord décrit en détail comment la photographie devient un outil de médiation entre elle-même et les femmes tunisiennes qu'elle observait. Les images bouleversent la position de l'auteur qu'elles placent dans une relation dynamique et en dialogue avec les concernées.

La deuxième partie du livre est consacrée à l'épistémologie des images. Que les images soient produites par le chercheur lui-même ou récoltées lors du terrain ethnographique, leur représentation est d'une importance cruciale mais ne va pas de soi. Sylvain Maresca s'interroge sur les différentes manières dont le matériel est traité dans des publications scientifiques. Un des mérites de son texte est d'aborder la question du récit par les images du point de vue de plusieurs photographes utilisant différentes épistémologies. Ioulia Podogora analyse le traitement que Bergson réserve aux images dans ses travaux, tandis qu'Albert Piette nous propose une réflexion large sur l'art comme ressource pour penser la figure humaine comme objet premier de l'anthropologie, et non pas les configurations sociales et culturelles. Le lien entre ces deux chapitres se trouve, sans aucun doute, dans le recours aux images de Bergson qu'Ioulia Podogora décrit comme relevant d'une stratégie réfléchie, systématique, d'une pensée qui se définit elle-même comme « intuitive », se situant tout près de la réalité, sensible à ses moindres fluctuations, ainsi que dans les réflexions de Bergson sur l'art et la spécificité de l'artiste dont Albert Piette se sert pour forger son plaidoyer pour observer autrement.

La troisième partie aborde la question de la restitution des données iconographiques issues de l'enquête de terrain. Pour Ralf Marsault, la valorisation du document ne s'oppose point à l'idée d'œuvre-création interrogeant les liens entre arts et sciences. La partie « poétique », qui réintroduit la question du sujet dans sa méconnaissance, est pleinement assumée à travers l'analyse des photographies prises par l'auteur lui-même au début des années quatre-vingt-dix en Allemagne, juste après la chute du mur de Berlin. Kilian et Abossolo Mbo plaident pour une analyse des rythmes, rare en sciences sociales, afin de saisir les complexités de l'urbanisation globale et de la restituer par les techniques de théâtre grâce à une approche du *sensuous scholarship* qui soutient que le rythme permet d'explorer les aspects préverbaux des sentiments d'appartenance ou d'aliénation dans l'espace urbain. L'article illustre les perturbations productives que génèrent les collaborations entre les chercheurs en sciences humaines et les artistes. La contribution de Mathieu Triclot explore les dispositifs d'écriture et de modélisation de la connaissance grâce aux techniques numériques, en appliquant une autre forme de rythmanalyse. La complexification technique des modes de figurations et des formes d'expositions iconographiques est mise au service de ses recherches sur les jeux vidéo et le mode d'engagement des joueurs.

Ainsi, à travers ces neuf chapitres, l'ouvrage propose un parcours qui permet d'entrevoir les possibilités qu'offrent les différentes écritures visuelles aux chercheurs et d'effleurer les questionnements épistémologiques qui y sont liés.

Bibliographie

Attané, Anne, Langewiesche, Katrin, & Pourcel, Franck, 2008, La rhétorique photographique. *Ethnographiques.org*, Numéro 16 – septembre. La narration dans tous ses états : nouvelles technologies, nouvelles questions ? [en ligne] (http://www.ethnographiques.org/2008/Attane-et-al – consulté le 28.05.2018).

Cassin, Barbara, 2016, *Éloge de la traduction. Compliquer l'universel*, Paris : Fayard.

Cornu, Roger, 1987, De la mise en mots à la mise en scène : « Quand une notion prend une chaise, se rase, enlève son chapeau ou s'enroule dans une couverture… », Neuilly sur seine : Centre de Recherche de la Culture Technique.

Détienne, Marcel, 1967, *Les Maîtres de vérité dans la Grèce archaïque,* Paris : Maspero.

Guran, Milton, 2010, *Agoudas. Les « Brésiliens » du Bénin*, Paris : La Dispute.

Ladislas, Mandel, 1998, *Écritures, miroir des hommes et des sociétés*. Reillanne : Perrousseaux/Adverbum.

Merleau-Ponty, Maurice, 2005, *Phénoménologie de la perception*, coll. « Tel », Paris : Gallimard.

Mjaaland, Thera, 2013, Traversing Art Practice and Anthropology : Notes on Ambiguity and Epistemological Uncertainty. In : Schneider, Arnd, Christopher Wright, *Anthropology and Art Practice*, Bloomsbury : London, pp. 53-63.

Olivier de Sardan, Jean-Pierre, 2016, *La Rigueur du qualitatif,* Berlin : Bruyanlt-Academia.

Ouédraogo, Jean-Bernard, 2008, *Identités visuelles en Afrique*, Nantes : Amalthée.

Tisseron, Serge, 2013, *Du livre et des écrans. Plaidoyer pour une indispensable complémentarité,* Houilles : Éditions Manucius.

Wismann, Heinz, 2012, *Penser entre les langues*, Paris : Albin Michel.
Wolbert, Barbara, 2000, The Anthropologist as Photographer : The Visual Construction of Ethnographic Authority. *Visual Anthropology* Vol. 13, No. 4, pp. 321–43.
Zabunyan, Dork, 2008, *Gilles Deleuze. Voir, parler, penser au risque du cinéma*, Paris : Presses de la Sorbonne.

Première partie

LES IMAGES, L'IDENTITÉ ET LA MÉMOIRE

2

MÉMOIRE ET VIDÉO À PORT-DE-BOUC

La théorie de M. Halbwachs à l'épreuve du terrain

Roger Cornu

Fin novembre 1979, le Centre Culturel Port-de-Bouc lance un appel aux chercheurs et aux artistes par la voix d'un comédien, auteur et metteur en scène, Paul Fructus : « La ville a besoin de docteurs ès sciences, ès poésie, ès peinture, de chirurgiens de la parole écrite ou hurlée ; d'historiens pour aujourd'hui, de géographes pour pays vrai, d'écrivains à plume d'homme, d'architectes qui oublient de l'être, de politiques qui y croient encore, bref : statue d'ouvrier désenchantier – bien sous tous les rapports économiques et sociaux – cherche personne intéressée par mémoire collective et désirant s'en servir. Antiquaires s'abstenir... ». L'opération portait comme intitulé : en souvenir de demain. Il était inhabituel pour des chercheurs de se voir interpellé de cette manière. Concrètement la ville, qui s'était développée autour d'un chantier naval, avait vécu en 1966 la fermeture du chantier à travers un conflit qui avait eu une ampleur nationale. Depuis, la friche industrielle du chantier était restée physiquement présente au cœur de la ville qui était devenue ville-dortoir pour les ouvriers venus travailler dans la nouvelle zone industrielle de Fos. La municipalité de Port-de-Bouc venait de décider de faire disparaître la friche industrielle pour construire un centre-ville, et la rampe de lancement des navires avait déjà été détruite. Dès 1978, d'anciens ouvriers des chantiers avaient commencé à s'interviewer et à s'enregistrer pour transmettre leur histoire à leurs enfants et petits-enfants et aux ouvriers de la zone de Fos qui n'avaient pas connu le chantier. L'office culturel s'était emparé de cette dynamique pour la transformer en action culturelle.

Le projet m'intéressait dans la mesure où il rejoignait mes travaux sociologiques et mes centres d'intérêt. Je travaillais sur les conflits du travail, et notamment sur ceux liés aux réductions d'emploi et aux fermetures d'entreprises. Là, j'allais pouvoir rencontrer tous les acteurs d'un conflit, prêts à en parler individuellement et collectivement et pouvoir collecter des documents de l'époque. En second lieu, j'allais pouvoir compléter mes connaissances des milieux maritimes, ayant déjà travaillé sur la manutention portuaire, la réparation navale, et dirigé un mémoire sur la marine marchande. J'allais aussi pouvoir me confronter avec d'autres disciplines des sciences humaines, non pas dans une salle de séminaire, mais sur le terrain. Enfin, j'allais pouvoir affronter pour la première fois clairement la question de la mémoire qui se trouvait au centre de l'opération. Elle était à la fois retour vers le passé, et donc tentative de décryptage de l'histoire passée, et matière pour le présent et pour l'avenir de la commune.

On se trouvait toutefois en situation paradoxale. Pour ne prendre qu'un seul exemple : l'entretien est une technique largement utilisée par les sociologues, mais ici tout le monde faisait des entretiens enregistrés avec tout le monde. Par ailleurs, les artistes utilisaient les données pour créer leurs œuvres et les restituer rapidement à la population, alors que la recherche prend du temps. Il fallait donc trouver notre place et se faire reconnaître en rentrant dans l'action culturelle sans s'y perdre, faire ce que j'ai appelé *une recherche impliquée* pendant quatre ans. Tous les chercheurs qui avaient répondu à l'appel ne furent pas prêts à faire cela. Pour ma part, cela me permettait de répondre à un certain nombre de mes interrogations antérieures, le fait de faire des recherches en milieu populaire, avec l'aide de la population et de produire de gros rapports de recherche qu'ils ne liront jamais. L'opération permettait de cerner certains aspects qui pouvaient être traités de manière autonome et restitués rapidement sous une forme appropriée à définir ou plutôt à rechercher. On gardait ainsi la rigueur du travail de recherche tout en participant à l'action. Ce qui impliquait de ne pas séparer la collecte des données et leur analyse, mais d'imbriquer ces deux moments au jour le jour, et donc de corriger le processus de recherche régulièrement. Nous étions dans le processus d'engagement et de distanciation du sociologue cher à Norbert Elias.

OPÉRATIONNALISATION DE L'ÉTUDE SUR LA MÉMOIRE

Tout au long de la recherche, et quel que soit le sujet abordé, nous allons nous heurter à la question de la mémoire. Aussi fallait-il l'aborder de front et ne pas l'écarter, comme on le fait couramment dans la plupart des recherches. On fait en effet appel de façon permanente à la mémoire des autres, et à la nôtre, dans nos recherches. J'ai commencé par faire un état des lieux des travaux sur la mémoire pour mesurer la validité des théories de Maurice Halbwachs dont je connaissais bien l'œuvre et pour enregistrer les périodes historiques où la question de la mémoire resurgissait. Cela fit l'objet d'un article, *Le vif saisit le mort*, réplique à un article de Pierre Bourdieu, *Le mort saisit le vif*. « Le plus souvent, écrit Maurice Halbwachs dans *Les cadres sociaux de la mémoire*, nous ne faisons appel à notre mémoire que pour répondre à des questions que les autres nous posent, ou que nous supposons qu'ils pourraient nous poser, et que d'ailleurs, pour y répondre, nous nous plaçons à leur point de vue, et nous nous envisageons comme faisant partie du même groupe ou des mêmes groupes qu'eux... Le plus souvent, si je me souviens, c'est que les autres m'incitent à me souvenir, que leur mémoire vient au secours de la mienne, que la mienne s'appuie sur la leur ». La mémoire est alors une activité du présent qui reconstitue les cadres sociaux sur lesquels s'appuient des éléments du passé. Un exemple de l'enquête nous le montre. Un ancien ouvrier du chantier percute trois moments historiques dont l'un s'est passé dans les années trente, le second en 1949 et le troisième en 1966, en me disant : « L'ingénieur n'a pas voulu nous écouter, le navire a commencé à glisser et est resté bloqué, ça a été le "loquoute" et le chantier a fermé ». J'ai d'abord pensé que sa mémoire était défaillante, mais l'ayant écouté parler avec d'autres, il faisait bien la différence entre ces trois éléments. Avec moi, il avait télescopé le temps pour me montrer que les trois navires qui sont restés bloqués étaient le résultat de l'intransigeance patronale. D'où une première nécessité méthodologique : faire varier les situations et les interlocuteurs de l'informateur pour saisir différents moments du recours à la mémoire. Question cruciale pour la méthodologie de l'entretien.

Ce poids du présent n'est pas une simple réflexion théorique pour Halbwachs, mais le constat de ce qui se passe dans la société française à son époque. On assiste à une avalanche de témoignages sur la première guerre mondiale, la vie dans les tranchées et l'atmosphère des combats. En même temps, la guerre ayant représenté une telle rupture qu'on essaie de retrouver dans sa mémoire ce que fut la vie avant la guerre pour essayer de comprendre comment on en était arrivé là, et pour comparer cette vie à la vie d'après-guerre. Les différents témoignages relevaient de la mémoire individuelle mais en même temps, Halbwachs assiste à l'élaboration d'une mémoire collective à travers des lieux de mémoire comme les monuments aux morts, la tombe du soldat inconnu, la protection de champs de bataille comme la tranchée des baïonnettes, et des événements symboliques comme les taxis de la Marne ou le siège de Verdun. À Port-de-Bouc, nous nous retrouvions un peu dans une situation comparable : un événement traumatique, la fermeture du chantier, des témoignages individuels parlant de la vie avant la fermeture, du conflit lié à la fermeture et de la comparaison avec la vie actuelle. En même temps, l'opération culturelle contribuait à forger une mémoire collective pour l'ensemble de la population.

La guerre a remis de façon pratique la question de la mémoire dans les discussions intellectuelles autour des traumatismes rencontrés chez les blessés, ayant entraîné des amnésies, des aphasies, des apraxies. La guerre a une seconde conséquence sur l'œuvre d'Halbwachs : un changement de point de vue théorique. Il faut se souvenir que le groupe de l'Année sociologique a payé un lourd tribut en nombre de morts pendant la guerre, notamment le fils de Durkheim tué au combat et Durkheim lui-même, actif dans l'activité gouvernementale. Il est dès lors difficile pour les survivants, que ce soit Marcel Mauss ou Maurice Halbwachs, de critiquer ouvertement l'œuvre de Durkheim. On avait demandé à Halbwachs d'écrire un texte sur la pensée de Durkheim. Consciencieux comme toujours, il relit, avant d'écrire, toute l'œuvre de Durkheim et découvre les failles de celle-ci. Il dira à sa femme qu'il y a un curieux texte, *Représentations individuelles et représentations collectives*. Or ce texte est construit autour de la mémoire et Halbwachs y répondra, sans citer Durkheim, dans un texte intitulé *Mémoire individuelle et mémoire collective*. Le travail d'Halbwachs sur la mémoire comme celui sur le suicide forment un travail de rupture par rapport à Durkheim, et Halbwachs met ses œuvres dans l'orbite de Marcel Mauss qu'il appelle « le père de la sociologie totale ». On passe alors d'un univers sociologique à un autre. Là où Durkheim ne pense qu'en termes de structures et de fonctions dans un point de vue sociétal, pour employer une formule actuelle, Halbwachs pense en termes d'actes, de situations, de processus. Dès les années trente, Elton Mayo aux États-Unis avait bien vu cette rupture en notant comment, à l'anomie de Durkheim répondait le vide social d'Halbwachs. J'étais plus intéressé par la sociologie d'Halbwachs que par celle de Durkheim, la première me semblant plus adaptée au travail de terrain, la seconde au discours philosophique. Si l'on prend les deux ouvrages d'Halbwachs, *Les cadres sociaux de la mémoire* et *La mémoire collective*, on s'aperçoit que la notion de mémoire collective évolue d'un ouvrage à l'autre, d'une continuité entre les deux vers une polarisation entre les deux. Nous allons y revenir dans le détail.

Puisque la mémoire parle toujours au présent et dépend des situations dans lesquelles on se trouve, les souvenirs sont toujours des reconstructions où passé et présent s'entremêlent. C'est la seconde idée-force d'Halbwachs. Le souvenir sera d'autant plus précis que les cadres sociaux de l'époque seront plus présents. Ce sont des éléments de la situation présente qui faciliteront cette remémoration. On peut alors commencer à répertorier ces éléments. Ce sont d'abord des éléments spatio-temporels, toute situation étant un espace-temps qui nous renvoie à des données matérielles. Ce sont ensuite des relations sociales et des activités qui relient la situation matérielle aux relations sociales. Ce sont enfin les formes d'expression et de communication qui seront une des plus grandes difficultés pour rapprocher le passé du présent. Le texte d'Halbwachs mérite ici d'être cité, car on y retrouve une des dimensions du vide social qui sera plus développée dans *Les Causes du suicide* : « L'acte (car c'est bien un acte) par lequel l'esprit s'efforce de retrouver un souvenir à l'intérieur de sa mémoire, nous paraît précisément l'inverse de celui par lequel il tend à extérioriser ses états internes actuels. La difficulté dans l'un et l'autre cas est en effet inverse également, et en tout cas, tout autre. Lorsqu'on exprime ce qu'on pense ou ce qu'on sent, on se contente le plus souvent des termes généraux du langage courant ; quelquefois on se sert de comparaisons ; on s'efforce, en associant des mots qui désignent des idées générales, de serrer de plus en plus près les contours de son état de conscience. Mais entre l'impression et l'expression, il y a toujours un écart. Sous l'influence des idées et façons de penser générales, la conscience individuelle prend l'habitude de détourner son attention de ce qu'il y a en elle d'exceptionnel et qui ne peut se traduire sans peine dans le langage courant... Il y a un vide dans l'expression, qui mesure le défaut d'adaptation des consciences individuelles aux conditions de la vie normale.

Inversement, quand nous nous souvenons, nous partons du présent, du système d'idées générales qui est toujours à notre portée, du langage et des points de repère adoptés par la société, c'est-à-dire de tous les moyens d'expression qu'elle met à notre disposition, et nous les combinons de façon à retrouver tel détail, soit telle nuance des figures ou des événements passés, et, en général de nos états de conscience d'autrefois. Mais cette reconstruction n'est jamais qu'approchée. Nous sentons bien qu'il y a des éléments personnels de nos impressions anciennes que nous ne pouvons évoquer par une telle méthode. Il y a un vide dans l'impression, qui mesure le défaut d'adaptation de la compréhension sociale aux conditions de notre vie consciente personnelle d'autrefois. »

Il faut ajouter à ces deux formes de vide une troisième, l'espace qui sépare la période où le chantier fut actif, où le conflit autour de la fermeture eut lieu, et le moment où l'opération culturelle démarre. Des cadres sociaux du temps où se fit la mémorisation du travail, de la vie quotidienne, du conflit, il ne reste que des vestiges. Le nombre d'anciens ouvriers ayant travaillé au chantier diminue régulièrement ; ils sont devenus minoritaires dans la ville ; les plus jeunes ont passé l'essentiel de leur vie de travail dans la zone de Fos, ou ailleurs. La friche industrielle du chantier, lieu de mémoire pour l'ancienne population et dépotoir pour la nouvelle, va disparaître pour laisser la place à un centre-ville. Le maire, ancien ouvrier des chantiers, commence à préparer sa succession. Au moment de l'opération culturelle et du travail de remémoration, les cadres sociaux communs sont faibles et la mémoire collective liée au chantier mise à mal par l'arrivée des nouvelles populations pour qui la ville n'est qu'une ville-dortoir.

Si l'on veut atteindre l'histoire passée à travers un processus de remémoration ou réussir à transmettre son histoire comme le souhaitaient les anciens ouvriers des chantiers, ou encore faire de la mémoire du chantier un élément de la mémoire collective en cours de construction, il fallait réduire ces différents vides en retrouvant les cadres sociaux supports de la mémoire du chantier et en leur redonnant une nouvelle vie dans le présent. J'avais déjà commencé, dans des enquêtes antérieures, à travailler à partir des travaux d'Halbwachs, en mettant les personnes interrogées face à des documents, à des photos sur lesquelles elles étaient présentes, en poursuivant l'enquête au cours de leur activité, ou en les emmenant sur des lieux significatifs et sources d'information. Lors d'entretiens individuels basés sur des récits de vie, je commençais par les faire parler de leurs grands-parents, de leurs parents et du reste de la famille en les amenant à les situer chacune dans un espace spatio-temporel et social, à les définir à travers leur activité, afin d'amener la personne interrogée à reconstruire progressivement les cadres sociaux qui allaient lui permettre de se rapprocher du passé et de se souvenir dans les meilleures conditions possible. Une étape est franchie lorsqu'elle commence elle-même, sans qu'on ne lui demande, à reconstruire les cadres des événements vécus. Une seconde étape est franchie lorsqu'elle retrouve son langage ancien ou qu'elle découvre qu'elle est en train de raconter un événement qu'elle croyait avoir oublié. S'il n'est pas rare qu'à partir de ce moment elle réutilise son langage ancien qui facilite la réactualisation, on en arrive même quelquefois, comme nous le verrons plus loin, qu'elle se mette même à parler du passé au présent comme si elle y était encore. Nous arrivons alors à la réduction maximale du vide qui séparait le présent du passé et l'expression de l'impression. Un ouvrier nous dirigea vers une nouvelle piste lorsque, au cours d'un entretien individuel, il déclara : « Pour cela, il faudrait être plusieurs pour en parler ». On avait tout simplement oublié que nous avions là des gens qui avaient vécu des événements ensemble et que les regrouper était un moyen de remettre en place la dimension relationnelle des cadres sociaux. Il fallait alors passer de l'entretien individuel à l'entretien de groupe. Mais la situation est plus complexe à gérer car, en situation de groupe, le langage corporel dans les échanges est plus important que la langue parlée. Sans moyen d'enregistrement visuel, on perd l'essentiel.

REPRENDRE LES OUTILS

L'utilisation de la vidéo dans la recherche n'est toutefois pas arrivée par ce biais. Dans la friche industrielle, les archives qui y étaient restées avaient été saccagées. La plus grosse partie se composait de photos techniques sur chacun des navires construits à Port-de-Bouc depuis la création du chantier. Il s'agissait notamment de photos de jonctions de tôles incompréhensibles pour le profane. La responsable de la réorganisation des archives dans l'opération travaillait avec des ouvriers seuls capables de comprendre ce que signifiaient les lettres et les chiffres inscrits sur les tôles, ou les multiples plans disponibles dans les archives. Faire ce tri, c'était une façon de reparler du travail, un des nouveaux repères de la mémoire. Parcourant le chantier abandonné avec un ancien ouvrier, celui-ci me situa les lieux de travail des différentes corporations qui intervenaient dans la construction d'un navire. Arrivé au niveau de l'espace des riveurs, cet ouvrier me dit : « Si vous le voulez, on pourrait montrer le travail des riveurs. Je sais où sont les outils et je connais un atelier qui nous accueillerait. Pour la mémoire du chantier, il faudrait le filmer ». J'ai vu là une occasion à la fois de collecter une technique ancienne et de faire intervenir la recherche dans l'action culturelle. La direction de l'office culturel m'apprit que l'Éducation nationale, ne pouvant financer directement l'opération, avait mis à notre disposition ses services audiovisuels.

L'opération était donc possible. Deux riveurs ayant travaillé ensemble – je tenais à cet aspect – reprirent donc les outils. Au cours de cette opération de rivetage, deux moments furent des surprises. Le riveur, après avoir alésé les trous pour faire passer les rivets, repose l'aléseuse et, sans que rien ne soit dit ou signifié par geste, son aide se précipite pour décrocher l'aléseuse du tuyau du compresseur et y fixer le pistolet à river. Lui, qui avait été apprenti (chauffeur de rivets) puis teneur de tas du riveur, avait retrouvé spontanément son statut hiérarchique inférieur d'exécutant au service du riveur. On voyait alors en acte la structure hiérarchique interne au milieu ouvrier, que nous allions retrouver plus tard lors de la journée des corporations. Ici, la mémoire se réactualisait à travers le gestuel et les relations sociales. Un peu plus tard, en réponse aux questions que je leur posais, le même ouvrier, parlant de son ancien travail, se mit à le faire au présent. Il n'était plus dans la reconstitution mais dans le chantier. À travers les propos de ces deux ouvriers ressortait l'importance de l'ambiance sonore du chantier : le bruit entraînant la surdité des riveurs et des chaudronniers, mais aussi dans ce milieu assourdissant où les ouvriers travaillant ensemble se trouvaient séparés par des tôles, le recours à des codes sonores permettant de communiquer.

Nous avions là un ensemble présentable dans le cadre de l'opération culturelle sans galvauder la recherche. Le vidéogramme allait se composer de trois parties. D'abord, la visite de la friche du chantier jusqu'à la découverte des rivets. Pour symboliser le bruit du chantier qui dominait la ville, nous avons recherché dans la musique contemporaine ce qui traduirait le mieux cette ambiance industrielle. Suivait une explication historique et technique du rivetage à chaud qui n'était plus utilisé. Enfin, la troisième partie présentait la reconstitution d'une séance de rivetage par nos deux riveurs. Une fois le montage fait, nous l'avons montré à quelques ouvriers qui se sont exclamés : « Mais ils s'amusent ! Ils ne vont pas gagner grand-chose ! ». Il faut dire que le compresseur qui alimentait le pistolet à river n'était pas assez puissant. Dans notre souci d'explication, par ailleurs, on voulait montrer tous les détails, ce qui ralentissait l'action. Pour nos quelques spectateurs, à juste raison, ce qui faisait le bon ouvrier, c'était son rythme et sa capacité à « faire sa journée ». Nous avons donc refait le montage en accélérant le rythme et en augmentant le son. Ces points seraient restés secondaires dans un récit hors activité transcrit sur le papier. Pour le titre, on a repris ce que les ouvriers disaient des riveurs : « On les appelait les sauvages ». Comme les autres créations, nous eûmes droit à une projection publique. À la fin de cette dernière, d'anciens riveurs et leurs femmes vinrent nous voir, certains les larmes aux yeux. L'un d'eux me dit : « Voilà ce que c'était le métier de riveur ! ». Il ôta sa chemise et je vis son buste couvert de cicatrices de brûlures faites par les petits éclats de métal chauffé à blanc, que nous avions vu sauter pendant la reconstitution ; et sa femme de renchérir, décrivant son retour à la maison épuisé et hébété. Cet épisode m'amena à réfléchir sur le fait de l'absence du corps dans la majorité des travaux de sociologie du travail, mais aussi au rôle du corps dans l'activité mémorielle. Par ailleurs, je notais que ce que je croyais être une présentation de résultats devenait un instrument d'enquête, une sorte de questionnaire ou de test projectif.

Un second film fut réalisé par la responsable des archives sur le travail des traceurs de coque et des traceurs sur tôles. Si la corporation des riveurs était la moins valorisée, les traceurs étaient, eux, l'élite, car proches du bureau d'études. La reconstitution était possible car elle ne demandait pas trop de moyens. La salle à tracer existait toujours avec, sur le sol, les tracés du dernier bateau construit. Pour le reste, c'était de la ficelle, de la craie, des clous et des marteaux, un burin, une plaque de tôle et des morceaux de bois pour construire un gabarit. Là encore, la démonstration fut faite par des ouvriers qui avaient travaillé ensemble. On y retrouve, comme chez les riveurs, la question du rythme qui se traduit ici par un signal sonore chez les traceurs sur tôle. Le film met en évidence le fait que ces traceurs qui travaillent sur des tracés en deux dimensions pensent et voient en trois dimensions. Un des traceurs qui n'avait jamais connu l'informatique se rendit avec la réalisatrice au chantier naval de La Ciotat où la conception assistée par ordinateur avait été installée. Devant l'écran qui lui montre des éléments en trois dimensions qui pivotent devant lui, le traceur n'est pas étonné et entame une discussion « de travail » avec les techniciens qui sont là. La scène filmée fut ensuite montrée à un autre traceur resté à Port-de-Bouc et commentée par le premier. Ce dispositif fut intéressant pour faire apparaître les savoirs des anciens traceurs, leur « tour d'esprit » là où, habituellement, on ne montre que leur « tour de main ».

Comme ces actions autour du travail entraînaient une participation et des discussions importantes, nous avons réfléchi avec l'office culturel à organiser une journée des corporations. Le discours unanimiste sur le chantier avait en effet tendance à se lézarder dès que l'on descendait au niveau d'une corporation. L'opération fut lancée sur le thème : « Nous construisions des bateaux ». Dans un premier temps, les ouvriers étaient regroupés par corporation avec un animateur pour orienter les discussions et un magnétophone d'enregistrement. Ensuite, toutes les corporations regroupées, on les amena à parler chacune leur tour en fonction de leur intervention dans la construction du navire. L'ensemble fut filmé par un réalisateur extérieur. On vit alors se manifester, comme on l'avait noté dans les opérations précédentes, les rapports hiérarchiques complexes entre ouvriers. Lors de la reconstruction symbolique du navire, tout fut simple tant que les corporations intervenaient successivement, mais le problème fut plus complexe dès qu'il fallut décrire la simultanéité d'intervention de plusieurs corporations. Derrière un conflit pour savoir laquelle devait parler en premier se profilait un conflit plus ancien entre corporations portant tout autant sur les valeurs que sur les actions dans le chantier. En fin de journée, un ouvrier, épanoui, vint nous dire : « Nous avons retrouvé nos mots ! ». Langage, gestuel, relation à l'autre ou aux autres dans le travail, je notais les repères qui comblaient le vide dont nous parlait Maurice Halbwachs.

LA FERMETURE DU CHANTIER

Le centre culturel qui recherchait des films sur Port-de-Bouc et le chantier obtint de l'INA les bandes d'actualités tournées par la télévision lors du conflit qui accompagna la fermeture du chantier. À l'époque, les bandes-son et les bandes-images étaient séparées et n'était monté que ce qui allait être montré. Nous avions donc une partie des bandes-images dépourvues de son. D'où l'idée de les faire commenter par les ouvriers. Ceci était d'autant plus facile que l'on avait travaillé pendant l'opération culturelle avec les ouvriers que l'on voyait sur la bande-image. J'y ai perçu une autre façon de combler le vide qui séparait l'opération culturelle de la fermeture du chantier, une possibilité de mettre en place d'autres repères que ceux de l'activité de travail. Halbwachs écrivait dans *Mémoire collective et mémoire historique* : « Le souvenir est dans une très large mesure une reconstruction du passé à l'aide de données empruntées au présent, et préparé d'ailleurs par d'autres reconstructions faites à des époques antérieures et d'où l'image d'autrefois est déjà sortie bien altérée. Certes, si par la mémoire, nous étions remis en contact directement avec telle de nos impressions anciennes, le souvenir se distinguerait, par définition, de ces idées plus ou moins précises que notre réflexion, aidée par les récits, les témoignages et les confidences des autres, nous permet de nous faire de ce qu'a dû être notre passé ». Ce que la mémoire ne peut faire, le film allait nous aider à y suppléer.

Nous avions dépouillé une documentation sur la fermeture et le conflit. Au vu des documents filmés, nous avons noté des points que nous aimerions éclaircir et sur lesquels il faudrait s'arrêter. Nous avons ensuite montré les documents à des ouvriers et avons noté les points où ils réagissaient physiquement. Nous avons ainsi déterminé un certain nombre d'arrêts possibles de la bande-image pour interroger les ouvriers choisis qui avaient joué un rôle actif dans le conflit et qui se retrouvaient sur la bande-image. Comme cela avait été vécu collectivement, nous avons organisé une vision collective pour enregistrer en vidéo les réponses et échanges entre eux à chacune de nos questions. Face au film qui les renvoyait au présent de la fermeture, l'unanimisme qui présidait au discours sur la fermeture s'est progressivement fissuré, nous permettant de mieux comprendre les enjeux du conflit et les raisons de son échec. Comme les femmes des ouvriers étaient intervenues dans le conflit, nous avons montré le document à un certain nombre d'entre elles pour qu'elles nous parlent de leur participation. La communication non verbale (regards, gestuel, postures, etc.) a joué un rôle essentiel et justifiait le recours à la vidéo. C'est à travers elle que se manifestaient le plus clairement les différences d'appréciations et que l'on voyait resurgir dans le présent les clivages anciens.

Une seconde occasion inespérée nous fut offerte. Le navire, qui avait été au centre du conflit au moment de la fermeture, revenait à Marseille pour être désarmé. Le centre culturel obtint l'autorisation de le faire visiter par les ouvriers, accompagnés de leurs femmes, qui l'avaient en grande partie construit. Les ouvriers n'avaient pas réussi à obtenir de le finir à Port-de-Bouc et il fut terminé à La Ciotat où son nom même fut changé. C'était la première fois aussi que les femmes des ouvriers montaient à bord d'un navire construit à Port-de-Bouc. Nous les avons filmés à bord, pendant la visite du navire, puis dans un des salons où ils se sont racontés. Cette visite fut marquée par une dose élevée d'affectivité, avec des formules fortes dans le discours : « Mon père a construit le chantier et moi je l'ai fermé. Voilà » ; « Ce bateau on ne l'aime pas comme les autres parce qu'on ne l'a pas fini », etc. Spontanément, ils se sont mis à parler de l'appauvrissement de la commune, puis de leur parcours professionnel chaotique après la fermeture du chantier.

Avec ces deux tournages, on atteignait le maximum de réactualisation possible, le second liant le sort de la ville, du chantier et des individus. D'où ma décision d'en faire un montage unique qui traduirait cette liaison et le choix du titre, Le cœur d'une ville, qui reprenait les mots de la municipalité pour caractériser le projet de centre-ville à la place de la friche industrielle et la blessure que la fermeture du chantier avait représentée pour toutes les personnes que nous avons côtoyées pendant cette recherche.

MÉMOIRE ET FORME DE SOCIABILITÉ

Au cours de notre exposé, nous avons plusieurs fois insisté sur les divergences qui apparaissaient entre l'unanimisme chantier et les rapports entre corporations, entre action collective unie et divergences à l'intérieur du groupe, entre mémoire collective et mémoire individuelle. Les travaux de Georges Gurvitch, qui admirait le travail de Maurice Halbwachs et chercha à l'approfondir, nous ont aidés pour clarifier la situation à laquelle nous étions confrontés et dans laquelle nous étions intégrés. Dans sa microsociologie et l'analyse des formes de sociabilité, il distingue les groupes (les « nous » et leurs expressions organisées) et les relations avec autrui, les deux étant caractérisés par des formes de sociabilité, passives quand on y est soumis sans le savoir et actives quand elles conditionnent des formes d'action. Les formes de sociabilité peuvent être de masse, de communauté ou de communion.

Avant que l'opération culturelle ne commence, la commune est caractérisée par des formes de sociabilité de masse. La commune n'a plus d'unité. S'y côtoient les anciens ouvriers des chantiers retraités, d'autres travaillant dans la zone de Fos ou ailleurs, les ouvriers venus travailler à Fos après avoir perdu leur travail ailleurs et résidant dans des immeubles spécialement construits pour l'occasion, dans une ville-dortoir, des jeunes dont la plupart ne pensent qu'à partir. La vie se résume à une cohabitation autour de relations à autrui passives. En décidant de remplacer la friche industrielle par un centre-ville, la municipalité voulait recréer une communauté qui ait un sens pour ses habitants, le centre-ville en étant le signe. La première opération consistait à détruire la rampe de lancement des navires et ce fut elle qui déclencha les réactions à l'origine de l'opération culturelle. La rampe de lancement était en effet le symbole du chantier. Au cours de l'activité, elle était le lieu de rencontre des corporations et donc le signe de leur unité. C'est elle aussi qui était au centre des cérémonies de lancement des navires qui assuraient la communion de la population autour du chantier. Elle fut enfin le centre des grands conflits sociaux qui secouèrent le chantier, les conflits étant des grands moments de communion des ouvriers dans et autour du chantier. Certes, ce ne fut pas le seul symbole car au cours des entretiens, les ouvriers faisaient référence à la porte en bois par laquelle rentraient les ouvriers et à la porte en fer par laquelle rentraient les cadres et la maîtrise. Le fils d'un ouvrier raconta comment, alors qu'il était enfant, son père, qui venait d'être nommé chef d'équipe, rentra par la porte en fer lors d'une grève, et ajouta-t-il « mes camarades du quartier m'avaient traité de fils de jaune. Ça m'avait foutu un sacré coup, j'étais perturbé et c'est pas par hasard si je travaillais très mal à l'école à cette époque-là ».

Halbwachs écrivait dans *Mémoire collective et mémoire historique* : « La mémoire collective, c'est le groupe vu du dedans, et pendant une période qui ne dépasse pas la durée moyenne d'une vie humaine, qui lui est le plus souvent inférieure ». On assistait à Port-de-Bouc à une réaction contre la disparition inéluctable de la mémoire collective du chantier et à une volonté de la faire survivre en la transmettant à ceux qui n'avaient pas connu le chantier, tentative vouée à l'échec parce que les mémoires collectives des différents groupes, par leur différence même, n'ont pas le même rapport à la ville ni au travail. Un ancien ouvrier du chantier, reconverti dans la sidérurgie, traduisait bien à sa manière ce problème en expliquant une différence de temporalité et de localisation. La construction d'un bateau, disait-il, durait plusieurs mois et l'on racontait à la famille et aux enfants sa progression, ce qui avait un sens car ils voyaient le chantier et l'entendaient. Aujourd'hui, ajoutait-il, les enfants ne connaissent pas mon entreprise : produire une barre de métal dure environ dix minutes et lorsque j'ai raconté une fois ou deux la fabrication d'une barre, je n'ai plus rien à dire. S'agissant de la ville, Halbwachs notait qu'elle était toujours composée de multiples groupes, mais que la somme de ces groupes ne faisait pas la ville, car ce serait oublier la dimension matérielle du bâti, des voies de circulation, etc., qui sont autant de contraintes et de repères potentiels pour la mémoire. Ce sont des formes de sociabilité passives. En travaillant sur la démarche d'Halbwachs, nous avons été obligés de trouver un terme pour caractériser ce niveau. Dans son étude sur *La mémoire collective des musiciens*, Halbwachs compare la partition musicale à tout ce qui « se conserve comme une empreinte ou un dessin, comme tout ce qui est matériel et l'inerte » et il ajoute : « Soit qu'on déchiffre, soit qu'on exécute, il ne suffit pas de comprendre les signes : un artiste les interprète à sa manière, en s'inspirant de ses dispositions affectives du moment, ou de tout le temps. » Déchiffrer et exécuter sont deux formes actives, alors que comprendre est une forme passive vis-à-vis de la partition. Ce monde des partitions sociales, « matérielles et inertes », nous avons décidé de le nommer, en empruntant le terme au dessinateur Fred, la « mémémoire », signifiant par là qu'il s'agit d'une métamémoire et d'une mégamémoire proche de la mémoire historique. Le déchiffrement du musicien donne un sens à la partition, ce que Gurvitch nomme le signe et l'exécution-interprétation mène au domaine des symboles, à la communion des musiciens. Les symboles sont souvent, comme nous l'avions rencontré chez les mineurs et retrouvé à Port-de-Bouc, le fondement de mythes et de légendes. Ce qui fut source d'inspiration pour les artistes qui intervinrent dans l'opération culturelle sur la mémoire du chantier. Il y a, chez Halbwachs, une cohérence entre ses travaux sur la mémoire et ceux sur la morphologie sociale qui le conduira de son étude sur *La population et les tracés des voies à Paris depuis cent ans* (1928) à *La topographie légendaire des évangiles en Terre sainte* (1942). Ce qui nous a beaucoup aidés.

RETOUR SUR LA VIDÉO

Dans notre travail de recherche, il ne fallait pas seulement comprendre ce qui s'était passé et ce qui se passait à Port-de-Bouc, mettre une théorie à l'épreuve du terrain, mais aussi comprendre ce que nous avait apporté la vidéo, cet instrument nouveau pour nous, et réfléchir à la façon dont on pourrait l'utiliser ultérieurement.

La première utilisation que nous en avons faite consistait à collecter des données que nous aurions été incapables de collecter par d'autres moyens. La vidéo devenait un carnet de notes, pour reprendre la formule de Leroy-Gourhan à propos du film. On pouvait ainsi enregistrer rapidement le monde matériel, les discussions de groupes, les actes de travail, le langage non verbal, etc. On pouvait aussi apporter le terrain de recherche dans le laboratoire pour échanger avec les collègues. En même temps, on révélait aux autres chercheurs comment on travaillait, au risque d'être soumis à leurs critiques plus ou moins bien intentionnées. Dans le même temps, nous ne pouvions plus garantir l'anonymat aux personnes interrogées. C'est donc un nouveau rapport qu'il fallait avoir avec les personnes interrogées. Lors de la recherche précédente sur les mines, nous avions commencé à donner une copie des cassettes audio aux personnes enregistrées. Avec la vidéo, la demande se faisait plus pressante. Ce qui entraîna une scission parmi les chercheurs entre ceux qui considéraient que les entretiens étaient le fruit de leur travail et ne voulaient pas le rétrocéder car il pourrait être utilisé par d'autres, et ceux qui pensaient que le contenu de l'entretien était la propriété de la personne enregistrée, libre à elle de l'utiliser comme elle l'entendait, la qualité de la recherche résultant avant tout dans la capacité de chacun à traiter et à interpréter les données. Le tournage lui-même fut source de difficultés. Il faut penser au matériel de l'époque, matériel lourd (caméra U-Matic 3/4 de pouce monotube), peu fiable, manipulé par d'anciens instituteurs formés rapidement pour du travail dans les classes avec une caméra fixe, alors qu'on allait leur demander du travail de reportage. J'ai eu la chance de faire le film sur les riveurs avec un instituteur qui participait à l'opération en tant que comédien et qui avait le sens du corps et du travail. On fit une bonne équipe. Lors du second film sur la fermeture du chantier, lorsqu'il s'est agi de projeter les archives et d'enregistrer les réactions et commentaires des ouvriers, j'avais demandé plusieurs caméras, ce qui fut fait. Mais, l'opération finie, j'ai découvert qu'on avait amené un camion régie et mixé les images au moment du tournage. Là où j'avais pensé en termes de collecte maximum de données, les vidéastes, fiers de leur savoir, avaient pensé en termes d'esthétique d'image et de montage. Face à une photo d'archive, le riveur que nous avons filmé désigne un ouvrier assis sur une caisse ; on le voit de dos. « C'est un riveur » nous dit-il et il nous explique les signes qui permettent de le reconnaître ; il ajoute : « Le photographe aurait dû se placer là (il nous indique un endroit sur la photo) pour bien voir son travail. » Cela m'a fait réfléchir et chaque fois que l'on pouvait filmer plusieurs fois la même opération, on filmait à partir de la place indiquée par l'ouvrier, de la place choisie par le sociologue et de la place choisie par le vidéaste, renvoyant le choix à l'analyse et au montage. J'allais plus tard rencontrer à plusieurs reprises, au moment du montage, le conflit entre le vidéaste et le sociologue, jusqu'au jour où la qualité de la vidéo légère nous a permis de prendre nous-mêmes la caméra.

La vidéo m'a ensuite servi comme instrument de questionnement, comme je l'ai décrit plus haut. Les réactions que nous avions eues face au premier montage du film sur les riveurs m'ont fait découvrir l'utilité de faire réagir des personnes qui n'appartiennent pas à la situation montrée, à condition qu'elles entretiennent ou aient entretenu des relations avec cette situation. L'auto-confrontation avec les films de l'INA conduisait à une seconde leçon. Les hommes confrontés à leur image avaient été auparavant interrogés ou s'étaient exprimés à plusieurs reprises, ce qui avait éclairci leur discours en le recentrant sur le questionnement que provoquaient les images des actualités. Par contre les femmes, pour la plupart, intervenaient pour la première fois et leur discours fut beaucoup moins riche que ce que l'on aurait pu en attendre. D'où la nécessité de travailler au préalable avec les personnes avant de les confronter au questionnement des images. La seconde leçon tirée de cette expérience, c'est la nécessité d'être plusieurs sociologues pour mener la confrontation et observer ce qui se passe.

J'ai enfin utilisé la vidéo pour restituer le résultat de mon travail à ceux qui étaient l'objet de l'enquête. C'est là que j'ai rencontré les problèmes les plus complexes. Les documents vidéo avaient été réalisés pour collecter des données sans scénario préalable, sinon le processus d'enquête, et analysés à partir de leur contenu dans une perspective sociologique. Il fallait maintenant faire un montage en construisant un scénario. Il m'a fallu lire les écrits de plusieurs cinéastes pour voir ce qu'ils disaient du montage. Je voulais en effet éviter deux écueils, la restitution du document brut et le film pédagogique bavard. Dans la restitution d'un document brut, le chercheur n'a pas fait son travail car le plus important, après analyse des données, n'est pas nécessairement visible ou audible immédiatement. La question est alors : comment, grâce au montage, faire apparaître l'invisible et l'inaudible ? Les textes des cinéastes permettaient de trouver certaines solutions. Le film pédagogique bavard me déplaisait parce qu'il impose un discours explicatif en voix off sur des images ou un personnage docte entre les séquences d'images. Je suis parti du principe que le discours du sociologue devait surgir à travers le montage, ce qui conduisait à fragmenter des séquences enregistrées, à décaler bande-son et bande-image, etc., ce qui entraîna de nombreux conflits avec les vidéastes.

BILAN

Puisque la mémoire collective et l'expérience ne sont pas transmissibles, que reste-t-il de l'opération de Port-de-Bouc ? Les artistes engagés dans l'opération, en s'appuyant sur les symboles, les mythes et les légendes, avaient créé et représenté des œuvres qui, très souvent, s'accompagnaient de formes nouvelles, comme le théâtre d'appartement qui arrivait juste d'Italie, comme un ballet moderne sur de la musique concrète élaborée à partir des sons collectés dans un autre chantier naval. Le spectacle vivant dura le temps de l'opération, mais eut un impact réel sur la population. D'autant plus que l'opération culturelle était une opération phare du ministère de la Culture, avec la présence quasi permanente d'un chargé de mission du ministère et la visite du ministre de la Culture. L'on vint de plusieurs régions de France pour voir de plus près cette opération culturelle et éventuellement s'en inspirer. L'opération fut aussi largement médiatisée. On reparlait ainsi à nouveau de Port-de-Bouc sur le plan national, comme on en avait parlé à l'époque de la fermeture du chantier et l'on en parlait à propos de la mémoire du chantier. À côté du spectacle vivant, il y eut des écrits et des films qui, eux, pouvaient survivre à l'opération. Halbwachs notait que l'histoire « examine les groupes du dehors, et qu'elle embrasse une durée assez longue », alors que la mémoire collective était au contraire le groupe vu du dedans. L'action culturelle fut à l'origine d'une seconde mémoire collective, celle de l'opération culturelle, qui se concrétisa dans la création d'une médiathèque, qui conserva la mémoire historique du chantier grâce aux archives, aux films et aux écrits, et d'un théâtre qui rappelle ce moment culturel intense. Ce n'est que lorsque l'engouement pour le patrimoine se fit jour et que les fermetures des entreprises de la première industrialisation se multiplièrent (mines, chantiers navals, textile, etc.) que la nécessité de collecter la mémoire industrielle s'imposa. L'opération de Port-de-Bouc avait permis de faire rentrer le secteur industriel dans le cadre du patrimoine ethnologique.

Dans le domaine de la recherche, après avoir participé à l'opération, où toute la démarche de recherche sur le terrain était à inventer, on ne pouvait plus voir le travail du sociologue comme avant. S'il fallait définir ce que nous avions fait, il faudrait parler d'ethno-sociologie historique. On avait au départ peu de repères pour le travail en commun avec une population. La seule exception que nous connaissions était le travail du Centre d'ethnologie française animé par Paul-Henry Chombart de Lauwe. Pour circuler au milieu d'une opération culturelle « sans y perdre son âme », nous n'avions aucun exemple. Nous n'avions au départ qu'un simple « guide-âne » pour reprendre la formule de Marcel Griaule, et il ne nous restait que l'imagination sociologique. Ce guide-âne, Griaule nous le fournit dans sa *Méthode de l'Ethnographie* : « On accroche au hasard un chant parti d'une courette qui fait pousser la porte et entrer de plain-pied dans une cérémonie qui n'est que le dixième d'un cycle cohérent. Un coup de feu parti d'une terrasse marquera le millième tournant d'un déroulement qu'il faudra suivre d'une part, et dont il faudra d'autre part remonter le cours. Il paraît inutile d'affirmer que très souvent ces indices fortuits sont à l'origine de la découverte, et qu'un esprit par trop systématique et épris de dirigisme risque la perte d'un temps précieux et de pans entiers d'institutions à ne pas tenir compte de ces hasards. » On est loin de la sociologie bureaucratique abstraite contre laquelle se battait C. Wright Mills. Ce ne fut pas seulement la façon de travailler qui fut transformée, mais l'objet même de la recherche. Dans mes travaux précédents sur les conflits du travail, j'avais la plupart du temps étudié des industries où dominaient des métiers acquis « sur le tas » dans le cadre de ce que j'avais appelé l'apprentissage-production pour souligner que l'apprenti apportait sa contribution à la production tout en apprenant son métier. En même temps, j'avais noté les savoirs mis en œuvre dans le cadre d'une grève. Cette question réapparaissait à l'occasion des reconversions professionnelles de personnel. Enfin, à travers les débats de l'époque sur la qualification, on découvrait l'utilisation de savoirs sociaux acquis dans la vie de tous les jours et utilisés dans la vie de travail. Tout cela était resté marginal par rapport à mon sujet central, le conflit. Lors de la recherche à Port-de-Bouc, ce thème devint de plus en plus central dans mon travail. C'est la logique même de la recherche qui imposait cette nouvelle direction. Là encore, on était loin de la recherche bureaucratique qui voudrait que l'on se maintienne sur le même sujet de recherche jusqu'à épuisement, ou que le changement de sujet vienne de l'extérieur (commande ou autre). La logique de cette évolution conduit à relire les travaux de notre héritage disciplinaire avec ce regard nouveau, ce que je fis. La logique, c'est aussi de considérer qu'il n'y a pas d'un côté le travail théorique et de l'autre le travail de terrain, mais que les deux sont indissolublement liés à tous les instants du travail sociologique, ou, comme le disait si bien le poète franc-comtois J.-B. Chassignet (1969 : 139) :

> Le sçavoir et l'usage en l'ame ont mesme effect
> Que les jambes au corps : quand l'une est en souffrance,
> L'autre, en ayant perdu et l'ayde et l'assistance,
> Cloche et rend le corps mancque et le pas contrefait.

Bibliographie

Chassignet, Jean-Baptiste, 1969[1892], *Sonnets franc-comtois inédits:* Écrits au commencement du XVIIe siècle et publiés pour la première fois d'après le manuscrit original avec une introduction historique et des notes par Théodore Courtaux, Genève: Slatkine Reprints. Disponible sur https://gallica.bnf.fr/ark:/12148/bpt6k4346g/f1.image

Cornu, Roger, 1980, Recherches et travaux sur la mémoire ouvrière du chantier naval de Port-de-Bouc. *Technologies, Idéologies, Pratiques* Vol. 2, N°s 3-4, 121 p.

Cornu, Roger, 1980, « Comment accommoder les rivets de Port-de-Bouc ». *Technologies Idéologies, Pratiques,* 1980, Vol 2, N°s 3-4, p. 63-80.

Cornu, Roger, 1982, Le désert éclaté, pays de l'industrialisation sauvage. *Sociologie du Sud-Est*, N°s 31-32, 152 p.

Cornu, Roger, 1982, Le vif saisit le mort : pratique sociale et mémoire collective. In *Séminaire d'économie et de sociologie du travail et de la santé, 1980-1981.* Aix-en-Provence : LEST-CNRS, pp. 183-210.

Cornu, Roger, 1983, Le corps et la mémoire du travail. (Communication au colloque de la SFS et de la SEF à Nantes sur Les cultures populaires), LEST, 12 p. Une version enrichie a été publiée dans Cornu, Roger, 2001, *Éducation, savoir et production,* Bruxelles : Éditions de l'Université de Bruxelles, p. 143-152.

Cornu, Roger, 1984, Portes ouvertes sur la cuisine de la recherche. *Terrain,* n° 2, pp. 45-50. (Disponible sur Internet).

Cornu, Roger, 1984, Je suis une légende ou la production d'un chantier symbolique. *Ethnologie française,* 1984, tome XIV, N° 2, pp. 151-160. (Disponible sur Internet).

Cornu, Roger, 1984, *Du chantier naval à la ville : la mémoire ouvrière de Port-de-Bouc*, Aix-en-Provence : LEST-CNRS – Ministère de la Culture, 241 p. (Disponible sur Internet).

Cornu, Roger, 1987, « De la mise en mots à la mise en scène ». *Culture technique,* N° 17, pp. 122-127. (Disponible sur Internet).

Cornu, Roger, 1987, Vidéo-questionnement et vidéo questionnaire. In *Pratiques audio-visuelles en sociologie* (Actes de la rencontre de Nantes). Nantes : LERSCO-LEST-CNRS, pp. 69-84.

Cornu, Roger, 1988, Quand la parole sociologique cherche sa voix filmique. In : *La parole dans le film* (Rencontres d'Aix-en-Provence). Aix-en-Provence : LEST-CNRS, pp. 43-56.

Cornu, Roger, 1997, Le voisin sait bien des choses. In Schwartz, Yves, *Reconnaissances du travail,* Paris : PUF, coll. « Le travail humain », pp. 275-294.

Cornu, Roger, 2005, Dans le chaudron de la sorcière, Dutertre, Emmanuelle, Ouédraogo, Jean Bernard, & Trivière, François-Xavier *Exercices sociologiques autour de Roger Cornu,* Paris : L'Harmattan, pp. 383-412.

Filmographie

Cornu, Roger, 1982, « On les appelait les sauvages », U-Matic 3/4 de pouce, 45 min Réal : R. Cornu. Prod. CPMI-Istres.-LEST-CNRS (Disponible sur Internet).

Bonnel, Didier, 1982, « Nous construisions des bateaux », U-Matic 3/4 de pouce, 30 min Réal : Didier Bonnel. Prod : COL_IMA_SON, Office culturel de Port-de-Bouc. (Disponible sur Internet).

De Bonnault, Phanette et Cornu, Roger, 1983, « Des traces en mémoire », U-Matic 3/4 de pouce, 35 min Réal : Phanette de Bonnault-Cornu. Prod : CPMI-Office culturel de Port-de-Bouc.

Cornu, Roger et Garnier, J.-C., 1983 « Le cœur d'une ville », U-Matic 3/4 de pouce, 57 min Réal : R. Cornu et J.-C. Garnier. Prod : LEST-CNRS, CRDP Marseille, INA Provence-Côte d'Azur.

3

BRICOLAGE DE LA MÉMOIRE : SOURCES ORALES ET VISUELLES DANS LA CONSTRUCTION DE L'IDENTITÉ AGOUDA AU BÉNIN ET AU TOGO

Milton Guran

L'élément central analysé dans ce chapitre est l'utilisation de la mémoire par les Africains mis en esclavage au Brésil, qui sont revenus au Bénin au cours du xixe siècle ainsi que le sens de cette mémoire intégrée à l'expérience de l'esclavage. Celle-ci est comme une matière première issue d'un processus de bricolage qui rend possible son assimilation par le groupe social des marchands d'esclaves établis dans cette région. Ce processus, que j'ai appelé bricolage de la mémoire, fonctionne à partir de la construction d'un ensemble de références historiques, qui a été transmis par la tradition orale et qui s'actualise dans le présent par le biais de rituels symboliques et de comportements sociaux – façons de s'habiller, de se nourrir et de parler – qui les différencient des autres groupes sociaux et leur permet de confirmer leur identité propre. Ainsi, ces anciens esclaves se sont réinsérés en tant que citoyens à part entière dans la société qui, auparavant, les avait exclus, ce qui nous paraît en soi un phénomène peu courant.

Parmi les différents indicateurs identitaires utilisés par les Agoudas, la représentation de soi et l'utilisation résiduelle du portugais se distinguent. Ces deux éléments sont au cœur du projet intitulé « Parlers luso-brésiliens au Bénin » (Falares Luso-Brasileiros no Benim) développé dans le cadre de mes activités en tant que chercheur au Laboratoire de l'Histoire Orale et de l'Image (LABHOI) et basé sur l'observation à partir du registre photographique et vidéo et d'entretiens réalisés au Bénin. Le repérage de ces indices est une manière de souligner la présence de la langue luso-brésilienne et les usages du passé dans le présent comme stratégie permanente de construction de l'identité sociale.

Agouda est le terme par lequel sont désignés en yoruba, fon ou mina, les Béninois portant un nom d'origine luso-brésilien ou qui sont issus de familles ayant cette origine. Le mot « agouda » est probablement une transformation du mot « ajuda », nom portugais donné à la ville béninoise Ouidah. Ce mot était bien connu dans la région en raison du fort portugais de Ouidah, appelé Fort Saint Jean-Baptiste de l'Aide[1] (Forte São João Baptista da Ajuda). En français, langue officielle du Bénin après l'installation de l'administration coloniale française à la fin du xixe siècle, les Agoudas sont appelés et se présentent simplement comme « Brésiliens », mot écrit entre guillemets.[2]

Bien qu'étant complètement intégrés dans le tissu social béninois et togolais, les Agoudas ont préservé des différences subtiles par rapport aux autres groupes sociaux. Un des commentaires les plus récurrents parmi les Agoudas est de dire que : « De nos jours, le fon "évolué" ressemble à un Agouda. Mais, quand vous regardez de près, vous voyez qu'un "Brésilien" est toujours un "Brésilien" », faisant ainsi référence à la manière spécifique qu'adoptent les Agoudas lorsqu'ils se présentent socialement d'après les codes de comportement dans la société occidentale. Les Agoudas du Bénin et du Togo sont de diverses origines et se trouvent actuellement dans toutes les couches sociales béninoises, catholiques pour la plupart, ou musulmans. La majorité d'entre eux, sans aucun doute, sont descendants de négriers et de commerçants brésiliens ou portugais qui se sont établis sur cette côte, ou encore descendants d'anciens esclaves revenus du Brésil, auxquels s'ajoutent les descendants d'esclaves des Agoudas du xixe siècle. Les Africains devenus esclaves au Brésil et qui, par la suite, repartirent au Bénin, avaient, de fait, vécu un processus de socialisation urbaine, en tant que domestiques, ou « esclaves de gain », c'est-à-dire vendeurs ambulants. Quoi qu'il en soit, il s'agissait d'un mode de vie proche de celui de leurs maîtres. Leurs références culturelles se rencontrent non seulement parmi les couches les plus populaires, mais aussi parmi celles de leurs maîtres, et c'est ce comportement typique des élites bahianaises qu'ils cherchent à reproduire dans la région où ils vivent actuellement.

C'est au Bénin que la culture brésilienne est le plus enracinée. De fait, jusque de nos jours, il est possible d'observer des aspects évidents de cette culture, qui se matérialisent à travers les noms de famille, les bâtiments en ciment – les plus anciens du pays – les plats typiques, les fêtes et même une tonalité de peau plus claire entre les Agoudas. Cependant, d'autres aspects peuvent être, à première vue, moins évidents, voire invisibles, mais sont pourtant tout aussi importants que ceux précédemment cités. C'est le cas lorsque l'on observe la façon de se présenter ou de s'habiller, de recevoir des invités chez soi, de se comporter à table, ou encore d'organiser l'espace domestique et d'éduquer les enfants, pour citer à peine quelques exemples.

La construction de cette nouvelle identité sociale, qui a permis l'inclusion de ce groupe de « rapatriés » dans la société béninoise en transformation, repose sur l'opposition entre les notions de « civilisation/modernité » et de « primitivisme/sauvagerie ». Cette opposition naît de la conception construite par les autochtones, à l'époque du rapatriement et jusque de nos jours, au sujet des « Brésiliens » qui ont été et sont toujours considérés comme des « esclaves », ou selon l'expression régionale : « des gens importés », tandis que pour le « Brésilien », les populations locales sont à leur tour toujours perçues comme des « sauvages ». Tous les Agoudas interrogés[3], sans exception, affirment avoir été traités d'*esclave* et de *personne importée* par les autres Béninois qui se disent du *pays*. Ces derniers se défendent en expliquant qu'ils ne réagissent qu'à la classification de « sauvages » que les Agoudas leur attribuent. La confrontation a lieu principalement à l'école et sur le marché, où il y a bien sûr une situation de concurrence.

Dans les sociétés marquées par la mémoire de l'esclavage « les relations entre les rapteurs et les personnes raptées se maintiennent sur la base de la non-reconnaissance de l'exotisme et perpétuent une altérité irréductible » explique C. Meillassoux (1986 : 74).

Ainsi, « cette relation d'altérité » – ajoute-t-il – « est, en fait, l'explication idéologique d'une relation dominant-dominé, qui oppose l'ensemble des citoyens libres des sociétés esclavagistes à l'ensemble des populations agressées, ponctionnées dans le passé, le présent et l'avenir ». C'est précisément cette relation entre dominant et dominé que les anciens esclaves vont renier en construisant une nouvelle identité, sans toutefois réussir à effacer entièrement les relations d'altérité qui sont justement irréductibles.

La représentation de soi est un des aspects les plus évidents de la construction d'une identité (Bourdieu 1965 et Goffman 1973). Ce processus étant devenu pérenne, nous pouvons en suivre les traces, encore visibles à ce jour, à travers les portraits d'Agoudas, fondateurs de famille, exposés à l'intérieur des maisons, selon la coutume du pays, habillés à l'européenne. Il s'agit d'une sorte de certificat de leur statut d'« évolués », avant même que l'administration française véhicule les « manières de blancs » par le biais de la colonisation.

Le portrait, comme on le sait, est la définition visuelle d'un individu, l'image qu'il a choisie pour le représenter personnellement et socialement. En outre, faire faire son portrait, comme le remarque Gisèle Freund (1974 : 11) est « un de ces actes symboliques par lesquels les individus de la classe ascendante rendent leur ascension visible à leurs yeux et à ceux des autres et se rangent parmi ceux qui jouissent d'une

Photo 1. *Portrait de Francisco Feliz de Souza, le Chachá I, à Singbomey, Ouidah, 1996 (Reproduction Milton Guran).*

certaine considération sociale ». Un des cas les plus emblématiques est le portrait du fondateur de la puissante famille des de Souza, et plus précisément de Francisco Félix de Souza, le Chachá I, qui domine la galerie de portraits dans son ancienne résidence appelée Singbomey, à Ouidah[4]. Il s'agit d'un portrait posthume peint à l'huile, qui représente le fondateur de la famille avec un air d'aventurier, portant un chapeau avec un pendentif et une écharpe au cou, un peu à la manière de Giuseppe Garibaldi dans son portrait le plus célèbre. Notons que la photographie officielle du Chachá I subit de nombreuses transformations et est constamment actualisée ces dernières années.

Le portrait original nous laisse voir un homme aux traits bien dessinés, une grande barbe et un teint hâlé, les cheveux longs encadrant un visage sérieux aux yeux durs. C'est l'image d'un aventurier, avant tout un pionnier, « bâtisseur d'empires ». Ce portrait, reproduit par Verger dans les années cinquante (Verger 1968 : Photo 24), est le même que celui trouvé à Singbomey lors de ma première visite en 1994 (voir Photo 1).

Photo 2. *La famille de Souza salue le nouveau Chachá, qui se trouve à droite sur cette photo, lors d'une cérémonie présidée par Marcelin de Souza, en costume blanc et nœud papillon. Au fond de la pièce, au milieu de deux autres portraits, figure Francisco Félix de Souza (Photo de Milton Guran).*

En 1996, à l'occasion de l'intronisation de M. Honoré Feliciano Julião, Chachá VIII, au cours d'une cérémonie présidée par le plus âgé de la famille, M. Marcelin de Souza, la tête de Francisco Félix de Souza a été ointe et entourée d'une sorte d'aura, rappelant ainsi la représentation usuelle des saints catholiques (photo 2), bien que gardant les traits dessinés dans le portrait original.

Notez qu'Honoré Feliciano de Souza est habillé comme son grand-père Julian Feliciano de Souza, le Chachá IV représenté dans la photo 3. Une fois intronisé, il a ajouté à son costume officiel un chapeau semblable à celui de son arrière-grand-père et une sorte de cape de velours rouge, faisant allusion à l'écharpe que le fondateur de la famille portait autour du cou sur le portrait officiel (Photo 1).

En se présentant de la sorte, le Chachá VIII cherchait à gagner une certaine légitimité aux yeux de tous, en signalant visuellement son appartenance à la dynastie des de Souza, et plus spécifiquement à la branche du Chachá IV, qui avait été accusé de trahison et exécuté par le roi du Dahomey en 1887 (Guran 2000 : 185-194). Cette stratégie de recouvrement de signes visuels appartenant à la dynastie avait déjà été utilisée par le Chachá III Francisco « Chicou » de Souza. Comme nous pouvons le constater sur la photo 4, celui-ci apparaît à droite, représenté

Photo 3. *Le Chachá IV dans un portrait exposé sur sa tombe, à Singbomey, Ouidah, en 1994 (Reproduction Milton Guran).*

avec le chapeau de son père, mais avec des vêtements semblables à ceux de son frère aîné, Isidore de Souza, le Chachá II, qui avait étudié à Bahia et, à son tour, avait tracé son propre chemin en se présentant comme un bourgeois aux relents aristocratiques, conformément au goût brésilien de l'époque (Guran 2000 : 173-185).

Récemment, avec la création d'une fondation portant son nom et qui vise à préserver et glorifier sa mémoire et gérer le patrimoine symbolique de la famille, le portrait du Chachá I a été nouvellement actualisé (Photo 4).

Don Francisco semble rajeuni, blond aux cheveux frisés, le menton rasé, portant de manière ostentatoire d'imposantes moustaches également blondies. Son regard est davantage curieux et moins dur, et une écharpe autour du cou, rouge dans le portrait original, s'est transformée en une couleur plus douce : un ton moderne lilas. Il n'est plus le redouté « bâtisseur d'empires » et devient un sympathique aventurier qui a fondé une vaste famille en Afrique.

Guran : Bricolage de la mémoire

Photo 4. Sr. Marcelin de Souza dans le hall d'entrée de Singbomey, devant les portraits du Chachá I et du Chachá III (Photo de Milton Guran).

La représentation de soi – matérialisée par les portraits exposés à l'entrée des maisons dans toutes les couches sociales – permet ainsi à chaque « Brésilien » d'établir d'emblée une frontière nette, affichant ses différences face à l'ensemble de la société. Le fait que ces photos soient exposées dans le hall d'entrée de la maison, exprime bien l'importance de se distinguer en partant des origines et de constamment alimenter les différences existantes.

L'idée qu'il existe une mémoire collective agouda liée à un patrimoine culturel commun à préserver est présente à différents niveaux ; que ce soit dans le discours ou bien dans la vie quotidienne des « Brésiliens ». La mémoire du temps passé au Brésil (qui d'ailleurs leur servait de matière première pour la construction de la nouvelle identité sociale), si chère aux anciens esclaves revenus du Brésil, est associée à la mémoire de la construction proprement dite de cette identité.

Des affirmations telles que « nous avons tout fait dans ce pays » et « nous sommes très fiers de nos ancêtres » apparaissent toujours dans les discours dès qu'il s'agit de la question ethnique. Ils mettent ainsi en évidence ce fait qu'ils ont un passé riche de réalisations à honorer, ce qui constitue pour eux un facteur de différenciation, et leur permet d'établir une frontière ethnique face aux autres groupes sociaux. Ce passé est commun aussi bien aux descendants de négriers, qu'aux anciens esclaves revenus du Brésil, qu'à leurs anciens esclaves au pays. Comme l'on dit au Bénin : « La feuille qui a longtemps enveloppé le savon mousse comme le savon… ». Cependant, les descendants des commerçants blancs – qui, dans le fond, se considèrent comme les *véritables* « Brésiliens » – revendiquent une certaine supériorité/suprématie par rapport aux autres groupes.

Il existe ainsi la mémoire des grands faits réalisés et, à ses côtés, *une manière d'être différente* qui complète la première et renforce de nos jours la frontière culturelle entre les Agoudas et le reste de la population. *Cette façon d'être différent* ne signifie pas exactement avoir des « manières de blancs », comme ce fut le cas au moment de l'arrivée des anciens esclaves. Rappelons qu'au temps de la colonisation, « les manières de blancs » ont été appropriées par les Béninois. Mais les Agoudas revendiquent une particularité, celle d'avoir « des manières "brésiliennes" de blancs »[5]. Ils affirment cette particularité dans la façon dont ils sont, dont ils se présentent, de se saluer, de cuisiner, de par la condition des premiers catholiques, de prononcer à la portugaise leurs noms ainsi que d'utiliser certains mots

Photo 5. *Mme Amégan pendant le défilé des célébrations de N. S. de Bonfim, à Porto-Novo, en 1995 (Photo de Milton Guran).*

et expressions en portugais dans les conversations entre eux. Ces mots et expressions sont connus de tous les Agoudas, y compris les jeunes.

Cette façon d'être « Brésilien » est bien sûr calquée sur les réminiscences de ce qu'est être un Brésilien dans l'imaginaire du groupe, constamment renforcées par les attitudes et choix individuels et des actions publiques qui expriment clairement cette appartenance. Alors qu'ils revendiquent un « costume traditionnel », qui inclut l'utilisation de la cravate pour les hommes et de la jupe longue pour les femmes, suivant la mode du Second Empire, qui était la mode de l'époque, lorsque les fondateurs des actuelles familles traversèrent l'Atlantique vers leurs origines. Aussi ce costume est-il également progressivement « actualisé ». Sur la photo 5, par exemple, nous voyons Mme Amégan, dont le nom de famille est Campos, en costume typique des femmes agoudas, à l'occasion des célébrations de Notre Seigneur de Bonfim à Porto-Novo en 1995.

Cette robe portée par Mme Amégan, est une relecture de la robe originale faite à partir des costumes utilisés par les acteurs dans le feuilleton télévisé « Demoiselle », version française diffusée au Bénin du feuilleton télévisé « L'esclave Isaura » de la chaîne brésilienne Globo, qui a fait un tabac dans toute l'Afrique de l'Ouest pendant les années quatre-vingt-dix (Guran 2000 : 125). Ce type de vêtement a été modernisé pour être

Photo 6. *Mme Amégan, dans sa résidence, à Porto-Novo, en 2010 (Photo de Milton Guran).*

utilisé au jour le jour, comme nous pouvons le constater sur la photo 6, à l'occasion d'un enregistrement pour le projet « Parlers luso-brésiliens au Bénin et au Togo ». Sur cette photo, Mme Amégan apparaît aux côtés d'une femme vêtue à la mode africaine traditionnelle, qui nous permet de voir clairement le contraste entre les deux femmes photographiées et la différence identitaire dans la représentation de soi.

En réalité, en se présentant vêtue avec soin, portant une jupe longue et avec une coupe de cheveux défrisés, Mme Amégan accompagne fidèlement la mode aristocratique agouda à laquelle elle appartient, affichant sa différence avec d'autres femmes agoudas.

En effet, les femmes agoudas, dans les mêmes circonstances, évitent les vêtements traditionnels africains, leur préférant les modèles occidentaux plus modernes, comme on peut l'observer lors de cet entraînement de chansons de la « Burrinha » (que l'on peut traduire littéralement par ânesse) dans la résidence de la famille Amaral, à Porto-Novo en 2010 (Photo 7).

Cette scène est tout à fait emblématique de l'identité agouda. Nous voyons au premier plan un groupe d'hommes et de femmes vêtus à l'occidentale, à l'exception d'une seule habillée à l'africaine. Il s'agit d'Antoinette Campos, de la même famille que Mme Amégan, qui est une

Photo 7. *Entraînement de chansons de la « Burrinha » chez les Amaral à Porto-Novo, en 2010 (Photo de Milton Guran).*

personne proéminente au sein du groupe, car elle est considérée comme la meilleure chanteuse qui, d'ailleurs, connaît le plus grand nombre de chansons en portugais. Toujours au premier plan, on peut voir un tambourin, instrument emblématique qui est venu au Bénin par le biais des Agoudas, qui à leur tour l'ont découvert au Brésil, où il est arrivé apporté par les Portugais après leur contact avec les Arabes. Au deuxième plan, nous pouvons repérer tout un répertoire de symboles de ce bricolage identitaire, à travers lequel les personnes revendiquent leur identité à la fois brésilienne et béninoise. La présence d'icônes catholiques, dont le plus important est l'étendard de la Fraternité Brésilienne de N. S. De Bonfim – qui sera évoquée plus tard –, imprègne la tradition brésilienne (les catholiques agoudas étaient déjà convertis lorsque la Mission Catholique de Lyon est arrivée à Porto-Novo) figure à côté de la carte de la République du Bénin et des drapeaux nationaux actuels du Brésil et du Bénin.

M. Bruno Rodriguez, de la ville de Bohicon, interviewé[6] au sujet des caractéristiques actuelles qui définissent les Agoudas, a répondu qu'ils avaient entre eux une « façon de faire les choses différemment » et une mémoire commune composée de souvenirs partagés par tous les Agoudas. Menuisier de profession, M. Rodriguez est, à l'âge de 70 ans, peut-être le plus grand connaisseur de la région de la fête de la *Burrinha* (littéralement ânesse), et sans doute, le dernier spécialiste de la fabrication de marionnettes de spectacle. « *Nous avons des souvenirs qui sont à peine les nôtres, me dit-il, des histoires du passé et aussi des manières de parler et de se saluer...* ». Je l'interromps en portugais : « Como està, senhor ? » et il me répond aussitôt : « Bem obrigada, bien, merci ».

> Cette représentation de soi à la « brésilienne » est présente dans toutes les situations où l'identité agouda est valorisée et est utilisée dans ce but, comme c'est le cas des fêtes de Notre Seigneur de Bonfim, le patron des Agoudas, toujours célébrées au mois de janvier, principalement dans les villes de Porto-Novo et d'Ouidah.

Le point culminant de la célébration de N. S. de Bonfim est la messe solennelle commandée par la Fraternité Brésilienne Bon Jésus de Bonfim à Porto-Novo, rendue prestigieuse par les Agoudas de toutes les couches sociales, qui participent à la messe vêtus de leurs plus beaux apparats. Le programme proposé est à peu près le même que celui que j'ai pu observer, il y a vingt ans (Guran 2000 : 125). L'entrée dans l'église se fait en participant à la procession de manière solennelle, avec à sa tête l'étendard suivi du drapeau national brésilien et de tous les Agoudas (photos 8 et 9).

Deux défilés sont organisés dans les rues de la ville. Le premier a lieu le samedi avant la messe de Bonfim et le second se déroule juste

Photo 8. *Messe de Notre Seigneur de Bonfim dans l'église du Sacré-Cœur à Porto-Novo, en janvier 2010 (Photo de Milton Guran).*

après la messe. Dans les deux défilés, on retrouve l'identité « brésilienne » mise en valeur à travers l'utilisation de symboles effectivement brésiliens, comme le drapeau national et l'usage de costumes typiques : la cravate pour les hommes tandis que les femmes portent des robes longues. Les dignitaires de la Fraternité Brésilienne portent des faixas (banderoles) avec l'inscription « N. S. Bonfim » écrite selon l'orthographe de la langue portugaise, et non française, langue officielle du pays. C'est le cas de Mme Martins, descendante du négrier José Domingos Martins, fils homonyme d'un des dirigeants de la Révolution de Pernambuco (nord du Brésil) qui eut lieu en 1817, exécuté par D. Maria I et couronné comme héros de l'Indépendance par son petit-fils D. Pedro I (Guran 2000 : 34-45 ; Ross 1965), et qui apparaît au premier plan de la photo 10. Circulant dans diverses rues de la ville de Porto-Novo, chantant plusieurs chansons en portugais, comme celle qui a pour refrain : « La société brésilienne est dans la rue / venez voir / venez-vous amuser / le jouet est délicat / pour celui / pour celui qui sait jouer ». Le mot « brésilienne » de la chanson est peut-être le seul dont le sens est connu de tous et est entonné à plein poumons (Photo 10).

Photo 9. *Procession à l'entrée de la mission de Notre Seigneur de Bonfim dans l'église du Sacré-Cœur de Porto-Novo, en janvier 2010 (Photo de Milton Guran).*

Ce défilé, très détendu, rappelle parfois le carnaval brésilien, dans lequel sont incorporés des personnages typiques de la *Burrinha*, fête très populaire à Bahia au cours du xixe siècle, pratiquement disparue au Brésil, mais qui survit au Bénin. La présentation de la « fête de l'ânesse » constitue la dernière partie de la fête et se déroule normalement dans un espace ouvert, avec la participation d'un public qui se joint à la communauté agouda. En 2010, la présentation de « l'ânesse » a préservé la même organisation observée vingt ans auparavant, avec les mêmes personnages et les mêmes chansons, animée par un groupe de musiciens sous la direction de la famille Amaral qui, depuis des décennies, est le principal moteur de la fête (Guran 2000 : 152-172). Lors de la fête, il est également possible de constater la même actualisation des signes mentionnés à propos de certains portraits de la famille de Souza, ce qui nous montre comment l'identité s'adapte et se reconstruit pour ne pas cesser d'être ce qu'elle est. Le costume féminin se modernise dans la mesure où les références au Brésil sont également mises à jour par le biais de la télévision et par les réseaux sociaux. L'habit est plus léger et décontracté, tout en maintenant la longueur des jupes et l'utilisation du chapeau, un symbole de distinction « à la brésilienne ». (Photo 12).

Photo 10. *Mme Martins durant le défilé de N. S. de Bonfim, en janvier 2010 (Photo de Milton Guran).*

Cette année, l'ambassade du Brésil a participé et soutenu la célébration, ce qui a permis aux Agoudas de confectionner des vêtements avec le même tissu, aux couleurs brésiliennes, pour tous les membres de la fête. Une distribution généreuse de chemises brésiliennes a été faite, comme celle portée par Antoinette Campos, citée précédemment lors de la présentation de la photo 7, à côté d'Auguste Amaral, présent également sur la photo 13. La photo 14 nous montre à son tour une fête de la *Burrinha* plus moderne, faite à partir d'un matériel plus léger et plus coloré que lors de la fête traditionnelle.

Être Agouda de nos jours signifie partager une mémoire commune relative à un ensemble de réalisations et une façon d'être à la « brésilienne ». Pour mieux comprendre cette situation, nous pouvons diviser le processus de construction de l'identité sociale en trois périodes successives.

La première commence au moment où la présence de commerçants brésiliens liés à l'esclavage sur la côte devient plus significative, à partir du début du XIXe siècle. La traite négrière était alors interdite et les bahianais ont tout fait pour la maintenir quelques années de plus. Ces négociants brésiliens étaient blancs, vivaient selon leurs modes et épousaient des femmes autochtones. Ils entretenaient des relations

Photo 11. *Auguste Amaral durant le défilé de N. S. de Bonfim, en janvier 2010 (Photo de Milton Guran).*

commerciales et politiques avec les locaux, qui étaient d'une certaine manière assimilés par le biais de mariages mixtes. Ils n'étaient pas très nombreux, malgré leur grande importance économique et politique et firent fortune. Ils étaient blancs dans une société noire, leurs fils métis étaient considérés blancs comme leurs pères, et étaient appelés par tous Agoudas, désignation qui remontait à plusieurs générations.

La deuxième période correspond à l'arrivée massive d'hommes et de femmes devenus libres et qui reviennent sur leur terre d'origine, à partir de 1835. Ils étaient noirs, mais avaient « des manières de blancs ». Ils discriminaient les natifs de la région, qu'ils considéraient comme des « sauvages », tout comme ils avaient été auparavant rejetés par ces derniers pour qui ils continuaient d'être perçus comme « esclaves », c'est-à-dire des exclus.

La question de l'esclavage, pratiquement absente des manuels scolaires et trop souvent minimisée dans les ouvrages académiques portant sur l'ancien royaume du Dahomey, est, cependant, toujours présente dans les relations sociales et personnelles. En effet, comme le souligne C. Meillassoux (1986 : 107), « la capture (ou l'achat qui exige la capture) marque les esclaves d'un stigmate indélébile ».

Photo 12. *Femmes agoudas dansant la « samba » lors de la fête de la Burrinha à Porto-Novo, 2010 (Photo de Milton Guran).*

La traite dans la région a d'ailleurs été le moteur de l'économie pendant des siècles, et l'esclavage a toujours été une institution parmi tous les peuples impliqués. Il n'est donc pas surprenant que la discrimination sociale pratiquée à partir de l'expérience de l'autre, ancien esclave, continue d'être très présente dans les relations des Agoudas entre eux ou dans leurs relations avec d'autres groupes sociaux.

Comme je l'ai dit auparavant, tous les « Brésiliens » interviewés au cours de ma recherche ont affirmé avoir été montrés du doigt et avoir été appelés « esclave » à différents moments de la vie quotidienne. C'est pratiquement la règle à l'école et au marché. Dans le domaine de la vie privée, l'historien François de Medeiros explique qu'il existe, au contraire, « *un accord tacite de ne jamais parler de l'ascendance esclave* ».[7]

Les hommes et femmes naguère esclaves au Brésil et repartis vers leurs terres d'origine avaient des origines ethniques différentes et étaient unis à peine par un passé commun vécu au Brésil. En d'autres termes, ce qui les unissait était la *mémoire* commune d'une expérience sociale vécue. Cette mémoire se traduisait par une pratique de vie, une manière d'être et, surtout, une qualification professionnelle en conformité avec les nouveaux paramètres culturels et économiques européens qui s'imposaient de plus en plus dans le pays. Ils portaient des noms étrangers

Photo 13. Orchestre de la « Burrinha », Porto-Novo, en 2010 (Photo de Milton Guran).

et avaient pour modèle une culture des blancs acquise au Brésil. Cette culture était un grand atout et leur a permis de s'associer aux commerçants bahianais dans des activités économiques plus modernes. Ces activités, basées principalement sur le commerce des esclaves, évoluèrent vers un commerce international et local plus varié ainsi que vers la production et l'exploitation des ressources locales telles que l'huile de palme, appelée dendê au Brésil.

Aux yeux de l'ensemble de la société, ils avaient « des manières de blancs », étaient catholiques et parlaient portugais. Leur nombre – qui augmente en comptant les esclaves locaux à leur service – était de plus en plus expressif et, par conséquent, ils ont acquis progressivement un poids plus important dans le contexte démographique de la région. Ils ont créé entre eux une communauté, dans laquelle les premiers blancs et leurs descendants métis constituaient une sorte d'élite. Au cours de la seconde moitié du xixe siècle, ils ont formé une société à part, essentiellement endogamique[8] et construit une identité sociale assimilée aux premiers Brésiliens.

Cette identité se reproduisait également par le biais de la religion – ils étaient pour la plupart catholiques, tout en pratiquant certains cultes vaudous – et de la scolarisation. Ils ont créé des écoles où tous

Photo 14. *La Burrinha de Porto-Novo, en 2010 (Photo de Milton Guran).*

les enfants, garçons et filles apprenaient à lire et à écrire en portugais, alors que les sujets d'Abomey n'étaient pas autorisés à fréquenter les salles de classe.

Les Agoudas – groupe actuellement composé des descendants de commerçants de la traite, les anciens esclaves repartis au Bénin, leurs esclaves et leurs descendants – sont à l'origine de la quasi-totalité de l'activité économique moderne et de la pénétration de la culture occidentale dans la région. Ils représentaient d'ailleurs à l'époque l'avenir, puisque la culture européenne – c'est-à-dire les « manières de blancs » – a fini par devenir une référence locale.

Lorsque nous examinons de plus près la culture agouda de cette deuxième période, nous constatons qu'elle est différente de celle des premiers Brésiliens. Elle est différente en soi, mais c'est surtout sa fonction sociale qui change. Les commerçants bahianais de la traite étaient blancs, par conséquent naturellement différents des natifs, de sorte qu'ils occupaient une position spécifique dans la société locale. Ce lieu était garanti grâce à l'alliance économique établie avec le roi du Dahomey et exprimé symboliquement par le rôle de Chachá et d'autres leaders brésiliens insérés dans la structure du pouvoir en vigueur.[9]

Les anciens esclaves revenus dans la région, au contraire, ont été contraints de s'inventer une place propre dans cette société qui ne les acceptait pas. Ils étaient à la fois ceux qui avaient été expulsés – vendus comme esclaves – et étrangers – puisque, par-dessus tout, ils revenaient transformés et différents de ce qu'ils étaient, avec des « manières de blancs ».

La construction d'une nouvelle identité sociale à partir de la mémoire du temps vécu au Brésil constituait pour eux le moyen de s'insérer dans cette société, dans la même couche sociale qui avait été créée pour les Agoudas de la première génération.

Meillassoux explique :
> La notion d'« étranger » est commune à toutes les populations africaines. Elle est généralement opposée à la notion d'« homme », c'est-à-dire de « citoyen », de « patricien » de « patrício », la personne qui jouit de toutes les prérogatives sociales du milieu considéré. (…) L'étranger doit s'allier avec un protecteur, son garant et son « témoin » dans la société où il pénètre ; c'est ce lien préalable qui permettra l'établissement de tous les autres. En l'absence de l'aval du protecteur, dans la solitude, l'étranger est lié à la servitude (op. cit : 105).

Dans la situation analysée ici, c'est justement cette identité « brésilienne », déjà approuvée par le roi Guézo et d'autres potentats, qui est garantie aux rapatriés et qui rend leur stratégie d'inclusion sociale efficace.

Ils deviennent Agoudas, mais pas exactement comme les premiers. Il est vrai qu'ils avaient leurs maîtres comme modèles et avaient grossièrement assimilé leur culture, qui était approximativement celle des premiers Agoudas, mais ils ont également aussi apporté à la région africaine dans laquelle ils se sont établis, une certaine culture développée au Brésil par les gens du peuple et par les esclaves.

C'est ainsi qu'outre l'architecture et la représentation de soi, les indicateurs les plus visibles de l'identité « brésilienne » remontent à des pratiques davantage insérées dans le milieu des esclaves que dans celui de leurs maîtres au Brésil. C'est le cas du plat appelé feijoada (à l'origine un plat des quartiers esclaves, avant de devenir le plat national brésilien), la fête de Notre Seigneur de Bonfim (tout d'abord une fête des Africains et des créoles de Bahia, avant de devenir l'objet de dévotion de tout un peuple) et la fête de la Burrinha (fête populaire folklorique qui n'a jamais vraiment été pratiquée par les élites). La culture agouda, tout d'abord une culture à l'européenne, s'est enrichie de divers aspects de la culture brésilienne, celle construite au Brésil.

La présence coloniale française, imposant des « manières de blancs » dans tout le pays, a d'une certaine manière soutenue l'option culturelle de cette masse *d'Africains génériques* revenue du Brésil. Ceux qui étaient partis, reviennent comme maîtres, c'est-à-dire porteurs de la culture qui s'imposait dans le pays. C'est à cette période que l'opposition entre les notions de « civilisation/modernité » et « primitivisme/sauvagerie » acquiert de nouvelles formes dans le jeu de l'intégration des hommes et des femmes venus du Brésil dans la société locale.

C'est ainsi que nous arrivons à la troisième période importante pour comprendre l'identité agouda au Bénin, la période actuelle. De nos jours, la *mémoire du temps vécu* au Brésil a fait place à la *mémoire des réalisations* qui ont eu lieu au Bénin. Tout comme la première *mémoire* a eu pour fonction de permettre l'insertion des anciens esclaves rapatriés dans la société locale, la seconde *mémoire* a également eu une fonction précise. En fait, l'opposition « esclaves, personnes importées/sauvages » reste à l'ordre du jour de l'interaction sociale. C'est à partir de la mémoire de leurs réalisations (« *nous avons tout fait dans ce pays...* ») que les « Brésiliens » – d'emblée exclus quand ils étaient esclaves – défendent la légitimité de leur place dans la société béninoise actuelle.

Les relations entre les Agoudas et l'administration française ont connu plusieurs configurations. Les « Brésiliens » ont tout d'abord été les alliés des Français, qui les ont utilisés comme intermédiaires par rapport aux locaux. Dès l'installation du protectorat de Porto-Novo en 1861, ils ont soutenu de manière décisive la France contre la Grande-Bretagne (Costa e Silva 1989c : 61-2). Les grandes familles de Porto-Novo, par exemple, ont participé directement aux côtés des Français à l'effort de guerre contre Béhanzin[10]. Ignacio Paradise, le plus important Agouda de Porto-Novo, a été le seul Africain à obtenir un siège au conseil d'administration de la Colonie dès son installation. Plusieurs autres « Brésiliens » ont été employés directement par l'administration française à divers niveaux (Sanvi 1977) de la hiérarchie administrative. D'une certaine manière, les « Brésiliens » vivent encore de nos jours ce rôle d'intermédiaires, avec de petites nuances. De fait, ils ne peuvent assumer entièrement leur condition d'Agouda, parce qu'ils ont établi des alliances avec d'autres groupes ethniques à travers le mariage à l'africaine, ce qui les amène à une situation d'intégration au sein des grandes familles élargies. D'où leur nouveau statut d'intermédiaires.

Toutefois, dans la mesure où les Français devinrent les maîtres du pays, « les Brésiliens » ont été progressivement éloignés des activités les plus rentables. Ce fut tout d'abord le cas du commerce en gros, et peu après, du commerce de détail, qui furent placés sous le monopole des Français. Les commerçants agoudas les plus solides furent ainsi conduits à la faillite.

L'influence sociale et politique « brésilienne » entra réellement en déclin à partir de 1946, quand la vie politique et économique du Bénin changea radicalement en raison du nouveau système de représentation politique à l'Assemblée territoriale et à l'Assemblée nationale française. C'est à cette époque, explique l'historien béninois Karl Emmanuel Augustt[11], que les « "Brésiliens" et les métis en général, considérés comme assimilés à l'administration coloniale, sont délogés du pouvoir ». Cette tendance s'accentue davantage au moment de l'indépendance lorsque les Agoudas, traditionnellement considérés comme étrangers, sont associés (par les autres Béninois) aux Français, et donc aux colonisateurs. « Ils sont accusés d'avoir aidé le blanc, ils se placent dès le départ du côté du blanc », analyse le professeur Adrien Djivo[12], un autre historien béninois. Karin Urbain da Silva[13], consul honoraire du Brésil, à son tour, indique qu'à cette époque, il y eut un grand « règlement de comptes » contre les « Brésiliens », qui a duré jusqu'en 1972.[14] Il se réfère au régime marxiste du Général Kérékou, quand les Agoudas ont été nouvellement victimes de discriminations, et cette fois-ci parce qu'ils étaient associés à la bourgeoisie. Malgré la participation de certaines personnalités agoudas dans la nomenclature du régime, les « Brésiliens » soutiennent qu'ils ont été pratiquement bannis de la vie publique à cette époque, « victimes de la même rage anticolonialiste qui a également essayé d'éliminer des chefferies traditionnelles ».[15]

Le processus de démocratisation installé en 1989 au Bénin correspond à un mouvement de revalorisation des chefs traditionnels, ainsi que des cultes vaudous et autres événements religieux qui avaient été interdits par le régime politique précédent. Un exemple de cette revalorisation est le Festival international des arts et des cultures vaudous appelé « Ouidah 92 », qui a eu lieu en janvier 1993 (Tall 1995a et 1995b) et la création d'une Journée nationale du culte vaudou, célébrée au mois de janvier. L'intronisation d'Honoré de Souza comme le huitième successeur de D. Francisco de Souza, en octobre 1995, 26 ans après la mort du dernier Chachá, s'inscrit également dans ce mouvement visant à souligner l'importance du poids politique des chefs traditionnels, parmi lesquels se trouve le Chachá.

C'est dans ce contexte que nous pouvons comprendre l'importance des cérémonies publiques très médiatisées entourant l'intronisation de Chachá VIII. Elles renforcent la *mémoire des réalisations*, et par la même occasion réaffirment symboliquement l'alliance initiale qui a donné aux Agoudas une place dans la société dahoméenne. De plus, rappelons que le Chachá, tout au moins à la cour d'Abomey, est effectivement considéré comme le représentant de tous les « Brésiliens ».

Rappelons, à titre de conclusion, que le bricolage d'une nouvelle identité ethnique a permis l'insertion sociale des anciens esclaves rapatriés dans la qualité de *citoyens à part entière*.

Cette étude, grâce à l'utilisation de sources orales et visuelles, facilite la reconnaissance du processus d'autoreprésentation comme étant un outil de construction et d'affirmation de l'identité ethnique agouda. Par ailleurs, celui-ci permet la mise à jour de ce processus social par le renforcement des rituels appropriés et des comportements « brésiliens » dans la société béninoise du xxie siècle. Ainsi, les différentes couches de cette mémoire soutiennent le patrimoine culturel des Agoudas, dans un processus où le passé vient renforcer les relations sociales du présent.

Bibliographie

Amégan-Prado, J. F., 1954 [1950], Les relations de Bahia (Brésil) avec le Dahomey, *Revue d'Histoire des Colonies*, Tomo XLI, segundo trimestre, pp. 167-226, Paris. (Traduzida na *Revista do Instituto Histórico e Geográfico Brasileiro*, Rio).

Bourdieu, P. (org.), 1965, *Un art moyen. Essais sur les usages sociaux de la photographie*. Paris : Les Éditions de Minuit.

Braga, Júlio Santana, 1968, Notas sobre o 'Quartier Brésil' no Daomé, *Afro-Ásia*, N°s 6-7, pp. 55-62. Salvador : Centro de Estudos Afro-Asiáticos/UFBa.

Castro, Yêda Pessoa de, 1965, Notícia de uma pesquisa em África, *Afro-Ásia*, n. 1, Salvador : Centro de Estudos Afro-Asiáticos/UFBa.

Costa e Silva, Alberto, 1989a, Os sobrados brasileiros de Lagos, In : *O vício da África e outros vícios*, Lisboa : Ed. João Sá da Costa, pp. 9-12.

Costa e Silva, Alberto, 1989b, Os habitantes brasileiros de Lagos, In : *O vício da África e outros vícios*, op. cit., pp. 13-18.

Costa e Silva, Alberto, 1989c, As relações entre o Brasil e a África Negra, de 1922 à primeira guerra mundial, In : *O vício da África e outros vícios*, op. cit., pp. 25-65.

Costa e Silva, Alberto, 1994, O Brasil, a África e o Atlântico no século XIX, *Studia*, N° 52, Lisboa, pp. 195-220.

Costa e Silva, Alberto, 2003, *Um rio chamado Atlântico*, Rio de Janeiro : Nova Fronteira.

Costa e Silva, Alberto, 2004, *Francisco Felix de Souza, Mercador de Escravos*. Rio de Janeiro : EDUERJ/Ed. Nova Fronteira.

Cunha, Manuela Carneiro da, 1979, Etnicidade : da cultura residual mas irredutível, *Revista de cultura e política*, Vol. 1, N° 1, São Paulo.

Costa e Silva, Alberto, 1985a, *Negros, estrangeiros – os escravos libertos e sua volta à África*, São Paulo : Brasiliense.

Costa e Silva, Alberto, 1985b, Introdução In Cunha, Mariano Carneiro da, 1985. *Da Senzala ao Sobrado*, São Paulo : Nobel/Edusp.

Freund, G., 1974, *Photographie et société*, Paris : Seuil.

Freyre, Gilberto, 1990 [1962], Acontece que são baianos, In : *Bahia e baianos*, Salvador : Fundação das Artes/Emp. Gráfica da Bahia [1ª edição In *Problemas Brasileiros de Antropologia*, Rio de Janeiro : José Olympio].

Goffman, E., 1973, *La mise en scène de la vie quotidienne*. Tome I : *La présentation de soi*, Paris : Ed. De Minuit.

Guran, M., 2000, *Agudás – os "brasileiros" do Benim*, Rio de Janeiro : Ed. Nova Fronteira / Ed. Gama Filho.

Hazoumé, Paul, 1937, *Le Pacte de Sang au Dahomey*, Paris : Institut d'Ethnologie.

Krasnowolski, Andrzej, 1987, *Les Afro-Brésiliens dans le processus de changement de la Côte des Esclaves*, Varsóvia : Ossolineum / Polskiej Akademii Nauk.

Law, Robin, 2004, *Ouidah – The Social History of a West African Slaving "Port" : 1727–1892*, Athens/Oxford : Ohio University Press/James Currey.

Meillassoux, Claude, 1986, *Anthropologie de l'esclavage. Le ventre de fer et d'argent*, Paris : Presses Universitaires de France.

Rassinoux, Jean, 1987, *Dictionnaire Français-Fon*, Saint-Étienne (Fr.) : Imprimerie Dumas.

Reis, João José, 1987 [1986], *Rebelião escrava no Brasil – a história do levante dos malês (1835)*, São Paulo : Brasiliense.

Rodrigues, José Honório, 1962, The Influence of Africa on Brazil and of Brazil on Africa, *Journal of African History*, Vol. III, N° 1., pp. 49-67.

Rossi, David A., 1965, The Career of Domingos Martinez in the Bight of Benin, 1933-64, *Journal of African History*, Vol. VI, N° 1, pp. 79-90.

Sanvi, Anne-Marie Clémentine, 1977, *Les métis et les Brésiliens dans la colonie du Dahomey 1880-1920,* dissertação de Maîtrise em História, Université Nationale du Bénin, Cotonou.

Souza, Simone de, 1992, *La famille de Souza du Bénin-Togo*, Cotonou : Les Éditions du Bénin.

Tall, Emmanuelle Kadya, 1995a, Dynamique des cultes voduns et du Christianisme Céleste au sud-Bénin, *Cahiers des Sciences Humaines*, Vol. 31, N° 4, pp. 797-823.

Tall, Emmanuelle Kadya, 1995b, De la démocratie et des cultes voduns au Bénin, *Cahiers d'Études Africaines* 137, XXXV-1, pp. 195-208

Turner, Michel Jerry, 1975, *Les Brésiliens – The impact of former Brazilian slaves upon Dahomey*, PhD Dissertation Boston University.

Verger, Pierre, 1953a, Influence du Brésil au Golfe du Bénin, *Les Afro-Américains – Mémoires de l'Institut Français de l'Afrique Noire*, N° 27, pp. 11-101, Dakar.

Verger, Pierre, 1953b, Le culte des vodun d'Abomey aurait-il été apporté à Saint-Louis de Maranhon par la mère du roi Ghézo ?, *Les Afro-Américains – Mémoires de l'Institut Français de l'Afrique Noire*, N° 27, pp. 157-160, Dakar.

Verger, Pierre, 1968, *Flux et reflux de la traite de nègres entre le Golfe du Bénin et Bahia de Todos os Santos du xviie au xixe siècle*, Paris/La Haye : Mouton & Co.

Verger, Pierre Fatumbi, 1991, Entretien avec Emmanuel Garrides, *L'Ethnographie* (109), pp. 167-178.

Verger, Pierre Fatumbi, 1992, *Os Libertos*, São Paulo : Corrupio.

Notes

1. Paul Hazoumé (1937 : 35) présente le mot agouda comme une transformation du mot fon ou Huéda (langue originale de la ville de Ouidah) *agouram*, qui désignerait, d'après l'auteur, les Européens « vaniteux et indolents » Cette version, cependant, ne semble pas compatible avec d'autres données historiques disponibles et n'est reprise par aucun autre auteur, raisons pour lesquelles j'ai choisi de considérer l'explication courante en vigueur jusque de nos jours (cf. Braga 1968).
2. Depuis un certain temps, les chercheurs béninois utilisent l'expression *Afro-Brésiliens* pour désigner les Agoudas. Je préfère, cependant, employer le terme usuel – « Brésilien » – pour ne pas confondre avec l'adjectif relatif

à la culture africaine de la diaspora dans les Amériques et, surtout, parce que « Brésilien » est le terme endogène utilisé par toutes les populations impliquées, ce qui représente, en soi, un facteur important dans l'affirmation d'une identité sociale.
3. Travail de terrain réalisé au Bénin et au Togo de manière intensive entre 1994 et 1995 et qui se poursuit de nos jours.
4. Le commerçant Francisco de Souza est devenu frère de sang du roi Guézo du Dahomey et reçut de lui le titre de Chachá et le statut de vice-roi.
5. Cette logique est parfois poussée à l'extrême. J'ai rencontré parmi les descendants de commerçants de la traite, des gens qui se considèrent citoyens brésiliens et qui nourrissent l'espoir de voir que leur condition soit un jour reconnue par le gouvernement brésilien, ou qui se considèrent effectivement comme des blancs à la peau noire, puisque leurs ancêtres ont été forcés de se marier avec des femmes noires.
6. Entretien réalisé avec François de Medeiros, le 28 juin 1996, à Paris.
7. Entretien de François de Medeiros, 28 juin 1996, Paris.
8. Elisée Reclus, dans son ouvrage de 1887, déjà cité, observe que « dans les familles de couleurs (agouda) les mariages consanguins, même entre frères et sœurs de mères différentes, sont très courants et l'opinion ne les réprouve pas. » (cité par Verger 1953 : 12). Parmi les vingt filles de Don Francisco F. de Souza, mentionnées de Souza (op. cit.), onze se sont mariées avec des Agoudas en première ou deuxième noce. Il existe divers cas de consanguinité, à savoir : quatre enfants avec des oncles ou cousins, trois mariés à des neveux, sept enfants mariés à des frères et un cas entre père et fille.
9. Les non Africains installés dans la région pour faire du commerce et acquéraient une certaine notoriété étaient connus sous le nom de « Cabeceiras ».
10. Le roi Béhanzin a résisté militairement à l'action colonisatrice des Français. Après avoir capitulé en 1894, il est mort en exil en Algérie en 1904.
11. Entretien réalisé avec K. E. Augustt, le 4 septembre 1995, à Cotonou.
12. Entretien réalisé avec le Professeur Djivo, 11 février 1996, à Djeffa.
13. Entretien réalisé avec Karin U. da Silva, le 10 février 1996, à Porto-Novo.
14. En ce moment, Kérékou a été réélu pour un second mandat présidentiel consécutif, depuis la démocratisation du pays en 1989.
15. Entretien réalisé avec Émile Poisson, le 23 septembre 1995, à Pahou ; avec Rachida de Souza, le 27 août 1995, à Cotonou ; et avec Francisca Patterson, le 12 février 1995, à Porto-Novo. Mme Patterson, a d'ailleurs été emprisonnée avec d'autres « Brésiliens » lors du premier régime de Kérékou, sous l'accusation d'activités contre-révolutionnaires.

4

ÊTRE CHERCHEUR ET PHOTOGRAPHE EN SOCIOLOGIE : MÉDIATION AUTOUR DE LA FÊTE RELIGIEUSE *HANOUKKAH*

Sylvaine Conord

Les chercheurs en sciences sociales, à la fois photographes professionnels (Achutti 2004) ou amateurs, réalisent des prises de vues parallèlement à la collecte de données scientifiques par des entretiens et l'observation. Néanmoins, comme toute activité d'observation, la prise de vues, qu'elle soit photographique ou filmique, est sélective. L'image photographique est un objet culturellement construit dans sa production. Elle donne à voir des éléments visibles dans les limites d'un cadre choisi par le photographe selon le type d'interaction que celui-ci vit avec les sujets photographiés. Par ailleurs, la perception de l'image produite est également propre à chaque individu et nécessairement interprétative (Terrenoire 1985) ; la « *lecture* » n'est ni universelle, ni naturelle, elle est d'abord culturelle. Ainsi, la photographie, de sa conception à sa perception, se trouve au centre d'un système complexe de réalités sociales, culturelles et individuelles et en cela devient un support de recherche pertinent pour un sociologue. J'ai pu le constater dans le cas d'une recherche sur des femmes juives tunisiennes retraitées originaires de milieux modestes d'Hafsia, un quartier populaire de Tunis et fréquentant des cafés parisiens du quartier de Belleville (Conord 2007). Née en France et non juive, l'observatrice que je représentais était considérée par le groupe étudié comme une « étrangère » (à leur religion, à leur culture d'origine). La photographie fut placée au centre des interactions entre les femmes juives d'origine tunisienne et moi-même. Elle devint alors un instrument de médiation introduisant, facilitant, stimulant des échanges diversifiés avec ces Juives de Tunisie exprimant au début quelques réticences à mon égard. Je fus admise et invitée à rester assise à leurs côtés sur les terrasses des cafés de Belleville, puis à les suivre dans leurs déplacements grâce au rôle essentiel qu'elles m'attribuèrent : celui de photographe. La photographie fut alors utilisée par elles comme moyen de valorisation personnelle, et par le chercheur comme support de communication, outil de mémorisation (carnet de bord visuel), et outil d'analyse des représentations sociales. Il est cependant important de préciser que l'objectif n'est pas ici de prétendre à l'élaboration d'une étude monographique de la communauté juive tunisienne vivant en région parisienne. Il semblerait que ces femmes retraitées tiennent une place marginale et controversée au sein de cette communauté. Elles sont tantôt reconnues comme les gardiennes des traditions judéo-tunisiennes (par leur pratique d'un dialecte spécifique, la perpétuation des coutumes), tantôt déconsidérées. Des personnes juives originaires de Tunisie rencontrées à Paris, dans un autre quartier (lors d'une conférence), ont souhaité me préciser : « Mais vous savez, la communauté juive tunisienne, ce n'est pas elles... Il faut que je vous explique, à Tunis nous n'étions pas mélangées, elles habitaient le quartier le plus pauvre, et d'autres en dehors... Nous ne sommes pas du même milieu... ». L'appellation « *les vieilles* », utilisée couramment pour les désigner, est exprimée sur le ton du mépris, de la moquerie, ou inversement, avec une certaine sympathie. La place et l'image de ces femmes dans la communauté juive tunisienne se jouent dans cette ambivalence.

Tour à tour investie de la fonction de photographe portraitiste, photographe de cérémonie ou photographe de voyage, je fus invitée à participer au pèlerinage de *Lag Ba'Omer* deux années consécutives (Conord 2010). L'enregistrement photographique systématique de toutes les étapes du pèlerinage de *Lag Ba'Omer* (observé une première année en Israël, l'année suivante en Tunisie, à Djerba) a permis de mémoriser un grand nombre de détails aidant par la suite à l'interprétation des rites : procession autour de la *Menorah*, objet rituel véhiculé, recouvert par les pèlerines de foulards, aspergé de parfum (Udovitch et Valensi 1984), prières, dépôt d'offrandes, etc. Cette démarche photographique a permis une mémorisation d'un grand nombre de données à propos de ces déplacements dans le temps et dans l'espace, que l'œil nu, seul, n'aurait pu retenir. Cette méthode fut bien adaptée à la mobilité observée dans ce milieu judéo-maghrébin naviguant entre la Tunisie et la France. Cela présente un intérêt supplémentaire dans le cadre d'une démarche scientifique : le mode de restitution des résultats d'une enquête de terrain est élargi et enrichi. Il s'agit d'inviter le public, les collègues, à mieux appréhender les réalités sociales observées, les différents lieux investis et la construction d'un regard porté sur le milieu enquêté à partir de la combinaison de deux types d'informations : celles transmises par le chercheur à travers ses commentaires (explications, contextualisation de l'image, analyses), et celles apportées par l'image elle-même (éléments du monde visible sélectionnés dans la limite d'un cadre donné).

Mais ce qui nous intéresse ici plus particulièrement est la manière dont la photographie de célébration de fêtes religieuses peut devenir un objet sociologique pertinent nous éclairant à la fois sur le déroulement des manifestations et sur l'interprétation de celles-ci par les croyants. Sur ce terrain, le risque pouvait être de montrer une image folkloriste de femmes juives originaires de Tunisie, quand celles-ci apprécient et imposent au chercheur photographe une mise en représentation devant l'appareil photo en pose frontale, vêtues de vêtements aux couleurs vives en mimant, par exemple, des gestes associés aux you-you ou à des mouvements de danse qualifiée par elle comme « *orientale* ». Mais ces façons de construire une image de soi en renforçant des signes extérieurs (habits, ornements, attitudes, mouvements de danse, etc.) interprétés par elles comme étant ceux de leur culture judéo-tunisienne d'origine, ne constituent-elles pas en soi un matériau de réflexion intéressant pour le sociologue photographe ? L'enregistrement photographique de ce type d'auto-mise en scène et les analyses des supports photographiques ainsi produits révèlent des pistes de réflexion sur la nature des interactions entre chercheur photographe et sujets photographiés, et la manière dont ces femmes juives tunisiennes souhaitent en quelque sorte mettre en scène, affirmer, une identité culturelle (photo 1).

Photo 1. *Les poses frontales aux côtés d'un objet rituel face à l'objectif sont systématiques. Photo de S. Conord.*

Les choix relatifs aux prises de vues photographiques révèlent ici une grande variété de points de vue originaux, tant par la sélection des sujets photographiés (cérémonies, danses, objets, vie sociale, étude des gestes et des comportements, relation de la mère à l'enfant, etc.), que par les choix techniques (cadrages diversifiés, effets de mouvements figés, mises en page d'images en série). Être invitée à participer à des cérémonies religieuses (*bar-mitsvah*[1], *henna*[2], mariages, enterrement) et à vivre en leur compagnie des moments lors d'après-midi dansants rappelant ceux qu'elles pouvaient vivre en Tunisie (*Rebaybia*) (Conord 2011) entraîne le sociologue au cœur de la vie sociale et familiale des sujets étudiés. À partir de l'observation d'un groupe restreint d'individus, l'objet central de cette recherche fut principalement de comprendre comment la photographie – considérée comme pratique, usage et objet à la fois –, aide à mettre en lumière la complexité des interactions entre le chercheur et son terrain, les enjeux de rapports interculturels, la notion de mise en scène culturelle, la pérennité de pratiques sociales, festives et religieuses ancrées dans la mémoire réinterprétée au quotidien d'un passé révolu (celui de la vie sociale de ces femmes vécue en Tunisie).

Compte tenu de ma position par rapport à la communauté, je présupposais, au début de mon enquête, que cette recherche de sociologie visuelle photographique comporterait deux volets principaux : la vie dans le quartier (la vie sociale des cafés, les modes de sociabilité, l'habitat, le marché, les divers aspects de la vie quotidienne) et la mémoire d'une population d'origine immigrée (grâce aux photographies personnelles utilisées comme support d'entretien). Or mes rapports sur le terrain m'entraînèrent vers des lieux d'investigation insoupçonnés : en effet, grâce à la fonction de photographe dont je fus investie, ma présence parmi elles, perçue pourtant comme celle d'une étrangère, devint légitime lors de moments festifs reflétant des aspects caractéristiques de leur vie sociale en collectivité.

LA PHOTOGRAPHIE COMME SUPPORT DE MÉDIATION DANS L'INTERPRÉTATION DES FÊTES

Vécues comme des événements, les fêtes religieuses jalonnent la vie quotidienne de la communauté juive tunisienne : *Roch Hachana*, le premier jour de l'année juive,[3] et *Yom Kippour*, le « Grand Pardon »[4], *Soukkot*,[5] la fête dite « des Cabanes », *Hannoukkah*,[6] la fête dite « des lumières », *Pourim*,[7] la fête dite « des sorts », *Pessah*,[8] la Pâque juive ; *Chavouot*,[9] *Chabbat*,[10] rite hebdomadaire du vendredi soir.

La manière dont mes rapports avec le terrain évoluaient me faisait comprendre l'importance de ces temps collectifs et le double intérêt pour moi d'être invitée à y participer grâce à mes pratiques photographiques.

J'allais, d'une part pouvoir observer de l'intérieur ce qui m'avait paru d'abord inaccessible, photographier des sujets perçus comme non photographiables, et d'autre part, me trouver entraînée dans un nouveau processus d'interaction dont les actrices du café bellevillois devenaient les principales instigatrices.

Un épisode du terrain, où le support photographique prit une nouvelle fois une place dans les interactions, a marqué un tournant décisif dans l'orientation de mes recherches.

Un jour de décembre, j'apportai au café l'ouvrage de Jeanne Brody intitulée *Rue des Rosiers : une manière d'être juif* (Brody 1995) et illustré de plusieurs photographies en noir et blanc, en leur expliquant : « *Je voudrais vous montrer un peu ce que je veux photographier à Belleville.* » Elles le feuilletèrent et l'apprécièrent tout de suite, s'arrêtant sur chaque photographie. L'une d'entre elles, Myriam, pointa du doigt, enthousiaste, l'une d'elles (p. 48), représentant un homme soufflant dans un *Chofar* pour annoncer l'ouverture et la fin des fêtes de *Yom Kippour* ou de *Roch Hachana*. Elle interpréta l'image comme étant celle d'une représentation de *Yom Kippour* et voulut m'expliquer avec ses mots la manière dont elle la vivait[11] ; elle me proposa ensuite de venir un jour à son domicile pour me donner davantage de détails.

De tous les rituels liés au judaïsme, j'ai pu noter (par la suite) que celui de *Yom Kippour* – la journée de jeûne –, représentait une des seules pratiques observées rigoureusement par les femmes rencontrées sur ce terrain. Ce jour-là est probablement le seul moment où j'étais vraiment certaine de ne pas les trouver à discuter au café. Même le samedi, jour de *chabbat*, où le pratiquant ne peut pas toucher à l'argent ou même se déplacer autrement qu'à pied, je les retrouvais souvent à *La Vielleuse* ; elles venaient se détendre après avoir assumé leur rôle familial consistant à consacrer le vendredi après-midi aux préparatifs du dîner festif du vendredi soir (dont le menu essentiel est le couscous boulettes). Comme le remarque Joëlle Bahloul, « les fêtes considérées comme majeures, c'est-à-dire *Yom Kippour* et *Roch Hachana* font preuve d'une étonnante résistance dans leur déroulement rituel ; les fêtes mineures, celles qui s'échelonnent au long des mois d'hiver, sont progressivement rabotées, et les rites qui leur sont spécifiques ont perdu en profondeur significative avec le déracinement et l'érosion des coutumes locales » (Bahloul 1983 : 233).

La sélection spontanée de cette unique photographie symbolisant pour Myriam la fête de *Yom Kippour*, m'avait apporté un premier indice exprimant l'attachement de ces femmes aux fêtes religieuses et la place centrale du *Grand Pardon* dans le calendrier judaïque. En effet, d'autres photographies en noir et blanc illustrent l'ouvrage de Jeanne Brody. Elles représentent des moments importants de la vie juive : lecture de la *Torah* dans une synagogue (p. 45-47), un rabbin dans la rue inspectant le *loulav*[12] porté par une femme (d'environ 65-70 ans), nécessaire aux rituels de la fête de *Soukkot* (p. 49), une mère et sa fille devant les bougies un soir de *chabbat* (p. 50), un garçon le jour de sa *barmitsvah* (p. 51) ou des femmes discutant autour d'une table dans un café (p. 96), scène proche de leur propre vie sociale. Mais, seule celle du *Grand Pardon* a fait l'objet de plusieurs commentaires de la part de Myriam et de ses voisines de table. Chacune des femmes présentes voulut témoigner de l'importance de cette fête et de la nécessité d'aller à la synagogue ce jour-là (celle de la rue Julien Lacroix, Paris XXe).

Grâce à cet épisode, je compris l'intérêt et l'omniprésence de la photographie comprise ici comme support informatif et instrument de communication entre la population étudiée et le chercheur. De l'ouvrage de Jeanne Brody, aucun texte, légende ou quatrième de couverture n'avait été lu par celles qui le pouvaient[13] : les images publiées ont constitué un vecteur d'informations et créé simultanément un nouveau processus d'interaction entre le chercheur et son terrain. Les photographies, d'après John Collier, « peuvent avoir pour fonction de déclencher une discussion et de servir de points de référence et d'échanges autour du familier ou de l'inconnu, et leur contenu littéral peut presque toujours être lu dans et au-delà des frontières culturelles ». Toutefois, si l'exemple précité montre qu'une image photographique peut être comprise comme outil de médiation accessible à tous, elle n'a toutefois pas le pouvoir d'effacer les frontières culturelles. Je préfère les termes de « mise en résonance » tels que les introduisent les auteurs de l'ouvrage collectif intitulé *Photolangage* : « C'est le spectateur (sous-entendu de l'image) qui crée le sens à partir de pratiques sociales intériorisées et intégrées à sa pratique personnelle. (...) Apprendre à *décoder* ou *interpréter* des photographies, c'est développer une capacité de mise en résonance d'une culture et d'une histoire personnelle avec des images. » (Baptiste 1991 : 29).

La lecture par les femmes juives tunisiennes des images que je leur présentai a permis, d'une part, d'apporter des éléments de compréhension à propos de leur manière d'affirmer et de vivre leur religion, et d'autre part, d'orienter ma recherche vers de nouveaux lieux d'investigation.

Cet épisode confirmait que ma position de non juive n'était plus dorénavant un inconvénient, mais représentait plutôt un atout : mon ignorance de tous les rites religieux, ainsi que la différence d'âge entre elles et moi – je pouvais être leur fille –, leur attribuaient un rôle valorisant de *guide,* dont elles étaient visiblement fières. Elles tenaient déjà à m'expliquer verbalement des éléments de leurs pratiques quotidiennes liés à telle ou telle fête religieuse : elles me proposèrent de les accompagner pour me demander d'en produire des images. Le rôle de photographe, qu'elles m'attribuaient déjà en permanence lors de mes régulières visites au café, m'apportait à nouveau un prétexte, une raison d'être présente lors de célébrations dont je n'aurais pas été informée sans elles.

Nous nous trouvions alors à la veille de la célébration de la fête *Hanoukkah* dite « fête des lumières », ou « fête de l'allumage ». Elles allaient, la semaine suivante, se rendre dans une salle (Paris IXe) louée par des organisateurs[14] pour cette occasion, et me proposèrent de les y rejoindre : « *Tu feras des photos,* me dirent-elles comme une obligation. *Tu verras, c'est beau... Et puis on va danser.* » (Marie, Myriam, Rebecca).

Je répondis donc à cette invitation, me rendant sur les lieux avec mon matériel photographique.

Dans le cadre d'une observation « directe », l'appareil photographique représentait une sorte de passeport permettant de suivre les premières personnes rencontrées à Belleville au gré de quelques événements festifs, afin de mieux comprendre leur manière de vivre la religion, leurs croyances et leurs rites.

Je choisis ainsi de m'attacher, dans un premier temps, aux signes immédiatement *visibles* des scènes observées, et d'en enregistrer certains aspects grâce au procédé photographique.

Lumière sur la fête *Hanoukkah*

Je découvris, dès les premiers pas dans la salle, la célébration de cette fête : toute en lumière, elle semblait bien adaptée à un travail de photographe, dont la lumière représente son support d'écriture. Non préparée à ce dont j'allais être témoin, je fus impressionnée par la beauté des lueurs vacillantes de nombreuses bougies, les gestes des personnes les allumant (photo 2), l'ambiance mouvementée et chaleureuse, les objets rituels comme le *Sefer Torah*[15] (photo 3), l'intensité de ce moment partagé par un grand nombre de participants (en majorité féminins) et le rythme cadencé de la musique d'un orchestre oriental accompagnant la scène : autant d'éléments qui contrastaient fortement avec les scènes observées jusqu'alors (c'est-à-dire les rencontres quotidiennes dans les cafés bellevillois).

Plus tard, je tentai de demander aux femmes que je connaissais les significations des différentes fêtes et rites religieux ou magico-religieux. Elles m'avouaient « *ne pas les connaître vraiment* ».

> « *C'est que les religieux (c'est-à-dire les rabbins) qui connaissent. Nous, on la fait (la fête), c'est tout.* » (Rachel).

Photo 2. Allumage des bougies, fête Hanoukkah. Photo de S. Conord.

Photo 3. Les femmes s'approchent pour toucher le Sefer Torah (coffre de bois contenant la Torah). Photo de S. Conord.

Un de leurs amis qui fréquentait le même café qu'elles, mais dans le coin plus masculin des joueurs de tiercé, m'invita chez lui pour « *m'expliquer la religion juive* », selon ses termes. Retraité, il avait été enseignant à Sfax, en Tunisie. L'origine historique des rituels liés à la pratique du judaïsme, l'*Écriture* (explication du *Pentateuque*[16]), le déroulement des rites et des prières hebdomadaires ou journalières, la *bar-mitsvah,* toutes les fêtes, de l'automne au printemps, et certaines légendes liées aux traditions judéo-tunisiennes, me furent expliquées pendant plusieurs heures. À propos de la fête Hanoukkah, il me dit, après m'avoir parlé des miracles dans la Bible :

> Eh oui, c'est la fête des lumières puisqu'on allume, il fallait de l'huile pure ! C'est ça dans la Bible ! Si vous lisez dans la Bible que Dieu a ordonné à Moïse de prendre de l'huile d'olive pure, il faut qu'elle soit pure. Oh, maintenant, on ne fait pas attention, on allume avec n'importe quelle huile !
> Vous savez comment on appelle la lampe, chez nous, en arabe ? Candi. Ça vient de « candela », « chandelle », mais c'est le candélabre ; même en arabe on a gardé le mot « candi ». Mais si vous voyez l'origine de « candi », c'est le latin, c'est « candélabre ». « Candi », ça veut dire « chaud » (…) À Hanoukkah, vous allez voir passer dans les rues de Belleville les Loubavitchs, avec une auto et dessus un grand chandelier. Eh bien ils allument le premier jour une bougie, le deuxième jour la deuxième, et ainsi de suite. Et alors c'est pour ça qu'on l'appelle la « fête des lumières…

Je n'avais pas l'intention ni la prétention dans cette recherche de présenter des résultats propres à une approche liée à la sociologie des religions, puisque mon fil conducteur était l'apport de l'image photographique en sciences sociales à partir des expériences de chercheure photographe vécues sur un terrain donné. Des pèlerinages aux différentes fêtes religieuses, je me suis contentée d'observer, de photographier et d'échanger avec les pratiquants pour compléter le corpus visuel par des interprétations orales exprimées par les pèlerins et les croyants eux-mêmes. Lors de la manifestation de célébration de la fête Hanoukkah à laquelle j'avais été invitée, je pus reconnaître les femmes rencontrées au café La Vielleuse, toutes présentes ce jour-là ; certaines (comme Gaby et sa sœur Monique) participaient à la procession autour du Sefer Torah, d'autres – venues en avance pour être sûres d'être « bien placées » – s'étaient installées au premier rang des rangées de chaises (disposées au centre de la pièce), attendant avec impatience la suite de la journée. Lors de mon arrivée, et pendant un long moment, elles ne s'aperçurent pas de ma présence.

Un autre épisode de l'après-midi, dont je n'avais pas été informée auparavant, allait alors commencer : une vente aux enchères. Il était question de vente d'objets divers, comme une couronne ou des bougies, dont la mise à prix de départ variait. Un homme vantait au micro la valeur de ces pièces, souvent symbolique (relative à leur origine ou à l'usage de celles-ci durant la célébration). Le premier rang de *spectatrices* et toute l'assistance semblaient très attentifs au déroulement de la séance.

À cet instant, personne ne se préoccupait de celle, qui, dans un coin de la salle, photographiait les événements. Étant donné la disposition des lieux où les nombreuses chaises pouvaient gêner mes déplacements, j'avais préféré, dans un premier temps, rester un peu à l'écart. Afin de pouvoir photographier à quelques mètres de la scène – ici, à environ 10-15 mètres –, j'avais choisi d'utiliser un téléobjectif d'une *distance focale* de 105 mm[17] qui permet un *grossissement* du sujet photographié.

Les choix techniques en photographie, comme la manière dont l'anthropologue mémorise ses observations sur son carnet de terrain (l'organisation du carnet, la manière de noter et la nature des informations choisies), sont prépondérants dans le recueil de données ; ils font partie intégrante de l'activité d'observation. Revoir la photographie réalisée à la fin de mes recherches a permis de me rappeler le choix d'une prise de vue à distance, et révèle ainsi ma propre position sur le terrain en ce début d'après-midi : j'avais décidé d'avancer progressivement, *du plus loin au plus près,* afin de tester les réactions des personnes face à ma présence (rendue très visible par mes actes photographiques) et de me familiariser avec l'ambiance, les gens, les gestes, les rites. Par ailleurs, cette méthode m'apportait des éléments descriptifs à propos de la scène dont j'étais témoin : au premier plan, la présence d'enfants parmi l'assistance ; au deuxième, la vente d'un objet – une couronne – présenté comme précieux ; sur la gauche, deux femmes de *La Vielleuse,* dont une venue avec son compagnon ; au fond, une partie du chandelier *hanoukkah*, spécifique du rite de la fête dite « des lumières », puis un des musiciens (contre le mur) de l'orchestre attendant la fin de la séance pour animer les danses.

Une autre photographie montre combien, au cours de l'après-midi, je m'étais rapprochée des sujets photographiés. Les femmes que je connaissais (Rebecca, Marie, Martine, Myriam et Monique) m'avaient alors fait signe pour que je les rejoigne. Je me suis trouvée ainsi à l'endroit opposé de celui où je m'étais placée pour prendre les premières images. Pris avec un objectif « grand angulaire » (distance focale de 24 mm[18]), le cliché montre que le chercheur photographe se trouvait à 1,50 mètre environ de Myriam, la personne au premier plan. L'aspect de l'image varie en fonction de l'angle de champ embrassé, selon le point de vue. L'inconvénient principal de l'objectif « grand angulaire » réside dans une déformation des bords de l'aspect de l'image (déformation nommée aussi *fuyantes*) ; on la perçoit ici au niveau du vendeur. L'avantage de cet objectif est de pouvoir *intégrer dans* l'image réalisée un grand nombre d'éléments du fait de son large *angle de champ*. Le choix technique de l'utiliser correspond ici à la volonté d'obtenir une vue générale où l'interaction vendeur-Myriam est visible, associée à d'autres informations : les gestes, la coquetterie de Myriam appropriée à un jour de fête, les activités latérales à la scène centrale (comme des conversations) et la disposition de la salle.

Cette récolte d'informations visuelles, élaborée selon des choix diversifiés *d'angles de vues*, est étroitement liée à la notion d'échelle d'observation. Christian Bromberger s'est intéressé à « la modification des échelles – spatiale et temporelle – de collecte et d'analyse des faits dans l'histoire de l'ethnologie en France » (Bromberger 1987 : 67). « Du grand au petit » (*ibidem*), de l'inventaire[19] à l'étude monographique[20], les comportements de recherche varient : « Certains braquent le microscope sur l'infiniment petit, d'autres, pour en comprendre le fonctionnement, chaussent, de leur poste d'observation, les lunettes de l'astronome, selon que le terrain est considéré comme l'objet ou comme simple cadre de la recherche (on peut parler, dans le premier cas, d'étude monographique, d'approche locale, dans le second, d'approche localisée). » (*ibidem* : 68). Changement d'échelle, changement d'optique.

Les données sont collectées selon différentes échelles d'observation : cet aspect important de la méthodologie concerne aussi le travail d'un sociologue dans l'approche d'un même terrain. La prise de vues photographiques en révèle certains aspects : selon la position physique et relationnelle du chercheur sur le terrain, ses déplacements, le choix de l'angle de vue – large ou étroit –, sa concentration sur tel ou tel détail ou, au contraire, sa volonté de comprendre une scène dans son déroulement général, les échelles d'observation ne sont pas les mêmes. Le chercheur sans appareil photographique sera confronté à la même situation dans sa manière de noter les informations sur son carnet de terrain ou sa manière de se positionner sur le terrain en observateur : son regard est limité temporellement et spatialement (lumière). Du proche au lointain, la pratique photographique par ses moyens techniques (différents objectifs rapprochant ou élargissant) permet au sociologue de visionner, de développer d'autres points de vue, d'étendre son échelle d'observation.

L'IMAGE TÉMOIN D'UNE COUTUME RURALE

Un dernier point que je voudrais développer ici concerne le même terrain, mais observé à un autre moment de l'enquête, à un instant donné qui prolonge l'acte d'union par le mariage. Dans nos sociétés occidentales, il n'y a pas de mariage ni communion sans photographie : l'image fixe marque les étapes essentielles de la vie familiale et collective (Bourdieu 1965 : 40). On voit actuellement le phénomène s'amplifier avec l'introduction du numérique, les partages d'images sur les réseaux sociaux et le développement considérable de la photographie amateur. Cependant, il semblerait, malgré tout, que la présence d'une personne identifiée comme photographe, du moins chargée de réaliser des documents visuels et audiovisuels, est inhérente à toute célébration de mariage (photo 4). C'est pour cette raison que je fus invitée à plusieurs reprises à partager les festivités de cet événement, sans oublier de me faire prendre des photos. La photo que je présente ici (photo 5) montre une scène rare dont je fus par chance témoin. Il s'agit d'une coutume en Tunisie, d'origine rurale et peu observée en France : la coupe du poisson par des jeunes mariés. Il s'agit, pour un couple juif tunisien, de réunir toute la famille autour d'un grand repas, quelques jours après la célébration de son mariage. À la fin du déjeuner, un poisson cru est posé sur la table face aux jeunes mariés. On leur donne deux couteaux. La femme arrive aisément à trancher l'animal, tandis que le mari peine. La coutume veut qu'il ne puisse pas y arriver. Une de ses sœurs, cachée dans la cuisine, a préalablement placé un petit bout de bois à l'intérieur du poisson, à l'endroit où l'homme doit trancher la tête. La découpe provoque des rires, comme le montre la photographie. Cette scène a pour fonction de marquer symboliquement la suprématie de la femme dans la maison. Au Maghreb, la maison en tant qu'espace domestique est un lieu essentiellement féminin. Une autre action vient confirmer cette observation : le soir de leurs noces, l'épouse a marché sur le pied de son mari au moment de franchir pour la première fois mariés leur domicile conjugal. Ma position de photographe et de chercheur a permis la collecte de ces informations, et l'image fixe est là non pas pour prouver mais pour *montrer*, laisser voir des éléments de l'action associée à cette coutume.

CONCLUSION

Au final, là où le terrain change au fil du temps, là où la clientèle du café de Belleville *La Vielleuse* n'est plus la même, là où les pèlerins se font moins nombreux à Djerba en raison des changements politiques, là où les femmes déjà âgées au début de l'enquête sont pour certaines décédées, l'image perdure. Et l'ensemble de ces témoignages sur de nombreux et divers aspects de la vie sociale qui était celle de ces femmes juives tunisiennes constitue une mémoire du quartier parisien de Belleville, mais aussi de la vie et des croyances religieuses d'un milieu populaire originaire de Tunisie. Parmi les cinq apports de la sociologie visuelle définis par Pierre-Marie Chauvin et Fabien Reix

Photo 4. Mariage, cérémonie religieuse ayant lieu dans une synagogue. Photo de S. Conord.

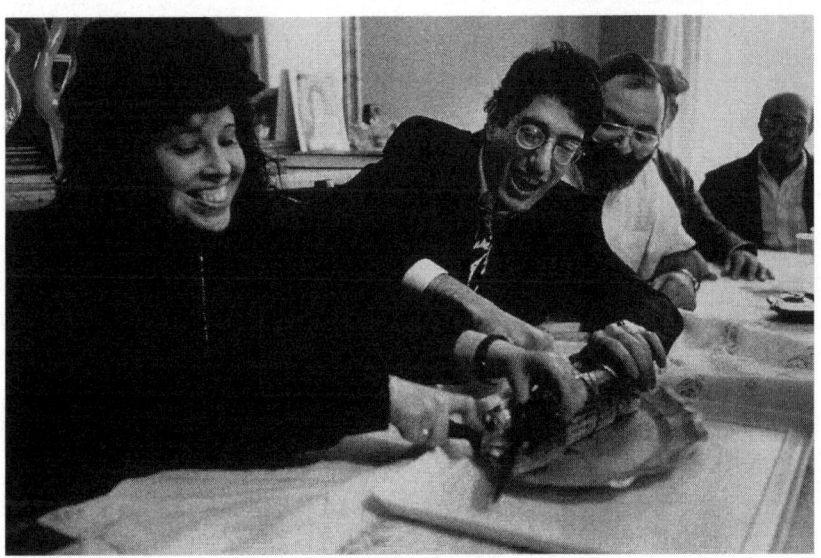

Photo 5. Coutume rurale, découpe du poisson par des jeunes mariés. Photo de S. Conord.

(Chauvin et Reix *op. cit.*), deux sont représentatifs de ce que j'ai voulu argumenter ici : la puissance de désignation des images et l'image comme médium d'échanges. Les interactions vécues entre un chercheur

Photo 6. *Danse, fête* Hanoukkah. *Photo de S. Conord.*

qui produit lui-même ses images et les sujets photographiés sont sources de connaissance. Le rôle de photographe tenu par le chercheur en diverses circonstances (vie publique, vie familiale, vie religieuse) à la demande des acteurs permet l'accès à l'observation de pratiques spécifiques et parfois insoupçonnées, comme la coupe de poisson par de jeunes mariés. Les images, de par leur pouvoir de désignation, m'ont aidée à retenir des descriptions des gestes et des objets observés lors de la fête juive *Hanoukkah*. Les jeux de lumière et les techniques propres à la prise de vues photographiques participent à la diversification des images enregistrées grâce à l'utilisation de divers objectifs, qui permet de photographier une même scène sous des angles variés. La position du chercheur se trouve relativisée par celle du photographe qui sera toujours présent pour modifier l'échelle d'observation.

L'enregistrement d'images photographiques a permis de fixer dans le temps quelques effets des croisements de regards issus de cette mobilité et de l'observation directe de pratiques sociales, festives et religieuses d'un milieu populaire juif maghrébin.

Bibliographie

Baptiste, Alain, Belisle, Claire, Pechenart, Jean-Marie et Vacheret, Claudine, 1991, *Photolangage, Une méthode pour communiquer en groupe par la photo*, Paris : Les Éditions d'Organisation.

Bourdieu, Pierre, 1965, *Un art moyen. Essai sur les usages sociaux de la photographie*, Paris : Minuit.
Brody, Jeanne, 1995, *Rue des Rosiers, une manière d'être juif*, Paris : Autrement.
Bromberger, Christian, 1987, Du grand au petit. Variations des échelles et des objets d'analyse dans l'histoire récente de l'ethnologie de la France, Paris, in Isac Chiva, Utz Jeggle (dir.), *Ethnologie en miroir*, Paris : Maison des Sciences de l'Homme : 67-94.
Chauvin, Pierre-Marie et Reix, Fabien, 2013, Intérêts et difficultés de l'usage des images comme outils de recherche en sociologie, *CinémAction, Sociologie de l'image, sociologie par l'image*, Réjane Hamus-Vallée (dir.), 149-156.
Conord, Sylvaine (dir.), 2007, *Arrêt sur images. Photographie et anthropologie, Ethnologie française*, PUF, vol. 37.
Conord, Sylvaine, 2010, Le pèlerinage *Lag ba Omer* à Djerba (Tunisie). Une forme de migration touristique In Katia Boissevain (dir.), *Socio-anthropologie de l'image au Maghreb, Nouveaux usages touristiques de la culture religieuse*, IRMC-CNRS, Paris : L'Harmattan.
Conord, Sylvaine, 2011, Sociabilités de femmes juives tunisiennes. Approche photo-ethnographique in Roselyne de Villanova et Agnès Deboulet (dir.), *Belleville quartier populaire ?* Grâne : Créaphis : 174-183.
Garrigues, Emmanuel, 2000, *L'écriture photographique : essai de sociologie visuelle*, Paris : L'Harmattan, coll. Champs visuels.
Hamus-Vallée, Réjane, 2013, Introduction : Image et sociologie, un rapprochement sous contraintes ? in : Réjane Hamus-Vallée (dir.), *CinémAction, Sociologie de l'image, sociologie par l'image*, pp.20-23.
La Rocca, Fabio, 2007, Introduction à la sociologie visuelle, *Sociétés, L'image dans les sciences sociales*, pp.33-40.
Maresca, Sylvain, 1996, *La photographie. Un miroir des sciences sociales*, Paris : L'Harmattan, coll. Logiques sociales.
Piette, Albert, 1996, *Ethnographie de l'action, L'observation des détails*, Paris : Métaillé.
Terrenoire, Jean-Paul, 1985, Images et sciences sociales : l'objet et l'outil, *Revue française de sociologie*, XXVI-3, 509-527.
Udovitch, Abraham Labe et Valensi, Lucette (photographies Jacques Pérez), 1984, *Juifs en Terre d'Islam : les communautés de Djerba*, Paris : Archives contemporaines, coll. Ordres sociaux.

Notes

1. Majorité religieuse d'un garçon de 13 ans.
2. Rencontre quelques jours avant le mariage, où sont offerts des bijoux en or à la fiancée. L'appellation *henna* vient du fait que ce jour-là, on place une boule de henné dans la paume des mains des fiancés pour leur souhaiter bonheur à leur union.
3. Fête célébrée le 1er du mois de *tishri* du calendrier hébraïque.
4. Fête célébrée le 10 du mois de *tishri* du calendrier hébraïque.
5. Fête célébrée du 15 au 23 du mois de *tishri* du calendrier hébraïque.
6. Fête célébrée à partir du 25 du mois de *kislev* du calendrier hébraïque.
7. Fête célébrée le 14 du mois de *Adar* du calendrier hébraïque.
8. Fête célébrée le 15 du mois de *nissan* du calendrier hébraïque.
9. Fête célébrée le 6 du mois de *siwan* du calendrier hébraïque.

10. *Chabbat* est la journée de repos hebdomadaire observée du coucher du soleil le vendredi, jusqu'à la tombée de la nuit le samedi. La tradition lie cette journée au jour de repos divin pendant la semaine de la création de l'univers. (Brody 1995 : 56).
11. *Yom Kippour* jour de jeûne pendant la journée entière qui est passée à la synagogue.
12. Ensemble de quatre espèces végétales nécessaires aux rituels de la fête de *Soukkot*.
13. Plusieurs des femmes rencontrées sont analphabètes.
14. Je n'avais alors pas encore fréquenté assez le terrain pour connaître quels étaient ces organisateurs et pour quelles raisons la fête se déroulait ainsi, dans une salle louée.
15. Un *Sefer Torah* est une sorte de coffre cylindrique qui contient sous forme de rouleaux des écrits de la Torah. Ils sont conservés dans les synagogues.
16. Le *Pentateuque* est un mot grec qui désignait les « cinq étuis » renfermant les volumes ou les rouleaux, les cinq parties de ce qu'on appelle en hébreu la Torah, mot habituellement rendu en français par « Loi ». Les titres des cinq livres du *Pentateuque* sont aussi d'origine grecque : la *Genèse* (les origines), l'*Exode* (la sortie d'Égypte), le *Lévitique* (le rôle des fils de Lévi dans la législation cultuelle), les *Nombres* (dénombrement des tribus), le *Deutéronome* (ou « la seconde loi », reprise, répétition de la loi) (T.O.B., *Traduction œcuménique de la Bible*, Ancien Testament, 1975, Paris, Cerf : 31).
17. La distance focale est une des caractéristiques fondamentales de l'objectif, soit fixé sur un appareil photographique (alors interchangeable, ce qui est le cas ici), soit intégré à l'appareil. Le choix de la distance focale est important, car celle-ci permet d'appréhender l'espace de manières différentes et détermine l'aspect de l'image lorsqu'on déplace l'appareil par rapport au sujet. La « distance focale » est indiquée sur la monture de l'objectif.
Ainsi, un objectif de longue focale ou téléobjectif (au-delà de 65 mm), « grossit » le sujet photographié et semble nous rapprocher de celui-ci ; l'étendue de la netteté (appelée profondeur de champ) est faible. Le « grossissement » du sujet est d'autant plus important que la focale est longue ; à titre indicatif, les objectifs de focale allant de 300 à 600 mm, permettant un grand éloignement entre le photographe et le sujet, sont utilisés par les photographes animaliers, de compétitions sportives ou par les *paparazzis* (de l'italien, signifiant « photographes de scandales ») traquant les célébrités dans leur vie privée.
Le seul téléobjectif que j'aie utilisé dans cette étude a une distance focale de 105 mm, distance focale que j'apprécie pour des scènes à peine éloignées, le cadrage de détails ou les portraits.
18. Un objectif de courte focale, appelé aussi grand angle ou grand angulaire (inférieure à 35 mm), permet d'élargir le champ de vision et d'obtenir une grande étendue de netteté ; il permet d'embrasser un champ d'image (déterminé par un large angle de vue) supérieur à celui d'un objectif de focale standard (de 40 à 55 mm), qui se rapproche le plus de la vision humaine.
19. Il fait référence ici aux grandes enquêtes de l'entre-deux-guerres portant principalement sur le folklore et la culture matérielle (Bromberger 1987 : 69-75).
20. Monographies ou études locales des années 1950-1970 (Bromberger 1987 : 75-84) jusqu'à nos jours.

Deuxième partie

L'ÉPISTÉMOLOGIE DES IMAGES

5

LE RÉCIT DES IMAGES

Sylvain Maresca

La plupart des photographies à caractère informatif ou documentaire sont valorisées dans des articles de presse ou de revues, des livres, où elles sont accompagnées, voire entourées de textes. Ne serait-ce que des « légendes » qui signalent aux lecteurs ce qu'ils doivent « lire » plus particulièrement dans ces images. C'est dire à quel point le texte est prégnant dans ce « contexte » de publication : même si les photographies sont censées attirer l'œil plus immédiatement que des paragraphes de texte, il n'en demeure pas moins qu'elles restent sous l'emprise d'un texte censé leur donner une signification ou qu'elles sont chargées d'illustrer. Lorsque des chercheurs en sciences sociales produisant des photographies dans le cadre de leurs enquêtes de terrain se posent la question de leur publication, ils débordent rarement de cette formule canonique. La question de l'« essai photographique » comme forme possible de restitution des résultats demeure le plus souvent théorique, tant il leur semble difficile de remplacer purement et simplement le texte par des images. Le problème se pose peut-être moins dans le registre du film de recherche, dans la mesure où les images y sont associées au son, et fréquemment à un commentaire qui propose une forme verbale de texte. Mais de simples photographies muettes, sans autre forme d'accompagnement textuel, est-ce simplement concevable ?

LE POINT DE VUE DES PHOTOGRAPHES

Pour aborder cette question, il m'a semblé tout d'abord pertinent de solliciter l'avis et surtout l'expérience des photographes qui, eux, privilégient l'image. Collaborer ces dernières années avec plusieurs d'entre eux m'a donné la possibilité de voir comment ils abordaient la question du récit en images. C'est leur approche que je voudrais présenter ici, en particulier ce qu'ils entendent concrètement par « récit ».

Entre 2005 et 2011, j'ai accompagné les interventions artistiques d'Arnaud Théval dans une dizaine de lycées professionnels de la région des Pays de la Loire, où ce plasticien proposait à des élèves de différentes filières de composer ensemble une image de leur classe, dans ce contexte à mi-chemin entre l'école et l'entreprise, mais également entre l'adolescence et l'âge adulte. Il en a tiré deux livres, intitulés *Moi Le groupe 1* et *2* (Théval 2008, 2010) qui, on le verra, présentent en images le récit de sa démarche créatrice.

Avec une implication moindre, j'ai suivi entre 2008 et 2011 un autre artiste, Sylvain Gouraud, dans le travail de portrait qu'il mettait en œuvre auprès des patients du service psychiatrique des hôpitaux de Strasbourg. Là encore, il en est sorti un livre, intitulé *À mesure* (Gouraud 2011), très différent dans sa conception, particulièrement dans l'articulation entre les images et les textes.

Enfin, en 2012, j'ai été sollicité pour écrire la préface du livre *État des lieux, les lieux de l'État* (Desaleux, Langumier et Martinais 2012), conçu par un photographe et deux sociologues, sur la restructuration des services publics de l'Équipement à Lyon. J'ai pu à cette occasion entrer *a posteriori* dans la logique de ce travail photographique et de la composition de l'ouvrage dans lequel, on le verra, la relation des photographies aux textes a été réglée par des moyens graphiques.

Dans ces trois cas, assez différents par ailleurs, on retrouve un lien, allant de l'intérêt intellectuel à la collaboration active, entre la production photographique et les sciences sociales. C'est ce qui explique que j'y aie collaboré.

Le refus de l'illustration

Les deux premiers photographes se conçoivent clairement comme des artistes plasticiens ; ils ne réalisent d'ailleurs pas seulement des photographies, mais également des vidéos ou des installations. Le troisième s'affirme comme un auteur évoluant dans un registre plus documentaire. Aucun ne produit donc des images pour « illustrer » quelque chose, encore moins un texte, si éclairant soit-il. La formule du livre s'impose dans les trois cas pour restituer la cohérence de leur démarche et pour éviter que telle ou telle de leurs images ne soit reprise isolément dans une logique classique d'illustration.

Le renversement des priorités entre texte et image est très perceptible lorsqu'on engage ce type de collaboration puisque, pour l'auteur sollicité, il s'agit d'entrée de jeu d'écrire sinon sur ces images, du moins à leur propos. C'est donc le texte qui se met à leur service. Il concourt à les valoriser. Ces trois ouvrages sont clairement des livres d'images, conçus par des photographes.

Et pourtant, ils comportent tous des textes, et même certains textes d'analyse.

Arnaud Théval était intéressé par mon regard de sociologue, au point de m'associer à ses interventions dans les lycées. J'ai pu en observer un bon nombre et nous en avons discuté très abondamment. Pour autant, il a refusé que je donne dans les deux opus du livre une analyse sociologique de ce qui s'était passé tout au long de ce processus de création *in situ*. Il s'est chargé lui-même d'en faire le récit, comme s'il ne voulait pas que ses images, sa démarche, finissent par entrer dans un modèle d'explication dont elles n'auraient été, une nouvelle fois, qu'une illustration[1].

Sylvain Gouraud partageait la même préoccupation de ne pas voir ses images expliquées par une autorité extérieure, tout en souhaitant lui aussi donner à voir quelle était sa démarche créative. Nous l'avons fait sous la forme d'un dialogue qui confronte deux approches d'un même phénomène – en l'occurrence les représentations de la maladie mentale – avec d'un côté des images et de l'autre des idées, mais sans que ces dernières aient le dernier mot[2].

L'option adoptée par David Desaleux est encore différente parce que le contexte de son travail l'était également : il a réalisé ses photographies conjointement avec deux sociologues qui enquêtaient en même temps que lui sur les transformations de ces services de l'État. Chacun évoluait dans son registre. Le livre restituant aussi bien les images de l'un que les analyses des autres, toute la question a été de trouver quelle forme permettrait de les associer sans limiter les photographies à de simples illustrations.

La question du récit

La formule adoptée par Arnaud Théval est la plus inattendue de la part d'un artiste plasticien, puisqu'il « raconte » à proprement parler ce qui s'est passé lors de chacune de ses interventions, sous la forme d'une sorte de roman-photo ou plutôt d'un « essai photographique », composé de beaucoup d'images et de courts textes de narration. Ici, l'artiste prend la plume pour livrer sa version et l'intégrer à son œuvre. Le livre est à ses yeux la formule la plus accomplie de ses créations, parce que celles-ci ne se réduisent pas à une image ou à une installation, mais engagent tout un processus de production aussi important, sinon plus, que le résultat final. Bref, c'est une démarche de création qui a besoin de se raconter, et l'artiste s'en charge lui-même.

Les options choisies par Sylvain Gouraud et David Desaleux sont plus classiques : elles consistent à imposer la présence des images par leur mise en série, créant ainsi des espaces autonomes entièrement régis (ou presque) par une logique visuelle.

Après un court texte de fiction de l'écrivain Martin Winckler, le livre de Sylvain Gouraud s'ouvre sur les 30 portraits qu'il a réalisés de personnes hospitalisées pour troubles mentaux. Seules mentions inscrites : l'échelle (« 1 cm = 6 cm ») et, pour chacune, le prénom, la date et l'heure de la prise de vue. Plusieurs textes de témoignage ou d'analyse sont regroupés au milieu du volume, avant une seconde série de 27 photographies pleine page, montrant les portraits précédents tels qu'ils ont été installés au domicile des personnes concernées : l'artiste souhaitait en effet découvrir et donner à voir comment ses modèles s'étaient réapproprié leur image, quels usages ils en faisaient une fois rentrés chez eux. Notre dialogue conclut l'ouvrage. Le parti de séparer physiquement les textes et les images confère à ces dernières une présence autonome et en même temps prépondérante, puisqu'elles occupent plus des trois quarts des pages du livre[3].

En 1941, le photographe Walker Evans et l'écrivain James Agee publièrent un livre devenu fameux, *Let us praise now famous men*, sur les métayers d'Alabama en proie à la crise économique qui avait suivi le krach boursier de 1929 (Agee et Evans 1941). Dans la mise en page de l'édition originale, les photographies étaient présentées en premier, sans aucune légende ni mot d'explication, puis venait le texte d'Agee, lui-même guidé par sa propre inspiration littéraire. Le lecteur découvrait ainsi les images sans grille de lecture préalable et pouvait y retourner ensuite à la lueur de ce qu'il avait compris grâce à la prose de l'écrivain. C'était là un parti éditorial audacieux qui entendait déjà affirmer l'autonomie des images dans la restitution du reportage de terrain[4].

Plus récemment, dans leur livre commun, *Une autre façon de raconter* (1981), le photographe Jean Mohr et l'écrivain John Berger ont expérimenté plusieurs façons de restituer leur approche de la vie des paysans de montagne : Jean Mohr y décrivait certains aspects de son expérience de photographe, puis il livrait une suite de 150 photographies « sans parole. Ce n'est pas un reportage. Nous voudrions qu'elle soit lue comme une œuvre d'imagination ». (*Ibidem* : 7).

Dans *État des lieux, les lieux de l'État*, les textes (ma préface et les contributions des deux sociologues) ouvrent et ferment le livre, dont le cœur est consacré aux photographies. Celles-ci sont imprimées à l'italienne, une disposition graphique qui oblige à tourner le volume pour les regarder et du même coup à s'affranchir des textes. Car il y en a, disséminés irrégulièrement entre les photographies, mais il s'agit d'extraits anonymes d'interviews de personnes rencontrées au cours de l'enquête. Cette mise en page rapproche les images des matériaux d'enquête, mais en même temps les autonomise, puisqu'on ne peut pas les regarder tout en lisant ces bribes et qu'en outre, il n'y a aucun lien entre les unes et les autres. La couleur du papier accentue ce contraste : rouge pour les citations, vis-à-vis blanc le plus souvent pour les photographies[5].

« Elles se lisent d'elles-mêmes », m'affirmait Sylvain Gouraud à propos de ses photos. Quant à David Desaleux, il entendait « poser un discours en images, qui ait une valeur par lui-même, sans qu'il y ait forcément un pendant [*ie.* un texte] explicite ». Leurs postulats soulèvent deux questions : auraient-ils pu concevoir chacun un livre composé uniquement d'images ? Quel discours, quel récit livrent leurs photographies ?

Que des images ?

L'ambivalence de la démarche de ces trois photographes, et en même temps ce qui fait son intérêt, c'est qu'ils affirment l'autonomie conceptuelle de leurs images tout en éprouvant le besoin d'enrichir leurs livres avec des textes, principalement d'analyse. Ils se démarquent du texte tout en le recherchant. David Desaleux, en particulier, trouve intéressant de travailler avec des sociologues parce que cela lui permet d'assumer plus nettement encore « la question de la non-objectivité de la photographie. J'y tiens ».

Cette manière de confronter ses images à des textes qui ne cherchent pas à les expliquer ou qui ne vont pas y puiser l'illustration de leur propos, démarque la production de ces photographes du registre informatif ou documentaire et la propulse dans l'artistique. C'est donc un enjeu fort pour les photographes créateurs. En d'autres termes, réunir des auteurs autour d'un projet photographique contribue à asseoir la légitimité créatrice du photographe qui a d'autant plus besoin des textes qu'il s'en affranchit. La collaboration d'écrivains ou de chercheurs tend à accroître le crédit artistique des photographies.

> « À partir du moment où on sépare les textes des images, où les textes n'expliquent pas les images, on est dans l'artistique. » (Sylvain Gouraud).

Sylvain Gouraud considère l'image « comme une expérience vécue, l'image, la photo, comme un compte rendu d'une situation. Du coup, ces images et ces situations sont vouées à être expliquées. (...) Souvent, l'image ne suffit pas à révéler le rapport que cette personne [en particulier] entretient avec [la photo qui en est présentée] ». Arnaud Théval est probablement dans la même logique, puisque les livres qu'il compose incluent ses œuvres dans le récit de leur mode d'élaboration.

Les trois ont besoin de textes, en partie pour s'en démarquer, mais tout autant pour révéler les expériences vécues au cours de la réalisation de leurs images, du moins pour en donner une idée, puisque le récit en demeure forcément incomplet et que la part de mystère des images ne saurait être complètement élucidée. « Un documentaire, mais qui n'explique pas les images », tel était le projet de Sylvain Gouraud pour son livre *À mesure*.

Le récit des images

Il reste la question du récit des images, du récit par les images. « Notre idée, écrivait John Berger, était de construire cette séquence [des 150 photographies] comme une *histoire*. Dans quelle mesure peut-on dire que cette histoire raconte ? » (Berger et Mohr 1981 : 284). Lorsque les photographes sélectionnent leurs clichés et en composent des séries, quel(s) récit(s) élaborent-ils ? Et d'abord, s'agit-il d'un récit ?

De fait, composer une série obéit en premier lieu à des considérations esthétiques, comme l'exprime bien David Desaleux :

> L'esthétique de la suite (…), c'est de (…) créer des espaces où ça respire un peu plus, des espaces où c'est beaucoup d'information… Quand tu mets des images les unes à côté des autres, tu les mets dans un certain sens et ça te paraît évident. Si tu les déplaces, tu sens que c'est trop chargé d'un côté, trop léger de l'autre. Et du coup, il y a des jeux qui se font, certaines images entre elles donnent une histoire parce que l'une sera un petit élément dans un grand espace, d'autres où sont associées beaucoup de choses, et l'une à côté de l'autre, elles se font contrepoids, contrepoint, et ça crée quelque chose. Je ne sais si le mot « esthétique » [convient], mais c'est le contenu de l'image qui t'amène à ça. Pas le contenu intellectuel, mais le contenu formel.
>
> Dans le bouquin, il y a ça aussi. Il y a des pages qui sont blanches, ou qui sont rouges, enfin qui sont vides de quelque chose, parce que ça donne de la respiration qui permet une meilleure lecture du livre. Quand tu fais un bouquin, si tu mets que des pages pleines de texte ou d'images, à un moment tu sens qu'il y a trop et tu as envie de faire quelque chose d'autre. Et c'est là qu'un graphiste va arriver à dire : « On va mettre un titre qui va ne prendre que cette place-là sur le livre. » Ça permet de respirer. Ou une page blanche, etc. Il y a différents degrés dans le jeu avec ça. Dans une série d'images, ça me semble important de prendre en compte comment tu navigues d'une image à une autre, comment l'une appelle un peu la suivante, ou elles se répondent, et qu'elles ne s'entrechoquent pas non plus. Certaines images mises l'une à côté de l'autre n'ont plus aucun intérêt, elles vont se gêner, alors qu'avec une autre, elles vont se répondre et donner quelque chose d'intéressant.

Ces critères peuvent servir à agencer une série d'images aussi bien pour un livre que pour une exposition. Ils peuvent être communs à un photographe ou à un graphiste. Ils travaillent sur la dimension proprement formelle des images. Ils s'efforcent de stimuler l'œil du spectateur ou du lecteur et d'entretenir sa curiosité visuelle.

On appréhende ici combien les photographes sont des spécialistes du regard, qui abordent en particulier la formule du livre sous son angle spécifiquement visuel, à la différence des intellectuels qui se préoccupent avant tout du contenu du texte. Sylvain Gouraud a déterminé les dimensions de son ouvrage en fonction de ses préoccupations d'échelle, à savoir que ses portraits – dont les originaux sont grandeur nature, c'est-à-dire de la même taille que les sujets représentés – soient tous reproduits à la même échelle. La formule du 1/6° a finalement été choisie ; elle donne au livre un format assez imposant.

Dans tout ceci n'entrent guère de préoccupations narratives. Quand David Desaleux affirme que ce travail de mise en forme vise à permettre « une bonne lecture de l'ensemble », il n'évoque pas un récit proprement dit. Tout juste glisse-t-il que « certaines images entre elles donnent une histoire ». Oui, mais laquelle ?

Ici, le vocabulaire n'aide pas, tellement il reste empreint des termes forgés pour la littérature. Quand Sylvain Gouraud affirme (ou ambitionne) que ses images « se lisent d'elles-mêmes », il est conscient cependant qu'elles ne véhiculent aucun texte. Les photographes de presse affirment souvent que leurs photos racontent une histoire, mais c'est surtout parce que cette histoire est déjà écrite par d'autres, en l'occurrence les journalistes, et qu'ils sont chargés de l'illustrer. Le dicton ressassé « Une photo vaut mille mots » n'aide pas à y voir plus clair.

John Berger, de son côté, aborde le récit des photographies de son point de vue d'écrivain. Selon lui, la discontinuité des images renverrait à la discontinuité de toutes les histoires écrites. C'est au lecteur qu'il reviendrait de combler ce qui n'est pas dit, ou simplement suggéré par l'auteur. De même qu'au cinéma le spectateur s'accommode des ellipses du montage, une série de photographies est le produit d'un montage dont la dynamique puise à des ressorts plus esthétiques que narratifs.

Une multiplicité de sens

En outre, la polysémie des images suggère de nombreuses interprétations possibles, qui sont autant d'amorces d'histoires laissées à l'initiative du spectateur. Face à une série de photographies, il y a toujours moyen de greffer un ou plusieurs scénarios fictifs, mais ce ne sont pas les images qui le dictent puisque, par nature, elles restent muettes. En ce sens, on ne peut pas dire qu'elles racontent quoi que ce soit.

« Il y a évidemment un récit, affirme David Desaleux, mais qui n'est pas forcément évident. » Lorsqu'on interroge les photographes sur cette question, beaucoup soulignent qu'ils ne travaillent pas dans le registre de l'explicite (« L'art montre sans démontrer », disait en substance le peintre Tapiès). Ils valorisent même la part de mystère qui reste attachée à leurs images, en particulier pour se prémunir contre les interprétations réductrices. Produire des images allusives, elliptiques, faussement simples, est devenu la marque de fabrique de quantité de photographes créateurs, qui ne tiennent pas à expliciter leurs options formelles. Ils revendiquent des niveaux d'appréhension moins intellectuels, puisant davantage dans les émotions, les sensations. Que l'on ne comprenne pas, ou des choses chaque fois différentes, deviendrait le meilleur signe que ça échappe à l'intelligible.

On aborde ici une autre forme d'appréhension de la réalité, qui n'entend pas faire appel à l'intellect, ni à l'usage du langage. Une sorte de mutisme évocateur, suggestif, voire délibérément crypté. Sylvain Gouraud, par exemple, a choisi le bleu de la couverture de son livre parce que cette couleur évoquait « une sorte de froideur de l'hôpital » ; de même, l'encadré « Sylvain Gouraud Octobre 2008-Novembre 2011 » renvoyait aux étiquettes apposées sur les échantillons médicaux. « Ce n'est pas forcément explicite, mais ça participe... », et d'ajouter : « Je ne sais pas jusqu'à quel niveau il faut que ça soit forcément explicite. »

Dans *La Chambre claire* (1980), Roland Barthes a eu recours au vocabulaire latin pour distinguer le sens obligé des clichés photographiques, particulièrement dans le registre de la presse ou de l'image documentaire (*studium*) et ce qui s'en échappe forcément, le détail enregistré involontairement (un chien qui traversait la rue à cet instant) ou qui capte l'attention flottante du spectateur (*punctum*). Il est manifeste que Barthes appréciait particulièrement ce point de fuite qui lui permettait de ne pas rester prisonnier de la « légende » de l'image, « l'assimilation de "là, on voit ça" », pour reprendre les termes, eux-mêmes critiques, de David Desaleux. Autant le *studium* relève du sens commun, des conventions culturelles de la représentation, autant le *punctum* interpellerait la sensibilité individuelle.

Les photographes dont il est question ici revendiquent un regard personnel sur des réalités sociales. Ils vont au contact d'images toutes faites – de l'élève qui apprend un métier, du malade mental, d'une administration publique – et s'efforcent d'en interroger les évidences, soit en bousculant les codes de représentation, soit en créant des énigmes visuelles à partir de ces mêmes réalités, des images faussement simples ou vides, comme les portraits de Sylvain Gouraud sur lesquels ne se voit pas la maladie mentale. Dans tous les cas, il leur faut expliquer non pas ce qu'ils donnent à voir, mais comment ils ont procédé. Le récit ne procède donc pas des images elles-mêmes, qui s'y refusent. Il devient partie intégrante du travail de création (d'où son aboutissement sous la forme d'un livre) puisque, comme dans toute forme d'art conceptuel, la démarche importe autant que le résultat final. On pense ici, dans un autre registre, au photographe Raymond Depardon qui, depuis trente ans, écrit (de plus en plus) pour signifier, du moins suggérer, ce que ne montrent pas ses photos.

Au final, ces trois exemples mettent en question la possibilité de construire un récit en images : d'une part, les images proposées ici ne racontent rien explicitement, elles auraient plutôt tendance à se dérober à toute proposition de récit ; d'autre part, leurs auteurs sollicitent des textes (voire les écrivent eux-mêmes), mais pas pour raconter ce que montrent leurs images.

> Cette ambiguïté, conclut John Berger, permet à la réflexion d'être en prise directe avec ce qui est montré. Le monde [que les photographies] dévoilent, de figé, devient malléable. L'information qu'elles contiennent devient perméable au sentiment. Les apparences articulent le langage d'une vie vécue. (Berger et Mohr 1981 : 289).

L'APPROCHE DES CHERCHEURS

La moindre photographie se prête à divers registres de lecture, mais chacun reste partiel, tant l'image porte la trace de composantes multiples, révélatrices de la complexité du réel. Les artistes évoqués ici insistent tous sur l'importance de laisser au spectateur la liberté de se construire son propre récit.

Le sociologue ou l'ethnologue, quant à lui, est rarement aussi ouvert à la diversité des sens ou des sensations suggérés par les images. Il s'emploie plutôt à y relever ce qui fait écho à son analyse des situations représentées. Si bien qu'il arrive que la revendication des photographes de laisser entière la liberté d'interprétation de leurs clichés entre en contradiction avec les intentions plus sélectives des sociologues. C'est ce qui s'est produit, au moment de la composition du livre, entre David Desaleux et les chercheurs avec qui il collaborait. Ces derniers souhaitaient ordonner les photographies selon la logique de leur propre analyse, alors que le photographe se refusait à toute forme de démonstration. Le fait que le livre sorte du registre des restitutions académiques d'enquêtes de terrain et qu'il soit édité par un éditeur d'art a permis à David Desaleux d'affirmer son point de vue et d'attirer les sociologues sur son terrain d'expression. Le compromis final a confirmé l'autonomie de ses images tout en leur assignant un récit plus proche du schéma explicatif des sociologues.

Livres d'images ou publications académiques ?

Il existe peu de publications sociologiques qui soient également des livres d'images. On cite toujours l'exemple pionnier, mais jamais imité, de *Balinese Character*, ce véritable roman-photo publié en 1942 par Gregory Bateson et Margaret Mead, dans lequel ils ont restitué leur enquête de terrain sur les modes de transmission de la culture balinaise. Quelque 700 photos y étaient présentées sous la forme de séries en pleine page, chacune détaillant un type de geste ou d'attitude, accompagnée en vis-à-vis d'une présentation générale et de légendes précises. Cette mise en page permettait la contemplation directe des images et laissait le lecteur libre de laisser guider ou non son regard par la lecture des explications fournies[6].

Un exemple plus récent est fourni par le livre qu'Anne Jarrigeon a consacré au quartier de Gerland, à Lyon (2012). Cette anthropologue-photographe a réalisé une enquête de terrain dans cette zone en pleine transformation, qu'elle restitue sous la forme d'un « livre d'images ». Chacune des trois parties (« Espace(s) urbain(s) », « Vie(s) », « Végétation(s) ») s'ouvre sur un texte synthétique de restitution des données de l'enquête, en particulier des nombreux entretiens réalisés auprès de la population, et se poursuit par une série de photographies (respectivement 18, 31 et 13 images), présentées elles aussi à l'italienne, en dehors de quelques doubles pages, et sans aucune légende. L'enjeu pour l'auteure était de « suspendre le discours savant surplombant qui livrerait de façon unilatérale "mon" analyse du quartier, en exploitant le plus longtemps possible l'ouverture interprétative caractéristique de la photographie » (Jarrigeon 2010-2011 : 165).

On retrouve la préoccupation des photographes de ne pas laisser le texte d'analyse soumettre leurs photographies à sa logique de démonstration. À ceci près qu'ici elle est affirmée dans le domaine académique par une chercheuse qui ambitionne de conférer à ses images « l'autonomie nécessaire à une véritable pensée en et par l'image » (*Ibidem* : 157).

> L'absence de discours catégorisant et de descriptions précises sur ce qui était à comprendre des photographies a dérouté certains collègues pour qui il manquait « quelque chose pour que ce soit vraiment ethnographique ». Le protocole de lecture des dispositifs visuels leur semblait devoir plus clairement être explicité afin que le « contenu informationnel » des photographies, selon les termes de l'un d'entre eux, soit opérant. (*Ibidem* : 165).

Ces critiques, formulées à propos des deux expositions qui ont été montées à Lyon en 2008 et 2009, viseraient probablement le livre qui a été publié depuis (Jarrigeon 2012). Ici, comme pour *L'État des lieux, les lieux de l'État*, le mode de présentation choisi (expositions, livre d'images) a permis une mise en valeur des photographies rarement possible dans les publications plus académiques. Où l'enjeu principal, pour les chercheurs-photographes, serait plutôt de conjurer la disparition pure et simple de leurs images. Entre le livre de photographies édité hors du monde académique et l'article sans images publié dans une revue savante, entre les critiques des universitaires sur l'impuissance analytique des images et le registre purement textuel des comptes rendus publiés, n'y aurait-il aucun moyen terme, aucune combinaison possible ?

> En 1994 est paru *Saudades do Brasil*, un album qui regroupait des photographies prises par Claude Lévi-Strauss entre 1935 et 1938 lors de ses missions ethnographiques au Brésil. Lévi-Strauss a toujours exprimé sa méfiance vis-à-vis de la photographie qui, paradoxalement, l'aurait empêché de voir. « Je ne me prétends pas photographe, même amateur (ou, plutôt, je ne le fus qu'au Brésil : le goût m'a passé depuis). » Ce qui ne l'a pas empêché de laisser l'édition valoriser ses images comme l'œuvre d'un photographe (Garrigues 1990).

> En 2003 parut un album de photographies prises par Pierre Bourdieu lors de son séjour en Algérie de 1958 à 1961. Il ne les avait jamais publiées, sauf occasionnellement pour illustrer la couverture d'un de ses livres. Bourdieu reconnaissait avoir censuré cette production visuelle, comme d'autres dimensions plus personnelles de son travail : « En fait, le souci d'être sérieux scientifiquement m'a porté à refouler la dimension littéraire : j'ai censuré beaucoup de choses. (…) Or il m'arrive souvent de regretter aujourd'hui de n'avoir pas conservé de traces utilisables de cette expérience [vécue en Algérie]. (…) Oui, c'est vrai, il faudrait que j'essaie un jour avec un magnétophone de dire ce qui me revient à l'esprit en regardant les photos… » (2003 : 42) Au final, ces images ont fini par être valorisées, tardivement, sous la forme d'un album et d'expositions de photos, au bénéfice du grand renom de leur auteur[7].

Les auteurs du livre *État des lieux, les lieux de l'État* ont donné un premier aperçu de leur travail dans un article publié par la revue en ligne *ethnographiques.org* (Desaleux, Langumier et Martinais 2011). D'un côté, certaines photographies étaient sollicitées dans le corps du texte pour illustrer tel ou tel aspect de la démarche d'enquête ou de la situation étudiée ; de l'autre, la totalité des images était présentée dans une galerie autonome que le lecteur pouvait parcourir à sa guise. On trouvait donc confrontés ici, juxtaposés plutôt, les deux registres les plus antinomiques de l'image : l'image-illustration et l'image-exposition.

Publier les données d'enquête

Les sciences sociales gagneraient à publier des photographies, et plus généralement des données de terrain conjointement à leurs analyses, comme le font d'ailleurs les sciences de la nature (Maresca 2004). Toute photographie porte la trace à la fois de l'objet dont elle a fixé le reflet lumineux et du regard porté sur cet objet par le photographe. C'est d'ailleurs bien là l'intérêt de l'image photographique, comme de toutes les images indicielles : tenir ensemble le réel et sa représentation, donner à voir inséparablement la chose et une façon de la regarder.

Cette articulation est précieuse pour le spectateur, car elle le prévient contre l'assimilation mécanique des photographies au réel. Mais en même temps, comme il y a obstinément des traces du réel dans ces images-là, une photographie prise en situation oppose toujours une forme de démenti, sinon aux interprétations proposées par l'analyste (par exemple un sociologue), du moins à son ambition, très fréquente, de théoriser la totalité du réel observable. En laissant au lecteur la possibilité de regarder attentivement une photographie prise sur le terrain, le chercheur lui permettrait de sonder la pertinence de la « légende » ou de l'interprétation qui lui est proposée. Images et textes fonctionneraient alors comme un attelage réflexif, chacun conduisant à s'interroger sur l'intérêt des unes et sur la portée des autres.

Les références à la science ou à la scientificité sont fréquentes sous la plume des spécialistes des sciences sociales (comme plus haut chez Pierre Bourdieu). Il n'est pas sûr qu'elles établissent pour autant une relation avec la façon dont travaillent effectivement les sciences de la nature. Elles semblent plutôt en appeler à une certaine image de la science pour laquelle l'évocation de quelques traits suffit : rigueur (ou apparence de rigueur) méthodologique ; spécialisation ; langage technique. Philippe Descola a donc raison de souligner la « tendance des sciences sociales à construire leur légitimité par des emprunts plus ou moins métaphoriques aux modèles explicatifs des sciences de la nature » (1988 : 27).

> L'anthropologie n'a pas renoncé – n'en déplaise à sa mouvance postmoderne – à se présenter comme une science positive. Cependant, en partie schématisées dans des discours grand public, en partie accessibles en bibliothèques, en bonne partie, hélas, inaccessibles, ses bases de données ne sont, actuellement, ni cumulatives ni recyclables par d'autres chercheurs sous des formes quelque peu « normalisées ». Une interprétation théorique des données est donc difficilement contrôlable au sein de la communauté des chercheurs. (Borel 1990 : 225).

Dans les sciences sociales, plus généralement, les faits observés sont le plus souvent verbalisés dans la langue personnelle de l'auteur, puis interprétés par le biais de son langage savant. À partir de là, en l'absence de description autonome et, surtout, de traces autonomes de cette description première (qui n'est bien sûr jamais « brute », immédiate), le retour aux faits d'observation devient impossible. Il manquerait donc aux sciences de l'homme des *modes d'inscription réversibles*, pour reprendre le vocabulaire de Bruno Latour (1993 : 207), offrant aux autres chercheurs que l'auteur concerné (et à lui-même au besoin) la possibilité de revenir à ses données empiriques, grâce aux notations consignées dans ses publications.

Cette articulation se trouve mise en œuvre dans certaines revues de création récente. Par exemple, *ethnographiques.org*, qui a publié nombre d'articles traitant de l'utilisation des images dans les sciences sociales et qui stimule désormais la publication de documents visuels : « Il est fortement conseillé d'enrichir l'article à l'aide de photographies, de vidéos, de documents sonores, ou de faire figurer en annexe de la documentation écrite. » (extrait de la note aux auteurs). Signalons également la revue *Sociologie* qui a ouvert une rubrique électronique *Sociologie 2.0* destinée à valoriser des articles mobilisant *des « procédés faisant un usage avancé de dispositifs numériques innovants d'argumentation, d'administration de la preuve et de documentation de la recherche* (techniques d'enrichissement textuel, documents audiovisuels, représentations graphiques animées...) » (extrait de l'appel à contribution).

On commence à voir également des livres qui sont doublés par un site Internet sur lequel figurent en particulier des images, ou d'autres données empiriques qui n'ont pas trouvé place sur le papier. Cette nouvelle interface permet également de proposer une autre forme de présentation[8].

Évoquons enfin les banques d'images qui se développent dans les sciences sociales, mais également en histoire ou en archéologie, afin de rendre disponibles les fonds iconographiques produits ou rassemblés à l'occasion d'une recherche. Leur mise en place et, plus particulièrement, leur mise en ligne soulèvent de nombreux problèmes techniques et épistémologiques qui intéressent des chercheurs d'horizons différents[9].

Outiller les images

Dans le même temps où il serait utile et nécessaire de rendre plus largement accessible le matériau empirique des enquêtes en sciences sociales, ne serait-ce que pour permettre un certain retour vis-à-vis des populations étudiées (Pourchez 2008), il me semble tout aussi nécessaire d'outiller ce matériau, et particulièrement les images, afin de rendre plus accessible au lecteur ce que leur auteur y voit et y donne à voir.

Car il n'est pas sûr qu'une photographie ait, pour reprendre les termes d'Anne Jarrigeon, son « propre dispositif interprétatif » (2010-2011 : 166), sinon pour son auteur qui a mobilisé pour la prendre toute son expérience du terrain et la compréhension qu'il a pu tirer de ses observations sur place. Autant de ressources dont ne dispose pas le lecteur. D'où la nécessité de guider son regard pour qu'il puisse à son tour voir ce que l'image est censée lui montrer. En fait, le sociologue doit s'efforcer de « traduire » le contenu de ses images, comme il le fait pour l'ensemble des données empiriques qu'il restitue dans son étude. Cela passe par une mise en forme spécifique recourant, par exemple, à des agrandissements de détails, à des mises en série, à des superpositions d'images, à des ajouts graphiques pour pointer les éléments jugés importants, à des schématisations, etc.

> Oui, les savants dominent le monde, mais seulement si le monde vient à eux sous forme d'inscriptions en deux dimensions, superposables et combinables. C'est toujours la même histoire depuis Thalès au pied des Pyramides. (Latour 1993 : 175).

Dans les sciences de la nature, on apprend explicitement à observer, à dessiner, à interpréter les images, puisqu'il s'agit là d'une disposition et d'un outil absolument déterminants pour mener à bien le travail de recherche. Ici, voir, c'est encore et toujours savoir. D'ailleurs, l'emploi des nouvelles techniques d'observation hyper-sophistiquées qui permettent de « repérer ou de compter des signaux dont l'intensité est faible par rapport au bruit de fond » requiert, outre un apprentissage approfondi, la mise en évidence claire des biais introduits par chacun de leurs utilisateurs, ce qu'on appelle leur « équation personnelle », afin d'être en mesure de corriger leurs mesures et de les comparer à d'autres (Pestre 1995 : 507). Cette compétence spécifique serait très utile dans les sciences sociales où les images sont peut-être technologiquement moins complexes, mais où leur contenu ne l'est pas moins.

C'est dans le domaine des études urbaines que l'on trouve à la fois les usages les plus répandus des images et leur utilisation outillée dans les publications. Cela tient probablement au fait que les sociologues ou les ethnologues y collaborent souvent avec des architectes, des urbanistes, qui eux aussi photographient la ville et dont la culture professionnelle est profondément visuelle. On pourrait citer également l'exemple des géographes qui travaillent à partir de cartes et de graphiques (Maresca 2011).

Les ressources du multimédia

Au final, il faudrait donc tenir ensemble deux objectifs contradictoires ou du moins divergents : d'un côté, montrer les photographies dans leur forme initiale, telles qu'elles ont fixé des aperçus du terrain, et de l'autre y inscrire le regard du chercheur afin d'expliciter ce que lui y voit. Les traiter comme des matériaux « bruts » – pour permettre au lecteur d'avoir, grâce à elles, un substitut d'expérience du terrain considéré – et tout à la fois formater ces images pour les inscrire dans le point de vue de l'auteur.

Les outils multimédia ont décuplé les possibilités d'opérer ce va-et-vient entre l'image-en-soi, qui impose sa présence en laissant ouvert le spectre des interprétations possibles, et le regard orienté du chercheur qui y repère ce qui fait sens pour lui. Un simple lien hypertexte sur une image permet d'accéder à un texte, sans qu'il soit nécessaire d'inféoder physiquement l'image au corps de ce texte. D'autres liens peuvent même s'ancrer sur telle ou telle partie de l'image pour guider l'attention du lecteur sur un détail qui ne lui est pas forcément perceptible d'emblée : c'est le procédé qu'a utilisé par exemple l'ethnologue Patrick Plattet pour présenter certaines de ses photos de terrain (2002).

Auparavant, certains, comme Laurence Pourchez, s'y étaient essayés avec l'outil beaucoup moins maniable du DVD :

> Mon objectif initial était en effet d'expérimenter un mode d'écriture qui permette de traduire, au mieux, ce que j'observais ou entendais lors de mes enquêtes. Il s'agissait de permettre une lecture non pas linéaire, textuelle, mais ouverte, n'instituant pas un « sens institué » (Laplantine 2004 : 146) ou obligé de lecture. Cette liberté de lecture se voulait représentative de la complexité (...) de la société que j'avais entrepris d'étudier : la société créole réunionnaise. Le medium utilisé était la mise en réseau et en dialogue avec le texte de la thèse, des différents matériaux recueillis sur le terrain, données audio (entretiens), photographiques, iconographiques, vidéo, documents d'archives, presse, pour une meilleure compréhension des logiques et des cohérences à l'œuvre dans la société étudiée. (2008 : 6-7)[10].

Il y a certainement matière à raffiner ces mises en lien en vue de construire un, voire plusieurs récits ou analyses à partir des images, tout en laissant à celles-ci leur pleine présence elliptique. En améliorant et en diversifiant de tels dispositifs de présentation, dont nous avons donné un aperçu dans notre *Précis de photographie à l'intention des sociologues* (Maresca et Meyer 2013), on parviendrait peut-être à sortir de l'opposition, trop souvent théorique et paralysante, entre la forme-texte, qui tend à réduire les images à de simples pré-textes, et la forme-image qui, elle, se dérobe aux récits.

Bibliographie

Agee, James et Evans, Walker, 1941, *Let us praise now famous men*, Boston : Houghton Mifflin.
Agee, James et Evans, Walker, 1972, *Louons maintenant les grands hommes*, Paris : Plon.
Barthes, Roland, 1980, *La chambre claire, Note sur la photographie*, Paris : Cahiers du cinéma-Gallimard.
Bateson, Gegory, 1977, « Les usages sociaux du corps à Bali » (présentation d'Alban Bensa), *Actes de la recherche en sciences* sociales, vol. 14, avril, pp. 3-33.
Bateson, Gegory et Mead, Margaret, 1942, *Balinese Character, A Photographic Analysis*, New York : Academy of Sciences.
Berger, John et Mohr, Jean, 1981, *Une autre façon de raconter*, Paris : Maspéro.
Borel, Marie-Jeanne, 1990, La schématisation descriptive : Evans-Pritchard et la magie zandé, in Jean-Michel Adam, Marie-Jeanne Borel, Claude Calame et Mondher Kilani, *Le discours anthropologique. Description, narration, savoir*, Paris : Méridiens Klincksieck, pp. 169-226.
Bourdieu, Pierre, 2003, *Images d'Algérie. Une affinité élective*, Arles : Actes Sud/Camera Austria/Fondation Liber.
Carvalho da Rocha, Ana Luiza et Eckert, Cornelia, 2008, L'anthropologie dans les interfaces du monde de l'hypertexte, *ethnographiques.org*, n° 16, sept. [En ligne : http://www.ethnographiques.org/2008/Carvalho-da-Rocha,Eckert]. Consulté le 17 novembre 2017.
Desaleux, David, Langumier, Julien et Martinais, Emmanuel, 2011, Enquêter sur la fonction publique d'État. Une approche photosociologique des lieux de travail de l'administration, *ethnographiques.org*, n° 23, déc. [En ligne : http://www.ethnographiques.org/2011/Desaleux,Langumier,Martinais]. Consulté le 19 juin 2017.
Desaleux, David, Langumier, Julien et Martinais, Emmanuel, 2012, *État des lieux, les lieux de l'État*, Lyon : Libel.
Descola, Philippe, 1988, L'explication causale, in Philippe Descola, Gérard Lenclud, Carlo Severi et Anne-Christine Taylor, *Les idées de l'anthropologie*, Paris : Armand Colin, 1988, pp. 11-59.
Ducret, André et Schultheis, Franz, 2005, *Un photographe de circonstance : Pierre Bourdieu en Algérie*, Genève : AES Éditions.
Garrigues, Emmanuel, 1990, Quelques réflexions à partir des photographies de Claude Lévi-Strauss et d'un entretien avec lui, *L'Ethnographie*, n° 109, printemps, pp. 71-78.
Gouraud, Sylvain, 2011, *À mesure*, Paris : Filigranes.
Jarrigeon, Anne, 2010-2011, Projeter, exposer, publier, *Revue de l'Institut de sociologie* (de l'Université libre de Bruxelles), 1-4, pp. 157-169.
Jarrigeon, Anne, 2012, *Gerland. État des lieux*, Lyon : ENS Éditions.
Laplantine, François, 2004, L'anthropologie genre métis, in Christian Ghasarian (dir.), *De l'ethnographie à l'anthropologie réflexive*, Paris : Armand Colin, pp. 143-152.

Latour, Bruno, 1993, Le "pédofil" de Boa Vista – montage photo-philosophique, in Bruno Latour, *La clef de Berlin et autres leçons d'un amateur de sciences*, Paris : La Découverte, pp. 171-225. [En ligne : http://www.bruno-latour.fr/sites/default/files/53-BERLIN-PEDOFILpdf.pdf]. Consulté le 25 novembre 2017.

Latour, Bruno et Hermant, Émilie, 1998, *Paris ville invisible*, Paris : La Découverte. [En ligne : http://www.bruno-latour.fr/virtual/index.html]. Consulté le 17 octobre 2017.

Lévi-Strauss, Claude, 1994, *Saudades do Brasil*, Paris : Plon.

Maresca, Sylvain, 2004, Photographie et sciences de l'homme, *Sciences humaines*, Hors-série « Le monde de l'image », janv.-fév., pp. 50-51.

Maresca, Sylvain, 2011, Voir, prévoir, photographier, Conclusion du colloque *Photographier la ville contemporaine*. [En ligne : http://viesociale.hypotheses.org/3596]. Consulté le 25 novembre 2017.

Maresca, Sylvain et Meyer, Michaël, 2013, *Précis de photographie à l'intention des sociologues*, Rennes : PUR.

Pestre, Dominique, 1995, Pour une histoire sociale et culturelle des sciences. Nouvelles définitions, nouveaux objets, nouvelles pratiques *Annales. Histoire, Sciences Sociales*, n° 3, pp. 487-522.

Plattet, Patrick, 2002, La course des deux bois du renne, commentaire ethnologique d'une photographie de terrain, *ethnographiques.org*, n° 2, nov. [En ligne : http://www.ethnographiques.org/2002/Plattet]. Consulté le 19 juin 2018.

Pourchez, Laurence, 2008, Multimédia et anthropologie : de la mode à la narration réflexive. *ethnographiques.org*, n° 16, sept. [En ligne : http://www.ethnographiques.org/2008/Pourchez]. Consulté le 17 novembre 2018.

Scheppe, Wolfgang, 2009, *Migropolis : Venice/Atlas of a Global Situation*, Ostfildern, Hatje Cantz. [En ligne : http://www.migropolis.com]. Consulté le 17 octobre 2018.

Théval, Arnaud, 2008, *Moi le groupe*, Brest : Zédélé.

Théval, Arnaud, 2010, *Moi le groupe 2*, Brest : Zédélé.

Notes

1. Pour un aperçu en ligne, voir http://www.editions-zedele.net/, ainsi que le site de l'artiste : www.arnaudtheval.com.
2. Disponible en ligne : http://viesociale.hypotheses.org/3607 (consulté le 25 novembre 2018).
3. Une version en ligne du livre est consultable sur le site de l'éditeur : http://amesure.filigranes.com (consulté le 25 novembre 2018).
4. La traduction française, parue en 1972 dans la collection « Terre humaine », a remplacé cette option radicale par un cahier central de photographies, plus conforme à la maquette de cette collection (Agee Evans 1972).
5. Pour un aperçu de ce travail photographique et du livre, voir sur le site de David Desaleux : http://desaleux.com/gallery-category/projets/#etat-des-lieux-les-lieux-de-letat.
6. Un aperçu de cet ouvrage non traduit en français a été donné en 1977 par Alban Bensa (Bateson 1977).
7. Sur les photographies de Bourdieu, voir aussi le livre dirigé par André Ducret et Franz Schultheis (2005).

8. Voir deux exemples particulièrement novateurs visuellement : Latour et Hermant, 1998, et Scheppe, 2009.
9. Le réseau *IconoRéseau*, par exemple, réunit des chercheurs autour de la thématique des « Images, bricolage et humanités numériques » (http://iconorezo.hypotheses.org). Voir également un exemple de banque d'images sur la mémoire vivante des habitants de Porte Alegre (Brésil) constituée par Ana Luiza Carvalho da Rocha et Cornelia Eckert (2008).
10. La revue *ethnographiques.org* a consacré en 2008 un dossier spécial au thème « La narration dans tous ses états. Nouvelles technologies, nouvelles questions ? ». En ligne : http://www.ethnographiques.org/2008/numero-16/ (consulté le 3 décembre 2017).

6

DE LA MÉTHODOLOGIE DE L'IMAGE CHEZ HENRI BERGSON

Ioulia Podoroga

Nous connaissons Bergson comme l'auteur qui a réussi à mettre radicalement en cause la conceptualité philosophique en dévoilant un principe fondamental qui préside à la formation de tout concept philosophique. Son premier livre, publié en 1889, *Essai sur les données immédiates de la conscience*, se présente déjà comme une tentative explicite de mise en crise systématique de tout un groupe de concepts philosophiques qui, selon lui, échouent de rendre compte de notre expérience immédiate. En examinant la provenance des concepts tels que l'intensif, le nombre, le mouvement, et enfin la liberté, il leur découvre un fléau commun : aucun de ces concepts ne serait capable de se rapporter à ce qu'il y a de spécifique dans l'expérience qu'il a pour vocation de saisir. Les phénomènes que Bergson appelle les données immédiates de notre conscience sont objectivés par ces concepts préétablis, en sorte que le sens même de l'expérience, dont ces données participent, se trouve perverti. Cette expérience est l'objet thématique de la philosophie de Bergson, il lui donne le nom de « durée ». Catégorie centrale de sa pensée, la durée y joue un rôle double : elle désigne à la fois l'expérience première que nous avons de notre être, tel qu'il se déroule dans le temps, mais elle se présente aussi, de surcroît, comme principe même de *toute* pensée philosophique – c'est à la fois une attitude philosophique, et Bergson emploie bien l'expression « penser en durée », et un concept opératoire et critique qui vise à délester les autres concepts philosophiques, inopérants selon lui, de leur poids argumentatif. C'est bien un concept dans la mesure où Bergson l'utilise comme un outil de démonstration dans sa philosophie, et pas exactement un concept, comme nous allons le voir, parce que Bergson s'oppose virulemment à toute conceptualisation, c'est-à-dire, évite de donner à ses notions des formes définitives et closes.

Qu'est-ce qui gêne donc Bergson dans la plupart des concepts philosophiques ? Leur prétention de penser tout ce qui ne relève pas de leur domaine : la conscience, le temps, la liberté, la volonté, donc généralement le devenir, le changement, la mobilité – bref, la vie et tous les phénomènes qui ressortent de l'activité et de la créativité humaine. Dès son premier ouvrage, Bergson fait entrer en scène une opposition magistrale de sa philosophie : celle entre le temps (la durée) et l'espace (la pensée objectivante). Les systèmes philosophiques classiques ne réfléchissent que sur le statique, en opérant avec des concepts et des représentations purement spatiales. Bergson dénonce la tendance, tout à fait naturelle pour notre intelligence, de penser le vivant par le mort, le temps par l'espace, la qualité par la quantité, etc. De manière générale, pour Bergson, le seul domaine d'opération des concepts philosophiques, qui ne prend pas en compte la durée, est la matière inerte, c'est-à-dire les objets qui ne changent pas dans le temps. L'enjeu de l'œuvre bergsonienne sera donc de préserver les données immédiates de notre expérience, que ce soit l'expérience intime de soi, ou celle qui est associée aux choses extérieures, de leur transcription conceptuelle, ou à la rigueur de proposer un nouveau type de transcription de cette expérience, capable d'en rendre la singularité.

Mais alors comment faire ? Car s'il y a intérêt de faire de la philosophie et de se servir des concepts, c'est justement pour comprendre la vie dans tout ce qu'elle a de créateur. L'ambition de Bergson est grande. Il s'agit de réformer la philosophie et ses concepts de telle sorte que chaque catégorie et chaque concept utilisé puisse se rapporter d'une façon inédite, unique, au phénomène qu'il vise, car se déroulant dans le temps ; ce phénomène est chaque fois différent, changeant et inimitable. Bergson distingue ainsi deux formes de connaissance : « l'une statique, par concepts, où il y a séparation entre ce qui connaît et ce qui est connu ; l'autre dynamique, par intuition immédiate, où l'acte de connaissance coïncide avec l'acte générateur de la réalité. »[1] L'intuition est un concept qui cautionne donc notre connaissance, assure qu'elle se déroule bien dans le temps, et qu'il n'y ait pas d'écart entre l'acte de connaissance et ce qui est connu. Or, et Bergson ne cesse de le répéter tout au long de son œuvre, c'est un effort pénible et même presque impossible à faire que de s'installer dans la réalité même. L'intuition s'oppose à la connaissance, dite statique, par concepts, en ce qu'elle renvoie à une exigence paradoxale, par définition irréalisable, qui est de connaître le particulier, avec toutes ses caractéristiques singulières : « [...] l'intuition [est] l'investigation métaphysique de l'objet dans ce qu'il a d'essentiel et de propre. »[2] Il faut donc pouvoir développer une approche permettant l'accès à cette intuition de l'immédiat.

> Ou la métaphysique n'est que ce jeu d'idées, ou bien, si c'est une occupation sérieuse de l'esprit, il faut qu'elle transcende les concepts pour arriver à l'intuition. Certes, les concepts lui sont indispensables, car toutes les autres sciences travaillent le plus ordinairement sur des concepts, et la métaphysique ne saurait se passer des autres sciences. Mais elle n'est proprement elle-même que lorsqu'elle dépasse le concept, ou du moins lorsqu'elle s'affranchit des concepts raides pour créer des concepts bien différents de ceux que nous manions d'habitude, je veux dire des représentations souples, mobiles, presque fluides, toujours prêtes à se mouler sur les formes fuyantes de l'intuition[3].

Comment pouvons-nous cerner philosophiquement cette intuition ? En d'autres mots, par quels moyens pouvons-nous transcrire cette expérience de la durée pure que nous livre l'intuition comme méthode ? Nous pouvons remonter à l'intuition en dépassant les concepts vers leur potentiel, pour ainsi dire, préconceptuel, le noyau non conceptuel qu'ils contiennent. Et c'est l'image qui nous offre cet accès :

> [L]'expérience intérieure ne trouvera nulle part, elle, un langage strictement approprié. Force lui sera bien de revenir au concept, en lui adjoignant tout au plus l'image. Mais alors il faudra qu'elle élargisse le concept, qu'elle l'assouplisse, et qu'elle annonce, par la frange colorée dont elle l'entourera, qu'il ne contient pas l'expérience tout entière[4].

La « frange colorée » est une image que Bergson introduit dans *L'Évolution créatrice*. Mais c'est aussi le nom générique pour toutes les images en tant que telles, pour autant qu'elles se disposent autour du concept, et rentrent avec lui dans un rapport dialectique. L'on doit tailler « pour l'objet un concept approprié à l'objet seul, concept dont on peut à peine dire que ce soit encore un concept, puisqu'il ne s'applique qu'à cette seule chose »[5]. C'est donc moins un concept qu'une image qu'il revient au philosophe de forger. Et moins une seule image épousant exactement la chose dans ses contours mobiles, mais un ensemble d'images qui peuvent, par leur action conjointe, viser une intuition à saisir :

> Nulle image ne remplacera l'intuition de la durée, mais beaucoup d'images diverses, empruntées à des ordres de choses très différents, pourront, par la convergence de leur action, diriger la conscience sur le point précis où il y a une certaine intuition à saisir. En choisissant les images aussi disparates que possible, on empêchera l'une quelconque d'entre elles d'usurper la place de l'intuition qu'elle est chargée d'appeler, puisqu'elle serait alors chassée tout de suite par ses rivales[6].

Sans mettre en cause la façon dont Bergson se sert des images[7], nous poserons la question sur leur rôle exact dans sa philosophie. Il convient d'écarter tout de suite toute tentative de minimiser l'importance des images dans son discours, en les reléguant sur un plan purement accessoire, illustratif de la pensée. Il n'en est rien. La place privilégiée qu'il accorde aux images est incontestablement liée à l'objet thématique de sa philosophie. Loin d'être fortuit, occasionnel ou circonstanciel, son recours aux images relève d'une stratégie réfléchie, systématique, d'une pensée qui se définit elle-même comme « intuitive », se situant tout près de la réalité, sensible à ses moindres fluctuations. Il serait cependant erroné de penser et de réfléchir simplement aux images dans la pensée bergsonienne, en les détachant artificiellement de leur contexte discursif – l'ordre conceptuel avec lequel ils entrent en rapport véritablement dialectique. S'il y a lieu de parler de dialectique dans la philosophie bergsonienne, ce n'est pas une dialectique des images uniquement, mais celle des images et des concepts[8]. Sa manière de convoquer des images renvoie donc à une méthode dont nous tâcherons d'observer la mise en place dans les lignes qui suivent.

Une des premières thématisations du problème de la méthode chez Bergson appartient à Gilles Deleuze. Dans son article *La conception de la différence chez Bergson,* il distingue un premier procédé méthodologique qui consiste à « déterminer les différences de nature entre les choses »[9], là où on ne voit habituellement que des différences de degré. Plus tard, dans son livre *Le Bergsonisme*, il esquisse, chez Bergson, « trois espèces d'actes, qui déterminent des règles de la méthode »[10] : *problématisation* (critique des faux problèmes, position de nouveaux problèmes) ; *différenciation* (découverte des différences de nature suivant les articulations du réel) ; *temporalisation* (pensée en termes de durée) : « l'appréhension du temps réel. »[11] Il y a d'abord des procédés qui circonscrivent le champ problématique, qui préparent le terrain philosophique, il y en a d'autres qui travaillent déjà sur le champ, sur place, qui servent à résoudre des problèmes spécifiques. Il s'agit, premièrement, d'un niveau critique qui implique le dépistage des faux problèmes dans la philosophie, déblayage du terrain ; ensuite d'un niveau analytique que la philosophie présuppose en tant qu'étape de sa recherche entièrement « positive » ; et finalement, devient accessible le niveau métaphysique et même ontologique, puisque nous arrivons, selon Deleuze, au point le plus profond du bergsonisme : à la nature temporelle de toute différence et de tout changement. Ce dernier niveau de l'analyse intervient au moment où l'on dépasse la méthode en tant qu'ensemble d'opérations précises, afin de circonscrire les conditions pour l'exercice de cette méthode, selon lesquelles chaque problème doit être posé « *en fonction du temps plutôt que de l'espace* »[12]. Me tenant à cette distinction tripartite, proposée par Deleuze, je me propose de voir comment, dans chacune de ces opérations, intervient l'outil principal de la méthode bergsonienne : l'image elle-même.

FAUSSES IMAGES ET FAUX PROBLÈMES

Dans l'*Essai sur les données immédiates de la conscience*, Bergson cherche à dévoiler systématiquement, dans tous les concepts qui servent à penser le temps, une représentation spatiale qui les sous-tend. Tous ces concepts sont employés dans un contexte précis construit autour ou bien des sentiments profonds (émotions et passions envahissantes), ou bien des sentiments esthétiques (de la grâce ou de la beauté). En décortiquant la signification du concept d'intensité, en référence aux sentiments « intensifs », Bergson met au clair une image dominante qui préside à la formation du concept d'intensité. C'est la représentation d'un espace comprimé ou d'un ressort qui se détend.

> Nous nous représentons une plus grande intensité d'effort, par exemple, comme une plus grande longueur de fil enroulé, comme un ressort qui, en se détendant, occupera un plus grand espace. Dans l'idée d'intensité, et même dans le mot qui la traduit, on trouvera l'image d'une contraction présente et par conséquent d'une dilatation future, l'image d'une étendue virtuelle et, si l'on pouvait parler ainsi, d'un espace comprimé[13].

C'est donc, selon Bergson, une image spatiale qui préside à la formation de l'idée relevant de l'ordre purement temporel. De même, au concept de continuité ou de progression dans le temps correspond dans notre esprit l'image d'un point qui se meut et qui laisse une trace derrière – un trajet linéaire dans l'espace. « C'est qu'on emprunte nécessairement à l'espace les images par lesquelles on décrit le sentiment que la conscience réfléchie a du temps et même de la succession. »[14] Alors, la quasi-totalité des concepts dont on se sert pour penser le temps et des concepts connexes, tels que la continuité, la succession, mais aussi la multiplicité (interne) et l'unité, le changement et le devenir, sont entachés de spatialité. Les données *immédiates* de notre conscience que la pensée enregistre sont inéluctablement *médiatisées* par les concepts et, par conséquent, spatialisées. Il faut faire un effort immense, presque inhumain pour pouvoir se débarrasser de cette attitude invétérée de notre intelligence. Afin donc de mettre à mal les concepts philosophiques communs, il ne suffit pas de les contrer à l'aide d'autres concepts, cette fois-ci « corrects », mais il convient d'aller jusqu'à transformer notre style de pensée même.

Premièrement, il s'agit de la critique des concepts calqués sur les représentations spatiales. Dans l'*Essai sur les données immédiates de la conscience*, cette critique doit mener à la reformulation, dans la philosophie, du problème de la liberté. Au lieu de spéculer autour de ce problème en maniant des concepts déjà tout faits dont la philosophie dispose pour réfléchir sur ce problème, Bergson nous propose d'aller chercher les conditions empiriques dans lesquelles ce problème s'est constitué comme problème. Il part donc du principe que chaque problème philosophique a pour origine une expérience phénoménologique, concrète, et donc ne peut pas être résolu abstraitement. Dans le cas du problème de la liberté, il s'efforce d'éprouver l'expérience de la liberté dans des situations spécifiques, mais qui nous sont familières. C'est qu'il situe ce problème non pas uniquement sur le terrain de la métaphysique, mais également sur celui de la psychologie. Or les définitions qu'on en donne ne prennent pas en compte cette dimension psychologique qui a à voir avec la durée, et reposent sur la confusion préalable entre durée et étendue, succession et simultanéité, qualité et quantité.

En ce qui concerne les théories de la liberté qui ont cours à l'époque de Bergson, il en dégage deux principales : le déterminisme et le dynamisme. Le premier a les racines dans les sciences de son temps et préconise donc que la liberté humaine ne soit possible que dans les strictes limites des lois physiques, comme celle de la conservation de l'énergie, laquelle transposée en psychologie, devient la loi de la conservation de la force. Cette pensée du déterminisme physique, qui se veut empiriquement démontrable, n'est en fin de compte qu'une reprise, plus moderne, des théories plus anciennes de l'harmonie préétablie de Leibniz ou de la correspondance entre les modes de la pensée et de l'étendue chez Spinoza. Or, fait remarquer Bergson, « ce n'est pas la nécessité de fonder la science, c'est bien plutôt une erreur d'ordre psychologique qui a fait ériger ce principe abstrait de mécanique en loi universelle »[15]. En psychologie, le problème de la liberté est pris en charge par le déterminisme associationiste qui se représente notre moi comme un assemblage des idées et des motifs différents et parfois contradictoires. La formule de ce déterminisme est la suivante : au moment où je fais quelque chose, je suis conscient du fait que je suis libre de ne pas le faire ou de le faire autrement. Si je n'avais pas choisi ce motif de mon action, j'aurais pu en choisir un autre. Comme si notre moi hésitait toujours entre plusieurs directions se dessinant devant lui, et qu'il suffisait d'opérer le choix entre elles. À ce moment de son raisonnement, Bergson fait intervenir un exemple assez frappant :

d'apparence banal il vise à nous inciter à l'observation plus précise de nos propres actions.

> Je me lève par exemple pour ouvrir la fenêtre, et voici qu'à peine debout j'oublie ce que j'avais à faire : je demeure immobile. – Rien de plus simple, dira-t-on ; vous avez associé deux idées, celle d'un but à atteindre et celle d'un mouvement à accomplir : l'une des idées s'est évanouie, et, seule, la représentation du mouvement demeure. Cependant je ne me rassieds point ; je sens confusément qu'il me reste quelque chose à faire. Mon immobilité n'est donc pas une immobilité quelconque ; dans la position où je me tiens est comme préformé l'acte à accomplir ; aussi n'ai-je qu'à conserver cette position, à l'étudier ou plutôt à la sentir intimement, pour y retrouver l'idée un instant évanouie. Il faut donc bien que cette idée ait communiqué à l'image interne du mouvement esquissé et de la position prise une coloration spéciale, et cette coloration n'eût point été la même, sans doute, si le but à atteindre avait été différent[16].

Cet exemple est remarquable, car Bergson dissocie un dessein, une idée qui préside à l'action, et l'acte lui-même, mais ne le fait pas de la manière des associationistes. Au lieu de diviser l'action schématiquement et abstraitement en plusieurs états : l'intention qui nous pousse à nous lever, le geste même que nous faisons pour ouvrir la fenêtre, et enfin le mouvement pour nous remettre à notre place, il nous propose d'imaginer une situation réelle dans laquelle il nous arrive de suspendre notre geste en plein essor. Lorsque notre mouvement n'est plus défini par le but vers lequel il était porté, lorsque le sens de l'action n'est plus de mise, nous pouvons toucher, par le biais de l'image interne qui se dessine d'emblée devant nous, à l'essence même de l'action comme telle. Avec cet exemple, Bergson vise à démontrer que le mouvement ne peut pas être dissocié de son but, ni de la façon dont il est exécuté : le mouvement orienté vers un but précis (se lever pour ouvrir la fenêtre) ne serait pas dans son vécu comparable à un autre mouvement à visée différente (sortir pour se promener, par exemple). Il n'y a pas de mouvement « pur » qui s'adjoint, selon le besoin, à une telle ou telle visée.

C'est ainsi que Bergson dévoile l'absurdité d'une pensée qui procède par association. Le problème de la liberté formulé dans ces termes est donc un faux problème, car le fait même que nous vivons, sentons et agissons dans le temps et que nous avons une histoire personnelle, nous met hors d'atteinte pour toute théorie du déterminisme mécanique. En refusant de définir le concept de liberté, Bergson se contente de dire ceci : « On appelle liberté le rapport du moi concret à l'acte qu'il accomplit. Ce rapport est indéfinissable, précisément parce que nous sommes libres. On analyse, en effet, une chose, mais non pas un progrès ; on décompose de l'étendue, mais non pas de la durée. »[17] En définissant la liberté, on la fait basculer dans son contraire : la nécessité. Lorsqu'on parle du choix que nous avons à faire, c'est qu'on réfléchit en termes de deux tendances, ou de deux directions. Or, il n'y a pas de direction à suivre, « mais bien un moi qui vit et se développe par l'effet de ses hésitations mêmes, jusqu'à ce que l'action libre s'en détache à la manière d'un fruit trop mûr »[18].

Dans ce premier mouvement de la méthode bergsonienne, l'idée « fausse » et le problème « faux » ne se découvrent en tant que tels que suite à une analyse de leurs présupposés « imagés ». Chaque idée et chaque concept découle d'une image correspondante qui, de son côté, est reliée à l'intuition de la durée pure se présentant, chez Bergson, comme opérateur de vérification de chaque problème philosophique et de chaque idée mal formulés. Dans le premier exemple, au terme de l'analyse critique que lui impose Bergson, l'idée d'intensité parvient à une « purification » conceptuelle, qui est possible sur la base d'une image « bonne », qui doit remplacer l'image « fausse », contaminée par la représentation spatiale. Dans le deuxième exemple, le problème de la liberté, un des problèmes métaphysiques les plus tenaces et épineux, se pose différemment grâce à un autre type d'image tirée au jour dans l'exemple du mouvement suspendu. « L'image interne » d'une coloration particulière qui sert à révéler le caractère mécanique et déterministe de la pensée de la liberté telle que pratiquée communément.

Si les analyses de *L'Essai* peuvent fournir des exemples de ce travail conceptuel qui s'appuie sur les images en décelant soit les termes qui *« impliquent une confusion du "plus" et du "moins" »*, soit les *« "problèmes mal posés" »*[19], *Matière et mémoire*, deuxième livre de Bergson, entame une recherche qui, tout en partant de l'expérience concrète (celle qui nous est donnée dans la perception), y démêle des articulations et des tendances qui rendent possible cette configuration particulière de notre expérience. Dans un deuxième temps de notre mouvement méthodologique, il s'agira donc de comprendre comment on avance vers la résolution d'un problème philosophique en maîtrisant *le mouvement même* de la pensée qui se positionne dans la durée pure.

RESSERREMENT/RECOUPEMENT ET LES LIGNES DE FAIT

Dans *Matière et mémoire*, la pensée par images de Bergson subit une modification importante. Bergson ne se réfère plus thématiquement aux images et à leur usage, ni ne vise à penser directement la durée. Ses images acquièrent une fonction opératoire. Il se sert de l'image pour réfléchir sur le statut de la pensée philosophique et pour rendre compte plus précisément de son mouvement. On peut appeler cette méthode de penser resserrement/dilatation.

C'est dans le cadre du problème du parallélisme psycho-physique ou, dit en termes métaphysiques, du dualisme de l'âme et du corps, que se manifeste d'abord cette méthode. En expliquant sa démarche, menée dans Matière et mémoire, à la réunion de la Société française de philosophie[20], Bergson souligne que son objectif était de démontrer, à partir du phénomène de la perception empirique, comment la pensée elle-même et « les conditions physiques dans lesquelles cette pensée s'exerce »[21] se rencontrent et se conjuguent. Si la métaphysique traditionnelle visait la matière en soi et l'esprit en soi, la recherche expérimentale de Bergson tente d'observer le rapport réel et concret entre ces deux réalités. Il est possible, selon Bergson, de montrer et de saisir cet *écart* précis qui les sépare, ce point « où commence et ou finit le parallélisme »[22]. *Matière et mémoire* préconise déjà une démarche à suivre. « Nous devons, en serrant d'aussi près que possible le contour des faits, chercher où commence et où finit, dans l'opération de la mémoire, le rôle du corps. »[23] En procédant par « approximations croissantes », Bergson découvre que c'est bien le rôle joué par le corps, qui est révélateur du processus de la perception consciente.

C'est un effort commandé par le cours général de la pensée du philosophe : se rapprocher au maximum de cet écart, le cerner, et aussitôt, comme repoussé par l'imminence de la résolution du problème, reculer, s'éloigner, revenir à la logique générale de la démonstration. Mais l'écart pour Bergson n'est pas juste une figure de la pensée. Il a une existence réelle et une valeur heuristique pour autant qu'il mène à *séparer* l'esprit de l'activité cérébrale qui assure la plupart de ses manifestations. La limitation expérimentale de cet écart conduit à la détermination de ce qu'est la signification de la vie, car si l'on parvient à établir avec une probabilité suffisante l'existence de cet écart, ce fait pourrait complètement renverser l'hypothèse paralléliste. Grâce à cet écart, l'intelligence peut se dépasser elle-même :

> [...] l'antique problème des rapports de l'âme et du corps [...] apparaît bien vite comme se resserrant autour de la question de la mémoire, et même plus spécialement de la mémoire des mots : c'est de là, sans aucun doute, que devra partir la lumière capable d'éclairer les côtés plus obscurs du problème[24].

Que le problème a été saisi sur le vif, dans son essentiel, donc posé correctement, cela devient évident au bout du chemin, lorsque le mouvement de resserrement, en atteignant son apogée, se desserre brusquement pour revenir au problème posé dans sa généralité. Ce procédé d'approximation peut servir d'illustration de l'emploi véritable que Bergson fait de sa méthode « expérimentale », basée sur des efforts progressifs de la pensée. Elle « est faite de corrections, de retouches, de complications graduelles. Elle doit arriver à serrer de si près l'insertion de la pensée dans la vie, que la signification de la vie apparaîtra clairement et indiscutablement à toutes les intelligences »[25].

Suite à ce travail négatif, préliminaire, ce premier mouvement d'abord tâtonnant, nous nous trouvons déjà sur le terrain des faits. Le « contour des faits » commence à apparaître. Ce contour, de façon provisoire, a été défini par le travail de différenciation, que nous pouvons également après Deleuze appeler la quête des « articulations du réel ». Or, si Deleuze adopte cette dénomination pour désigner la deuxième étape de la méthode bergsonienne, c'est dans les textes mêmes de Bergson qu'il la trouve[26]. Si dans *Matière et mémoire,* Bergson parle toujours en termes de resserrement, dans *Le Parallélisme psycho-physique,* amené à réfléchir davantage sur sa méthode, il introduit la dénomination des « lignes de faits ». Cette deuxième étape, proprement théorique, atteste de l'intérêt prêté par Bergson aux moyens que la philosophie peut se donner, aux instruments dont elle peut disposer pour mener à bien sa recherche. Pour parvenir à des résultats de plus en plus précis, la philosophie doit pouvoir varier les points de vue et les perspectives d'après lesquels elle vise les faits qui l'intéressent.

> Mais parce qu'une vérité est de nature empirique, il ne s'ensuit pas qu'on puisse tout de suite la vérifier empiriquement. Souvent il faut en faire le tour, ouvrir sur elle des routes nombreuses dont aucune ne peut être continuée jusqu'au bout, mais dont la convergence marque avec une exactitude suffisante, le point où l'on aboutirait. C'est ainsi que l'on mesure la distance d'un point inaccessible en le visant tour à tour des points où l'on a accès. Il y a des certitudes scientifiques qui ne s'obtiennent que par des accumulations de probabilités. Il y a des lignes de faits dont aucune ne suffirait par elle-même à déterminer une vérité. C'est par des additions de probabilités, c'est par intersection de « lignes de faits » que j'ai procédé [...][27]

La méthode des lignes de faits correspond au moment de l'intégration, qui vient tout de suite après celui de la différenciation. À cette étape-là, il s'agit de vérifier de façon théorique tous les moments du resserrement. La première ligne de faits est une sorte d'hypothèse lancée, ébauchée, en attendant que d'autres lignes de faits viennent la soutenir ou, au contraire, la rejeter. L'hypothèse de départ n'étant pas suffisante, il faudra la corriger, trouver d'autres preuves, d'autres possibilités de démonstration. Pour cela, il faudra refaire le chemin, en passant par un autre champ d'expérience. Chaque nouvelle ligne mise en évidence élargit le domaine d'investigation en le portant progressivement d'une question à l'autre. L'élargissement s'effectue donc si on prend ces lignes de faits dans des régions diverses de l'expérience, précise Bergson.

On pourrait alors dire que le resserrement intervient également à un stade beaucoup plus poussé de la méthode : après la différenciation et l'établissement des lignes de faits, Bergson procède de nouveau à la précision et à la focalisation. Premièrement, la méthode pratiquée par Bergson établit les articulations du réel qui « nous donnent les différences de nature entre les choses »[28], deuxièmement, elle dessine les lignes de faits qui « nous montrent la chose même identique à sa différence, la différence interne identique à quelque chose »[29]. Ce sont bien les lignes de faits à leur croisement même qui sont capables de définir la chose dans sa singularité : chaque attribut, chaque moment de cette chose ne se représentera qu'en termes de différence circonscrite à l'aide de ces lignes mêmes. Bien que les lignes ne soient pas capables de refaire le dessin exact de cette chose, elles sont néanmoins en mesure d'en créer une sorte d'image, un reflet virtuel, qui sera une représentation intuitive d'une tendance propre à cette chose même, le mouvement de différenciation, de développement dans lequel elle est prise. Et c'est bien cette reconstitution du mouvement de la chose qu'entreprend Bergson à l'aide des lignes de faits.

Bergson applique cette méthode, en particulier, dans un texte intitulé « La Conscience et la vie » (1911). Nous y voyons de nouveau la durée jouer un rôle significatif, car les rapprochements et les recoupements des lignes de faits nous conduisent, à titre ultime, vers elle, cet objet qui se définit par différenciation, voire par contraste avec ce qui n'est pas lui : la matière « soumise à la nécessité ».

Après une longue démonstration et description une par une de chaque ligne de faits avec ses apports heuristiques, Bergson nous invite à nous replacer au point tant désiré et visé à travers toutes ces lignes de faits, qui se forme à leur croisement. C'est le point où la matière et la conscience se touchent et où en même temps débute leur future dissociation :

> Plaçons-nous alors au point où ces diverses lignes de faits convergent. D'une part, nous voyons une matière soumise à la nécessité, dépourvue de mémoire ou n'en ayant que juste ce qu'il faut pour faire le pont entre deux de ses instants, chaque instant pouvant se déduire du précédent et n'ajoutant rien alors à ce qu'il y avait déjà dans le monde. D'autre part, la conscience, c'est-à-dire la mémoire avec la liberté, c'est-à-dire enfin une continuité de création dans une durée où il y a véritablement croissance – durée qui s'étire, durée où le passé se conserve indivisible et grandit comme une plante magique qui réinventerait à tout moment sa forme avec le dessin de ses feuilles et de ses fleurs [...][30].

On peut constater une différence flagrante entre les manières de décrire les deux lignes opposées – celle de la matière et celle de la conscience : la matière est décrite quant à son fonctionnement, le pouvoir de lier des instants, tandis que la conscience est tout de suite présentée dans les termes de la durée, dans le langage métaphorique de la continuité et de la transformation. Ici encore nous avons une stratégie bien prononcée chez Bergson de se centrer sur un objet qui, de par sa nature, échappe à la détermination finale : la durée étant un de ces objets, elle ne peut être circonscrite qu'au fil de rapprochements, de resserrements, de découpages et de recoupements, selon les lignes de faits qu'on cherche à multiplier autour d'elle. La pensée qui poursuit ainsi la durée comme son objet de prédilection adopte une stratégie qui lui permet de se déplacer en variant constamment son mouvement, en se nuançant et en se diversifiant, comme si elle cherchait à mimer ce qu'elle est en train de penser. C'est pourquoi en aboutissant à un recoupement de plusieurs lignes de faits, elle ne peut s'arrêter, le finaliser comme son mouvement ultime, mais y voit une invitation à refaire la totalité du parcours.

PENSÉE DE L'INTERMÉDIAIRE OU « PENSÉE EN DURÉE »

Avec les deux éléments de la méthode déjà acquis (dépistage et critique de faux problèmes à l'aide des images, ainsi que la construction du mouvement d'une pensée expérimentale et non conceptuelle), il nous reste maintenant à aborder la dernière étape de notre démarche. Il s'agit du troisième élément de la méthode, qui concerne tout particulièrement la pratique élaborée par Bergson consistant à se placer entre plusieurs concepts, afin d'éprouver leurs limites, et éventuellement à les dépasser.

Nous avons déjà pu apercevoir à l'œuvre les mécanismes de cette pensée dans l'exemple discuté plus haut sur la suspension du mouvement en pleine envolée. C'est dans un mouvement non finalisé, ayant perdu de vue son orientation, que Bergson entend chercher l'origine de l'acte libre. Par cet exemple, il essaye de circonscrire un terrain de réflexion pour le problème de la liberté qui n'entre dans le cadre d'aucune des théories de la liberté existantes. Une nouvelle question se pose désormais : comment transcrire les données de cette observation psychologique empirique dans le langage philosophique ? Bergson reviendra à la question de la définition philosophique de la liberté plus tard, lors d'une autre séance de la Société française de philosophie, tenue le 7 juillet 1910. Il y élabore une façon d'esquiver la conceptualité philosophique dominante par un mouvement d'oscillation entre plusieurs théories et concepts, procédé qui sera sa marque de fabrique philosophique :

> Le mot *liberté* a pour moi un sens intermédiaire entre ceux qu'on donne d'habitude aux deux termes liberté et libre arbitre. D'un côté, je crois que la liberté consiste à être entièrement soi-même, à agir en conformité avec soi : ceci serait donc, dans une certaine mesure, la « liberté morale » des philosophes, l'indépendance de la personne vis-à-vis de tout ce qui n'est pas elle. Mais ce n'est pas tout à fait cette liberté, puisque l'indépendance que je décris n'a pas toujours un caractère moral. De plus, elle ne consiste pas à dépendre de soi comme un effet dépend de la cause qui le détermine *nécessairement*.
> Par là, je reviendrais au sens de « libre arbitre ». Et pourtant je n'accepte pas ce sens complètement non plus, puisque le libre arbitre, au sens habituel du terme, implique l'égale possibilité des deux contraires, et qu'on ne peut pas, selon moi, formuler ou même concevoir ici la thèse de l'égale possibilité des deux contraires sans se tromper gravement sur la nature du temps. Je pourrais donc dire que l'objet de ma thèse, sur ce point particulier, a été précisément de trouver une position intermédiaire entre la « liberté morale » et le « libre arbitre ». La liberté, telle que je l'entends est située entre ces deux termes, mais non pas à égale distance de l'un et de l'autre. S'il fallait à toute force la confondre avec l'un des deux, c'est pour le « libre arbitre » que j'opterais[31].

Bergson confronte ici deux concepts majeurs, opérant dans le champ de la philosophie morale : « liberté morale » et « libre arbitre ». Tout en indiquant les insuffisances de chacun, il s'efforce de croiser leurs champs sémantiques afin de délimiter le problème. D'une part, il n'accepte pas le concept de liberté morale, défini souvent en termes de nécessité. D'autre part, le libre arbitre est également pensé selon un schéma mécaniciste et déterministe, comme une décision et un choix parmi plusieurs options, et non pas en termes de durée. Bergson veut pointer quelque chose, une expérience, qui échappe aux deux conceptions et qui ne se situe pas, par conséquent, sur le plan conceptuel. Sa méthode consiste à penser dans l'écart entre les deux, en élaborant l'idée d'intermédiaire qui fait appel aux images. Le terme intermédiaire est quelque chose qui manque toujours à la philosophie. Celle-ci pense par oppositions et non par complémentarité. Elle a beau essayer d'objectiver cette lacune, de remplir ce trou qui se creuse entre des oppositions conceptuelles binaires, elle ne fait qu'inventer et introduire d'autres termes, qui ne seront jamais suffisamment rapprochés pour recouvrir la totalité de notre expérience changeante et évanescente. Bergson ne cessera pas de le répéter dans tous ses propos.

Dans ce contexte, il est particulièrement intéressant de se référer à une autre discussion, toujours au sein de la Société française de philosophie. Lors de la présentation du vocabulaire critique et technique de la philosophie d'André Lalande, Bergson émet plusieurs objections qui touchent au cœur même de cette entreprise, que de vouloir répertorier et définir l'ensemble des concepts philosophiques. En prenant comme exemple le concept de nature, Bergson dit :

> [...] je me demande si le mot « nature », prononcé à l'oreille d'un philosophe, n'évoque *pas une série continue d'idées plus ou moins finement nuancées, toute une gamme de significations possibles*, et s'il y a intérêt à diminuer cette richesse, à choisir et à ne retenir, le long de cette continuité, que quatre points, entre lesquels il reste une foule de positions intermédiaires. Celui qui adoptera une position intermédiaire sera donc obligé de chercher un nouveau mot[32].

Pourquoi donc quatre définitions, et pas six, pas dix, etc. ? Selon la logique que tente de développer Bergson, on aura beau multiplier les prises de vues terminologiques, on ne comblera jamais l'écart séparant chacune de ces définitions d'une autre. Même si l'on cherche à être très précis – et c'est un point essentiel dans l'argumentation bergsonienne – la précision et le rapprochement opéreront toujours sur le même plan, celui des concepts. Or, au lieu de multiplier les termes, Bergson propose de radicalement changer d'ordre, d'abandonner le registre conceptuel et de se placer sur le sol des images. Car comment autrement peut-on ne pas rompre la continuité entre cette série d'idées ? Ce non-lieu conceptuel sur lequel Bergson pointe dans ce passage ne peut être désigné que de façon imagée. Penser la continuité de significations que recèle chaque notion philosophique est une tâche principale de la pensée en durée. Même si, à cette occasion, Bergson ne mentionne pas explicitement l'image, la pratique de remplacement des concepts par les images a bien été mise en place quelques années auparavant, lors de la rédaction de *L'Évolution créatrice*. Je songe à la célèbre image de l'élan vital. Car, et Bergson insiste fortement là-dessus, il s'agit d'une image et non pas d'un concept :

> M'a-t-on assez reproché de substituer aux concepts d'alors l'image de « l'élan vital » [...] On se trouvait en présence de deux idées qui ont dominé la spéculation biologique : mécanicisme *ou* finalisme ; on croit avoir bien posé le problème dans les termes de cette alternative ; or c'est précisément ce que je conteste : le problème n'est pas posé du tout. Une méthode m'est chère, celle des « recoupages ». Voici deux lignes qu'il convient de suivre : mécanisme d'un côté, finalisme de l'autre ; existe-t-il un point d'intersection entre elles ? Ni l'idée du « mouvement pur », ni celle « de la direction vers » ne suffisent ; il fallait chercher plus profond. Il m'est alors venu une idée : en tout mouvement vital, il y a toujours un pouvoir de continuer ce mouvement *au-delà de l'état actuel*. C'est cela que j'ai voulu exprimer par une « image » et j'ai choisi celle de « l'élan vital ». Une image n'est pour moi qu'un ornement : c'est une façon de situer un

problème défini par rapport à d'autres problèmes insuffisamment clairs ; cette image de « l'élan vital » éclaire un point obscur du fait vital et fait sentir que le mouvement « s'y continue » en lui[33].

Dans cette réflexion, Bergson indique l'impossibilité de penser la vie et l'évolution par l'entremise des concepts dont on dispose dans ce domaine. Il nie la conception mécaniste et la conception finaliste en pointant cependant sur quelque chose *d'intermédiaire* entre les deux. Aucune n'est correcte, mais en se balançant entre les deux, la pensée tâtonnante pourrait trouver une piste à creuser. On voit bien ici en quoi tout ce qui a été dit à propos de la liberté se trouve réactivé dans le contexte du problème de la vie. On ne peut pas déterminer la vie par une direction précise, préétablie qu'elle a à suivre, puisque ce serait la réduire à son but et lui ôter tout ce qu'elle a d'imprévisible et de nouveau ; mais en même temps, il ne s'agit pas non plus d'une spontanéité pure, sans organisation aucune, car la coordination entre les tendances vitales et les branches évolutives fait preuve du contraire. Alors la caractéristique la plus propre du mouvement vital semble être de simplement se transcender, se dépasser lui-même dans un « élan » perpétuellement renouvelé.

Le concept échoue encore une fois de saisir la signification du fait vital. Mais ce que Bergson propose, ce n'est pas un nouveau schéma explicatif. En matière de vie, il ne peut pas y avoir d'explication définitive. C'est pourquoi l'élan vital n'est pas un concept, mais bien une image, ainsi que Bergson l'énonce à plusieurs reprises dans *L'Évolution créatrice* : « [...] ce n'est qu'une image. La vie est en réalité d'ordre psychologique, et il est de l'essence du psychique d'envelopper une pluralité confuse de termes qui s'entrepénètrent. »[34] L'emploi du terme d'image signifie donc un manque conceptuel : c'est à défaut de pouvoir déterminer précisément la vie qu'il faut se contenter de la suggérer par la notion de l'élan. Mais est-ce que pour Bergson l'emploi d'une image à la place d'un concept ressort véritablement d'un manque ? L'affirmer serait commettre un contresens eu égard à la méthode même du travail philosophique bergsonien. L'emploi des images dans sa philosophie est pleinement positif, car il nous rapproche de l'intuition profonde qui anime la pensée. Être à l'écoute de sa propre pensée bien avant de lancer la machine conceptuelle philosophique – voici l'essentiel de l'entreprise philosophique bergsonienne. Bien que l'élan ne soit « que l'image » de la vie, « il faut la comparer à un élan, parce qu'il n'y a pas d'image, empruntée au monde physique, qui puisse en donner plus approximativement l'idée »[35]. L'élan pointe l'essence de tout mouvement : sa continuité et sa propagation vers *plus* de mouvement, c'est une puissance de la vie qu'il exprime, pas seulement sa façon de se dérouler. Il ne s'agit pas d'une image choisie au hasard, et l'élan vital semble être déterminé de manière bien plus rigoureuse que la plupart des images et métaphores bergsoniennes. Dès lors, en effet, que l'on cesse de se concentrer sur ce moment concret et précis du surgissement de la vie que l'élan veut pointer, il y a danger de confusion. Ainsi, la fonction de l'élan vital n'est pas seulement d'indiquer positivement ce moment, mais également d'empêcher la pensée de passer outre cette représentation immanente, et même d'avertir contre toute tentative de ce genre : « La vie [...] transcende la finalité »[36] comme les autres catégories, soutient Bergson, c'est « un courant lancé à travers la matière, et qui en tire ce qu'il peut. Il n'y a donc pas eu, à proprement parler, de projet ni de plan »[37].

On peut dresser les règles principales de la pensée en durée, envisagée comme pensée par images. La critique des faux problèmes, la différenciation et le croisement des lignes de faits, ainsi que la pensée « entre les deux », marquent trois étapes principales dans le raisonnement bergsonien – étapes suivant lesquelles se constitue « la pensée en durée ». Chacun de ces procédés s'appuie sur des images, afin de permettre l'objectivation « minimale » de cette pensée, avant que l'ordre conceptuel rigide et strict puisse se mettre en place. Les images jouent le rôle de médiation, parce qu'elles relient l'expérience originaire, saisie dans une intuition, à l'ordre discursif déployé par la philosophie. Ainsi, lorsqu'il s'agit de résoudre les problèmes philosophiques traditionnels, Bergson les pense du point de vue de la durée : la liberté par l'idée de coloration spécifique ou par l'image de l'émanation, tel un fruit trop mûr qui tombe de l'arbre ; la vie par l'image de l'élan vital ; il résout le problème du parallélisme psycho-physiologique en resserrant, en différenciant et en recoupant plusieurs des lignes de faits.

Du point de vue de la méthode, dans ces procédés, Bergson met en place trois règles, en observant lesquelles on peut dire avec certitude que l'on exerce une pensée non conceptuelle : 1) vérifier la légitimité des concepts et images philosophiques communs, s'assurer qu'ils ne sont pas tributaires de la pensée spatialisée ; 2) circonscrire le champ problématique et procéder en le rétrécissant pour faire paraître la dissociation entre la durée et l'espace ; 3) dépasser l'ordre conceptuel donné (couples d'oppositions philosophiques) vers la pure pensée en durée qui se déploie dans l'écart entre ces concepts ; faire durer le phénomène qu'on pense. En d'autres termes, il s'agit d'une triple réduction ou « suspension » : d'abord celles des concepts et des images révélés comme faux, celle de la démonstration philosophique « linéaire » (par opposition à de multiples lignes de faits), et celle enfin des oppositions conceptuelles, entre lesquelles il s'agit pour Bergson de se placer.

Selon Bergson, nous recourons aux images non pas pour en venir aux concepts, ou afin de mieux les expliquer, mais *après* une tentative de s'en servir. Bergson tâche ainsi de systématiquement éviter les impasses conceptuelles, la nécessité de choisir entre les deux termes opposés que la philosophie impose. L'opposition est faussement instaurée par des concepts, mais les images ne peuvent être que complémentaires. On peut donc noter le caractère négatif, soustractif des concepts, par rapport à la positivité entière qui appartient aux images, ainsi que la transcendance des concepts qui sont toujours « empruntés », nous viennent du dehors, et l'immanence des images que nous élaborons nous-mêmes. Les images assurent la continuité de passage entre l'expérience et le concept, font le pont entre les deux, et servent en même temps à désenclaver la conceptualité philosophique rigide, à la relier aux sources premières de la pensée intuitive.

Notes

1. Henri Bergson, *Mélanges*, édition du Centenaire, textes publiés et annotés par André Robinet, avec la collaboration de Rose-Marie Mossé-Bastide, Martine Robinet et Michel Gauthier, avant-propos par Henri Gouhier, Paris, PUF, 1972, p. 773.
2. Henri Bergson, « Introduction à la métaphysique » (1903), in *La Pensée et le mouvant. Essais et conférences* (1934), Paris, PUF, « Quadrige », 2009, p. 187.
3. *Ibid.*, p. 188.
4. Henri Bergson, « Introduction à *La Pensée et le Mouvant*, *op. cit.*, p. 45.
5. Henri Bergson, « Introduction à la métaphysique », in *op. cit.*, p 197.
6. *Ibid.*, pp. 185-186.
7. Gaston Bachelard, *L'Air et les songes*, Paris, José Corti, pp. 290-291.
8. Jeanne Hersch, « Les images dans l'œuvre de M. Bergson », in *Archives de psychologie*, XXIII, n° 90, 1931, pp. 97-130. Lydie Adolphe, *La Dialectique des images*, PUF, Paris, 1951.
9. Gilles Deleuze, La conception de la différence chez Bergson, in Les études bergsoniennes, vol. 4, 1956, p. 79.
10. Gilles Deleuze, *Le Bergsonisme*, Paris, PUF, 1966, p. 3.
11. *Ibid.*
12. *Ibid.*, p. 22.
13. Henri Bergson, *Essai sur les données immédiates de la conscience* (1889), Paris, PUF, « Quadrige », 2007, p. 3.
14. *Ibid.*, p. 68.
15. *Ibid.*, p. 116.
16. *Ibid.*, pp. 120-121.
17. *Ibid.*, p. 165.
18. *Ibid.*, p. 132.
19. Gilles Deleuze, *Le Bergsonisme*, *op. cit.*, p. 6.
20. Cette discussion figure dans *Mélanges* sous le titre du *Parallélisme psychophysique et la métaphysique positive* (cf. Henri Bergson, *Mélanges*, *op. cit.*, pp. 463-502).

21. Henri Bergson, *Mélanges, op. cit.*, p. 464.
22. *Ibid.*, p. 463.
23. Henri Bergson, *Matière et mémoire* (1896), Paris, PUF, « Quadrige », 2012, p. 80.
24. *Ibid.*, pp. 5-6.
25. Henri Bergson, *Parallélisme psychophysique et la métaphysique positive, op. cit.*, p. 485.
26. Bergson s'inspire évidemment ici de la célèbre image platonicienne se trouvant dans Phèdre (265e) : « Platon compare le bon dialecticien au cuisinier habile qui découpe la bête sans lui briser les os, en suivant les articulations dessinées par la nature » (Henri Bergson, *L'Évolution créatrice* (1907), Paris, PUF, « Quadrige », 2007, p. 157.
27. Henri Bergson, *Parallélisme psychophysique et la métaphysique positive, op. cit.,* p. 483.
28. Gilles Deleuze, « La conception de la différence chez Bergson », in *Les études bergsoniennes*, vol. 4, 1956, p. 82.
29. *Ibid.*
30. Henri Bergson, « La conscience et la vie », in *L'Énergie spirituelle* (1918), Paris, PUF, « Quadrige », 2009, pp. 17-18.
31. Henri Bergson, *Mélanges, op. cit.*, pp. 833-834.
32. *Ibid.*, 503. Je souligne.
33. Jean de la Harpe, *Souvenirs personnels*, in *Henri Bergson. Essais et témoignages inédits*, Neuchâtel, Éditions de la Baconnière, 1942, p. 362.
34. Henri Bergson, *L'Évolution créatrice, op. cit.*, p. 258.
35. *Ibid.*
36. *Ibid.*, p. 225.
37. *Ibid.*, p. 266.

7

À PROPOS DE L'ÊTRE HUMAIN.
L'ART PARADIGME DE L'ANTHROPOLOGIE

Albert Piette

> Je suis une fois et encore accompagné allé dans le village, rien que la vue des gens des choses me faisait un effet comme si j'allais m'évanouir et je me trouvais fort mal. Devant la nature c'est le sentiment du travail qui me tient.
>
> (Van Gogh, *Lettre à Theo van Gogh*)[1]

> Lorsque tu dis dans ta lettre que je n'aurai jamais rien fait que travailler, non, cela n'est pas juste, je suis moi fort fort mécontent de mon travail, et la seule chose qui me console, c'est que les gens d'expérience disent, il faut peindre pendant dix ans pour rien. Mais ce que j'ai fait ce n'est que ces dix ans-là d'études malheureuses et mal venues ?
>
> (Van Gogh, *Lettre à Theo van Gogh*)[2]

Depuis les dernières années, je suis interpellé par ce qui a été fait au terme « anthropologie », une sorte de rapt qui le détourne de ce qui aurait pu être son objet, l'être humain, au profit des configurations sociales et culturelles. Sans qu'alors l'enjeu soit strictement la spécificité de l'anthropologie, mon livre *Ethnographie de l'action* constituait une critique des diverses mises en perspective opérées par les sciences sociales (société, structure sociale, raisons, culture, action, interaction), voulant indiquer l'absorption de la figure humaine dans des modalités théoriques qui sont des modalités de regarder.

D'autres disciplines peuvent aider à réfléchir sur cette question, en particulier la philosophie, et même à constituer des fondements à l'anthropologie comme étude de l'être humain. L'art est également une ressource pour penser et stimuler cette fondation. Il ne s'agit surtout pas de poser l'anthropologue en artiste, dont il n'a probablement pas le savoir et le savoir-faire. Il ne s'agit pas de mélanger l'anthropologie à des formes artistiques, mais de voir comment des œuvres d'artiste sont une pédagogie pour penser l'anthropologie comme science de l'être humain regardé radicalement[3].

*

Je cherche donc à réserver à l'anthropologie une signification qui lui permette d'être une discipline à part entière, une science de l'homme, qui ne soit pas une philosophie (anthropologie philosophique), ni une sociologie (anthropologie sociale et culturelle). En ce sens, contrairement à ce qu'on pourrait attendre si l'on ne considère pas l'historique de la discipline, la plupart des anthropologues ne s'intéressent pas à l'être humain, c'est même une des caractéristiques de l'anthropologie que de ne pas vraiment s'y intéresser. L'art contemporain ne fait pas non plus de la figure humaine son leitmotiv. Au contraire, il revendique de la suspendre (Sers 2004). C'est sans doute une des raisons des dialogues fréquents depuis quelques années entre les anthropologues peu intéressés à l'être humain proprement dit, et les artistes. C'est pourtant l'être humain, à propos de ce dialogue, que ces lignes veulent concerner.

Dans l'histoire des liens de l'anthropologie avec l'art, outre que celui-ci peut constituer un objet d'études – ainsi, l'anthropologie de l'art, l'ethnographie des processus de création –, les supports ayant permis des collaborations sont surtout la photographie et le film. Mais le plus souvent, quand de telles images sont sollicitées en sciences, c'est soit en leur ôtant l'exigence technique et esthétique qui serait la leur en tant que création artistique, soit en gardant une qualité technique, parfois accompagnée d'un effet artistique, mais au service principal d'un objectif d'information documentaire. Les festivals ethnographiques foisonnent de telles œuvres.

Les expérimentations avec l'écriture et ses formes diverses ne sont pas rares. Une part de l'anthropologie américaine a pu, il y a quelques années, en revendiquant le texte ethnographique comme une fabrication partiale et partielle, ouvrir à des expérimentations diverses. Tout récemment, j'ai découvert la poésie ethnographique (ou *anthropoetry*) de l'anthropologue Renato Rosaldo (2013), qu'il sollicite pour décrire l'expérience de la mort de son épouse. Il me semble au contraire important que l'anthropologie et les formes artistiques gardent, dans cette collaboration, leur spécificité, leur force propre, leurs atouts. Dans son « Discours de Stockholm », Saint-John Perse (1970) constate l'incertitude et l'indétermination avouée des physiciens dans leurs mesures. Il sait l'importance de l'intuition au cœur de la raison scientifique et affirme que la science n'est pas exempte d'une « vision artistique », la poésie et la science étant confrontées au mystère qui leur est « commun ». Mais nous ne serons jamais, à mon sens, assez prudents, en distinguant bien ce qui désigne ce que fait le scientifique et ce que fait l'artiste. L'enjeu n'est pas de produire un genre mélangé, et, pour l'anthropologue, il est de garder les méthodes et les concepts de la science anthropologique. Entre l'art et l'anthropologie, il peut s'agir de dialogues, peut-être d'infiltrations ponctuelles, mais il me semble important que chacun se garde de formes ou de formules hybrides. Et ceci n'exclut pas que le dialogue avec l'art soit possible avec d'autres formes que le film et la photographie. La sculpture, la peinture, la poésie sont, parmi d'autres, des formes capables de jouer un rôle, à des niveaux ou à des moments différents, dans ce dialogue. La réflexion proposée ici se veut comme une invitation adressée à l'anthropologue à un détour par l'art pour qu'il s'étonne de sa propre discipline, de son *habitus* méthodologique et épistémologique et qu'il y découvre quelques pistes de réflexions et de recherches.

La suite du discours de Saint-John Perse est d'ailleurs révélatrice de ce que, de fait, n'est pas le plus souvent l'attitude scientifique. Mode de vie « intégrale », la poésie, écrit-il est la « fierté de l'homme en marche sous son fardeau d'éternité ». Elle est « insoumission », « libre de toute idéologie », contre l'inertie et l'accoutumance. « Fidèle à son office, qui est l'approfondissement même du mystère de l'homme, la poésie moderne s'engage dans une entreprise dont la poursuite intéresse la pleine intégration de l'homme. » (Saint-John Perse 1970 : § 8). Ce que Saint Saint-John Perse dit de la poésie, j'aimerais qu'on le dise de l'anthropologie : affronter le plus à peine mesurable, avoir une vision, s'étonner, être un mode de vie, être insoumission aux idéologies. « L'obscurité, continue-t-il, qu'on lui reproche ne tient pas à sa nature proche, qui est d'éclairer, mais à la nuit même qu'elle explore, et qu'elle se doit d'explorer : celle de l'âme elle-même et du mystère où baigne l'être humain. » (§ 12). L'anthropologie, pour dire ce mystère, aurait à être claire, méthodologique, tout en disant, décrivant, explicitant l'énigme en question.

Il y eut bien Léonard de Vinci, une exception dans l'histoire de l'art et de la science : « Il y eut une fois Quelqu'un qui pouvait regarder le même spectacle ou le même objet, tantôt comme l'eût regardé un peintre, et tantôt en naturaliste ; tantôt comme un physicien, et d'autres fois, comme un poète, et aucun de ces regards n'était superficiel. » C'est ce qu'écrit Paul Valéry à propos de Léonard de Vinci dans sa préface aux *Carnets* (dans Vinci 1942 : 7). Devant un paysage, il peut en artiste « saisir la figure, les effets d'ombre et de lumière, les perspectives et les transparences » et en naturaliste comprendre la formation du lieu par les forces naturelles (p. 7). Il sollicite ainsi le dessin, le calcul, la définition, la description, comme ignorant la distinction entre science et art (p. 8). Valéry rappelle que « nous percevons bien ce que nous ne pouvons concevoir » et j'ajoute que nous nous habituons à percevoir les mêmes choses. Ainsi, Léonard de Vinci, non satisfait de la seule connaissance intellectuelle, trouve dans le geste artistique un moyen de « restituer par voie d'opérations conscientes la sensualité et la puissance émotive des choses » (p. 9). Mais il est rare de cumuler les points de vue de l'artiste et du scientifique à un tel niveau d'habilité et de réussite...

Je vais solliciter de diverses manières Monet, Cézanne, Holder, Hopkins, Rilke, Rodin, Pessoa, Rustin, Giacometti, et quelques autres. Personne ne contestera qu'il s'agit d'art. Celui-ci désignerait l'œuvre de l'artiste qui a la capacité de s'arrêter devant les choses, de les regarder, de les extraire et de leur ajouter un sens supplémentaire, celui que des spécialistes des sciences, humaines, naturelles, sociales, n'ont pas nécessairement perçu. L'art est ainsi un mode de connaissance, référant à la réalité, se référant à celle-ci, en exprimant quelque chose.

Qu'est-ce que l'art, une œuvre d'art peut faire et faire faire à l'anthropologue ? Avec le mot « paradigme », je ne désigne pas autre chose qu'un cadre de pensées et de pratiques. L'art serait pour l'anthropologie une ressource méthodologique, épistémologique et thématique. Non pas tout l'art, tous les artistes et toutes les œuvres d'art, même si beaucoup d'autres auraient pu être choisis et construire ma réflexion. Sans bien évidemment la compétence du spécialiste de l'art, de l'historien, j'évoquerai donc ces quelques œuvres qui m'ont arrêté, devant lesquelles je me suis arrêté, en retenant seulement quelques éléments venant appuyer une science anthropologique, c'est-à-dire une science de l'être humain. Ces éléments concernent l'art comme mode de travail, comme visée de la singularité et comme capacité de perception. Sur ces points, l'art questionne très directement l'anthropologue. Il invite à préciser la vision anthropologique focalisée sur l'être humain. Le dialogue qui suit, avec des artistes et des formes d'art, est sans aucun doute un raccourci de ce que chacun et chacune pourraient permettre en réflexions et commentaires, un raccourci aussi par rapport à ce que des spécialistes de l'art, les historiens en particulier, pourraient reprocher dans mes rapprochements opérés. Mon seul but est que ces lignes réfléchissent sur la discipline anthropologique et l'anthropologue.

L'ARTISTE MÉTHODOLOGUE ET ÉPISTÉMOLOGUE

C'est du « travail » de l'artiste, de son engagement dans celui-ci, que je veux d'abord parler. Il me semble important de se rappeler que les artistes regardent et re-regardent, s'acharnent à observer, retournent observer tel lieu, recommencent tel portrait, avec un engagement plus fort que la plupart des scientifiques et des anthropologues en particulier. Dans le cas de la littérature, on pourrait dire qu'il s'agit souvent de personnes inventées, des « êtres de papier », mais dans telle ou telle peinture, telle sculpture, il y a une référence directe à une réalité précise, à une personne en particulier, à un lieu, à un objet. Il y a bien une volonté de certains artistes de se rapprocher au plus près de cette réalité-là, de cette réalité-ci, et aussi d'avoir une interrogation sur ce rapport au réel, sur leur perception, sur la réalité en question, ainsi que sur les difficultés de l'opération. Et c'est sans doute aussi en travaillant que l'artiste peut découvrir, s'étonner, au-delà de son intuition de départ. Dans des correspondances, dans des journaux, il arrive ainsi que l'artiste exprime son obsession de ce qu'il voit, et sa confrontation à la réalité, aux supports et aux matériaux avec lesquels il travaille, avec des détails méthodologiques et épistémologiques non atteints par un observateur scientifique du réel. C'est presque étonnamment l'artiste qui invite l'anthropologue à s'interroger sur son engagement dans le travail, sur sa propre obstination, ainsi que sur son rapport à la réalité. Voici ce qu'écrit Giacometti : « Depuis quinze jours j'essaye de faire des paysages. Je passe toutes les journées devant le même jardin, les mêmes arbres et le même fond [...] Chaque jour je vois un peu plus que je ne vois presque rien et je ne sais plus du tout comment, par quel moyen, je pourrais mettre sur la toile quelque chose de ce que je vois. » (Giacometti 1990 : 202). Ce type de propos me fait ressentir une différence entre les artistes pris dans un travail obsessionnel, une quête, et les scientifiques beaucoup plus « fonctionnarisés ». Les scientifiques m'étonnent de laisser peu de traces de leurs brouillons et de leurs journaux – souvent ils n'en ont pas. Quand on lit les difficultés exprimées par l'artiste, on ne peut être que frappé par leur souci de la précision, par leur façon de corriger, de ne pas être satisfaits, de recommencer, de tenter de toucher à quelque chose comme l'exactitude. Bien sûr, tous les artistes ne sont pas ainsi, et il est des anthropologues entêtés, obsédés par leur « recherche ».

Ce qui est sur le tableau, est-ce ce que l'artiste l'a vu et qu'il valorise comme tel ou est-ce une réalité indépendante de sa vision et qu'il tend à présenter comme telle ? Cette dernière option est possible : à propos de Rodin, qui avait une connaissance technique et géométrique du corps humain et de ses bustes, Giacometti indique une méthodologie plutôt « objectiviste » : « il prenait les mesures » et « il ne faisait pas une tête telle que lui la voyait, dans l'espace ». Ce qu'il cherchait était de faire « le parallèle en terre, l'équivalent exact de ce volume dans l'espace » (Giacometti 1990 : 287). Et Rilke, parlant de Rodin, de compléter ce que je veux dire par le travail de l'artiste : « les heures d'attente et d'abandon, les heures de doute et les longues heures de détresse. » (Rilke 2009 : 8).

Si ce n'est pas cette option, ce n'est pas non plus une capture de vision, si je puis dire. Que peut-il se passer entre le moment de la vision, l'image mentale qui en résulte et l'acte de peindre ? Telle est parfois l'obsession du peintre. Monet, travailleur, peignant par tous les temps sur une barque aménagée, ce n'est presque pas une information : « Sachez que je suis obsédé par le travail. Ces paysages d'eau et de reflets sont devenus une obsession. C'est au-delà de mes forces de vieillard, et je veux cependant arriver à rendre ce que je ressens. J'en ai détruit... j'en recommence... et j'espère que de tant d'efforts il sortira quelque chose. » (Wildenstein 2010 : 381). « Le travail ne va pas du tout, confie-t-il à Rodin. Le doute et le découragement se sont emparés de moi. » Et aussi : « J'avais cru arriver à faire un jour quelque chose de bien, et voilà que je trouve ce que j'ai fait si peu de chose, et qu'il me faudrait tant progresser que la force me manque. » Alors qu'il a plus de 60 ans (Wildenstein 2010 : 361). Cézanne raconte, quant à lui, comment l'esquisse de départ est travaillée face au paysage et sans même de peindre, en vue de « voir » : « Je commence à me séparer du paysage, à le voir. Je m'en dégage avec cette première esquisse, ces lignes généalogiques. » Un peu après : « Une logique aérienne, colorée, remplace brusquement la sombre, la têtue géométrie. Tout s'organise, les arbres, les champs, les maisons. Je vois. Par taches. L'assise géologique, le travail préparatoire, le monde du dessin s'enfonce, s'est écroulé comme une catastrophe. » (Gasquet 1988 : 136). Je n'ose imaginer, et je le regrette, l'anthropologue évoquer ses brouillons et leurs transformations. Mais l'œuvre n'est pas pour autant terminée. Ainsi, dans son atelier, Paul Cézanne veillait à « inachever » ses tableaux, en soustrayant de ceux-ci des détails, comme l'ont indiqué ceux qui le fréquentaient régulièrement, et qui ont vu les œuvres en train de se faire (Thévoz 2003 : 21). En anthropologie, ne faudrait-il pas toujours en ajouter, additionner des détails, pour nuancer, modaliser et décrire avec le plus d'exactitude possible ?

L'art est ainsi méthodologie. Hodler peint et dessine l'agonie de sa femme Augustine pendant un jour et demi. Il le fera plus tard aussi avec sa compagne Valentine. Peu d'anthropologues se mettraient à représenter, à écrire et à photographier de tels moments. Dans *La mission de l'artiste*, Hodler (2014) redit l'obsession du peintre : voir, observer, comparer les formes, examiner l'attitude et la physionomie d'une personne. L'œil inexercé, explique-t-il, ne voit pas la forme, les couleurs, le cachet extérieur, le rythme des formes, le mouvement des choses. Il reconnaît une physionomie, mais ignore la forme exacte des traits. L'œil, même exercé, n'a pas la précision de reproduire le portrait de quelqu'un. Exercé, il peut voir les contours, l'ensemble, les proportions, la figure, le fond, la lumière. Il peut saisir aussi la forme intérieure, le mouvement et le contenu.

Que veux-je dire ? Que l'artiste peut devenir pour l'anthropologue un modèle d'acharnement méthodologique au travail. Celui-ci n'est pas indépendant de son interrogation épistémologique explicite sur le rapport entre l'art et la réalité, et la tentative, vue comme impossible, de résoudre cette tension. Imiter, ne pas imiter, copier, ne pas copier, représenter, ne pas représenter, figurer, ne pas figurer, créer et ne pas créer une ressemblance : tout cela en confrontation au mouvement des choses, à leur distance, à leur profondeur, à l'écran que constitue la vision de l'artiste. Ceci confronte à la question sur l'imitation, comme le dit Bergson à propos de la peinture, « celui des arts qui fait la plus large place à l'imitation » (Bergson 2014 : 183). Mais cela vaudrait aussi pour la sculpture et d'autres formes d'art. Je ne dis pas qu'il faille résoudre la question de l'imitation, plus exactement du réalisme, encore moins que l'art doive être imitation, je prétends en anthropologie qu'il faille la remettre au centre des débats et que les réflexions de l'artiste sont pleines d'intérêt pour l'anthropologue, des réflexions que souvent il évacue.

Les *Écrits* de Giacometti constituent à ce sujet une succession de réflexions épistémologiques, que l'anthropologue pourrait se réapproprier : « Il n'y a plus que la réalité qui m'intéresse et je sais que je pourrais passer le restant de ma vie à copier une chaise. » (Giacometti 1990 : 98). Oui, il y a impossibilité de dire le mouvement, mais il convient d'« essayer quand même toutes les possibilités » (p. 188). « La réalité, écrit-il, reste exactement aussi vierge et inconnue que la première fois qu'on a essayé de la représenter. » (p. 267). Certes la chaise, mais comment ne pas être « halluciné par le visage des gens ? » (p. 262). Comment laisser la vision étendue de l'artiste mettre ou se mettre des œillères pour ne pas le voir ? Le visage ou le personnage tout entier ? Giacometti pense que « l'essentiel, c'est la tête », mais cherchant à s'éloigner de sa singularité pour « aboutir à l'universel », visant l'épure dans la retranscription du visage, son architecture, mais aussi désirant saisir le visage pour le préserver, car il est toujours menacé par les multiples identités que chacun veut jouer. Avec et à partir de ses hésitations sur l'opération artistique et de son lien au réel, les réflexions de Giacometti me semblent des méditations essentielles pour des étudiants en anthropologie. Suivons quelques-unes de ses réflexions, en même temps ses hésitations :

« Plus une peinture veut donner une représentation de la réalité, et plus je suis touché, note-t-il, par les éléments qui, au premier abord, ne semblent pas être les signes mêmes des objets, mais ce sont peut-être justement ces éléments-là qui finissent par recréer la vision de l'objet. » (p. 69). N'est-ce pas dire l'importance des gestes secondaires, qui ne semblent pas compter ? Les « restes » sont aussi ce qui stabilise ? Comme le disent l'étymologie et la racine « sta ».

« Les têtes, les personnages ne sont que mouvement continuel du dedans, du dehors, ils se refont sans arrêt, ils n'ont pas une vraie consistance, leur côté transparent. [...]. Elles sont une masse en mouvement, forme changeante et jamais tout à fait saisissable. Et puis elles sont comme liées par un principe intérieur qui nous regarde à travers les yeux et qui semble être leur réalité. » (p. 218). Faut-il être d'accord avec cette idée de mouvement permanent, de variations constantes ? Il y a bien une stabilité, un style, une continuité. C'est ce que précise ce qui suit. »

« Même dans la tête la plus insignifiante, la moins violente, dans la tête du personnage le plus flou, le plus mou, en état déficient, si je commence à vouloir dessiner cette tête, à la peindre, ou plutôt à la sculpter, tout cela se transforme en une forme tendue, et toujours me semble-t-il, d'une violence extrêmement contenue, comme si la forme même du personnage dépassait toujours ce que le personnage est. Mais il est cela aussi : il est surtout une espèce de noyau de violence. C'est probable d'ailleurs. Il me semble assez plausible qu'il en soit ainsi du fait même qu'il vienne exister... du fait même qu'il existe, qu'il n'est pas broyé, écrasé, il me semble qu'il faut qu'il y ait une force qui le maintienne ! » (p. 245). Confronté aux formes changeantes des têtes, Giacometti précise aussi qu'elles sont « comme liées par un point intérieur qui nous regarde à travers les yeux et qui semble être leur réalité », un « noyau de violence » (cf. aussi Dufay 2010). Que serait ce « noyau de violence » ? Ce qui fait continuer, ce qui fait au fond que chacun continue.

« Je ne pense pas que tous ceux qui font de la non-figuration le font parce qu'ils trouvent impossible de faire de la réalité. Pas du tout. Ils ne sont pas du tout dans la même position que moi, qui voudrais le faire et qui le trouve impossible, c'est plutôt qu'ils trouvent qu'on l'a fait une fois pour toutes, et que la vision du monde extérieur est équipée. Et que l'on ne peut plus que répéter ce que d'autres ont fait, donc elle n'a plus de sens. Ils n'essaient pas, ils ne font pas un arbre parce qu'ils trouvent que ça les dépasse et que c'est impossible de le faire, ils ne le font plus parce qu'ils disent : "Si je fais un arbre, il ne peut en sortir qu'un banal petit arbre tel qu'on l'a déjà fait" [...]. Mais pour moi, la réalité reste exactement aussi vierge et inconnue que la première fois qu'on a essayé de la représenter [...]. Oui, l'art m'intéresse beaucoup, mais la vérité m'intéresse infiniment plus. » (p. 267). Il importe en effet de ne pas mettre entre parenthèses ce qui serait comme la réalité et la vérité, de les réintroduire, si elles ont pu être suspendues aussi bien en art que dans les épistémologies des sciences, en anthropologie aussi. Les avancées de Giacometti, différentes de celles de Rodin, de celles de Monet, ont la pertinence de telles interrogations. »

« C'est plutôt anormal, écrit Giacometti, de passer son temps, au lieu de vivre, à essayer de copier une tête, d'immobiliser la même personne pendant cinq ans sur une chaise tous les soirs, d'essayer de la copier sans réussir, et de continuer. Ce n'est pas une activité qu'on peut dire exactement normale, n'est-ce pas ? » (p. 278). Oui, c'est anormal, c'est en tout cas contraire à ce que les gens font : regarder des ensembles et balayer du regard oscillateur.

Travailleur, méthodologue et épistémologue, l'artiste peut interpeller l'anthropologue par une autre caractéristique : ne pas être préoccupé par le « dehors », le contexte, les « tendances » de son époque. C'est un principe cher à Rilke lorsqu'il s'adresse au jeune poète. Cela veut dire qu'il est important de réfléchir à ce qui motive *vraiment* l'anthropologue. Et que, dirais-je, si c'est d'abord et en premier lieu l'exotisme des différences culturelles, il se trompe sur l'anthropologie qui serait alors sociologie, ethnologie ou culturologie. Le principe de l'anthropologie est une recherche de ce qu'est un être humain : « Entrez en vous-même, cherchez le besoin qui vous fait écrire [qui vous fait faire de l'anthropologie] : examinez s'il pousse ses racines au plus profond de votre cœur. » (Rilke 1992 : 20). Continuant avec Rilke, le jeune anthropologue devrait alors se demander s'il désire faire de l'anthropologie : si c'est pour lui une « nécessité », celle de comprendre l'être humain. Si cette tâche lui semble difficile ou peu pertinente, qu'il considère alors qu'il n'est pas intéressé par une science de l'homme. Il existe bien d'autres disciplines, en particulier les sciences sociales si diverses. Les lettres de Rilke au jeune poète font réfléchir et invitent l'anthropologue à ne pas être influencé par les analyses trop contemporaines, celles qui surferaient sur des modes ambiantes, marquées par les « esprits de chapelle » et débordant d'habilités idéologiques. Vers cela, la tentation est forte. L'anthropologie est, me semble-t-il, au prix de tels renoncements. J'ai souvent pensé que l'anthropologue social et culturel s'était trompé de soumission, préférant celle de l'air du temps à celle de la réalité.

L'ART ET LA SINGULARITÉ

La spécificité de la peinture, de la sculpture que je regarde, du poème que je lis, réside sans aucun doute pour une bonne part dans le regard, la sensibilité, l'intuition de l'artiste lui-même. On ne peut pas vraiment se défaire de l'idée de base opposant la connaissance sensible qui veut préserver l'unité et la singularité de ce qui est, alors que l'intellect décompose et analyse. Mais ceci n'est pas si négligeable, surtout si l'on veut bien préciser.

L'artiste est « distrait », selon le mot de Bergson (2014 : 184) qui insiste sur le détachement de l'artiste libéré des contraintes pratiques de la vie et du mode intellectuel qui sélectionne en fonction de celle-ci. Le chercheur serait dans cette attitude consistant à effacer « les différences inutiles » et à accentuer « les ressemblances utiles ». Et cela serait perdre « l'individualité des choses et des êtres » au profit de quelques traits facilitant « la reconnaissance pratique ». Bergson s'en prend à la psychologie qui « détache, isole » « un état psychologique pour l'ériger en entité plus ou moins indépendante » et « ainsi négliger la coloration spéciale de la personne » (p. 221).

De la vie, Rilke écrit que Rodin « la saisissait aux plus petits endroits, il l'observait, il la suivait. Il attendait aux passages où elle hésitait, il la rejoignait là où elle courait » (Rilke 2009 : 17). Commentant *L'homme au nez cassé*, Rilke écrit ceci : « On sent ce qui dut pousser Rodin à sculpter cette tête, la tête d'un homme vieillissant et laid, dont le nez cassé aidait encore à accroître l'expression tourmentée du visage ; c'était l'abondance de vie qui s'était rassemblée dans ces traits ; c'était le fait qu'il n'y eût sur ce visage point de plans symétriques, que rien ne s'y répétât, qu'aucun endroit ne fût resté vide, muet ou indifférent. » (p. 23). C'était bien « le visage d'un vivant, et lorsqu'il l'explora, il apparut que ce visage était plein de mouvement, de trouble et d'ondoiement » (p. 24). Telle serait l'ambition anthropologique.

Il y a ce principe majeur, fondateur de la philosophie ockhamiste : « Il n'y a de réel que le ceci : cette pierre, cette rose, cet homme. [...]. La singularité des étants se donne comme telle et ne se déduit de rien. [...] Tout ce qui est ne peut être qu'un étant singulier existant en acte. » (Alféri 1989 : 29). Et ainsi, comme le précise Pierre Alféri, « l'ontologie a donc pour tâche de définir et de décrire les étants singuliers dans cette singularité qui est leur mode d'être » (p. 30). Je crois important d'insister sur l'aspect unique et irremplaçable de chaque humain, non réductible à une origine biologique, à une insertion sociale et aux positions intersubjectives. Il se donne comme tel et ne se déduit de rien : ce peut être le premier regard, seulement le premier regard, vers un individu, ou vers soi, accompagné d'un ressenti d'être cette unité, ce volume. Peut-on pour autant suivre Levinas et son idée de l'altérité qui « ne dépend pas d'une qualité quelconque qui le distinguerait de moi » ? (Lévinas 1990 : 211) De quel visage en effet parle Levinas ? L'anthropologue ne peut penser, me semble-t-il, que voir « un nez, des yeux, un front, un menton » est une réduction et que « la meilleure manière de rencontrer autrui, c'est de ne pas même remarquer la couleur de ses yeux » (Lévinas 1982 : 91). Ne sont-ce pas les traits, en particulier, ceux d'*un* visage, qui sont la trace de cette unicité, en même qu'ils la font, sans qu'elle s'y réduise ? Et c'est en observant les détails des traits que l'on verra les strates sociales et interactionnelles du visage et aussi celles qui n'y réduisent pas.

Les artistes, comme les philosophes, aident à poser et à penser l'existence du « singulier ». Ils viennent pousser, rendre évident et nécessaire cet objectif d'une anthropologie comme science de chaque singulier. Dans sa poésie, Gerald Manley Hopkins revendique de saisir les « inscapes » d'un objet ou d'un être, c'est-à-dire son unité. Un poème sur le martin-pêcheur est éclairant à ce sujet : « Toute chose ici-bas fait une et même chose / Divulgue cet intime habitant de chacun / S'avère, per-*se*-vère, incante et dit *moi-même* / Criant *Ce que je fais est moi : pour ce je vins.* » (Hopkins 1980 : 129). Le commentateur d'Hopkins, Pierre Leyris, précise la notion d'*inscape* :

> Le sens du suffixe *scape* apparaît dans le composé *landscape*. Un *scape* de *land*, c'est une unité visible de pays saisie individuellement et qui garde les caractéristiques essentielles de l'ensemble du pays. L'*inscape* d'un objet, d'un être, ce sera donc, sinon à proprement parler une unité de l'essence de l'objet, de l'être, du moins un composé unifié des qualités sensibles qui reflètent et permettent dans cette mesure même de pénétrer cette essence. Quant à traduire cela par un mot unique aussi organique et, en dépit de sa nouveauté, de consonance aussi familière, il n'y faut pas songer. Tout au plus, s'autorisant, des mots mêmes que Hopkins propose pour en jalonner la route, peut-on hasarder « dessin, motif intime », ou encore « schème intrinsèque », bien qu'il s'agisse plutôt d'un motif ou d'un « schème *de* l'intrinsèque ». Ce n'est pas seulement des œuvres des hommes [...], mais des hommes eux-mêmes, de lui-même parmi eux. (in Hopkins 1980 : 11-12).

Du Frère Gordon par exemple, Hopkins décrit la prononciation : « J'ai observé sa prononciation pendant qu'il lisait à haute voix. Pour des mots comme *Ribadeneira*, il donne au *ei* la valeur des deux lettres, en en faisant une vraie diphtongue entre *e* et *i*. Il aplatit les consonnes finales, disant led pour let. Le g doux, comme dans *raging*, est très remarquable : c'est un dzêta grec, qui égale presque *dz*. » (p. 52, cf. aussi Hopkins 1997 : 120). Le « Journal » d'Hopkins est jalonné de descriptions de visages, aussi de paysages, d'un chêne, d'une jacinthe, d'un halo lunaire, de cristaux du gel (Hopkins 1997). Je ne peux m'empêcher de penser que la description de la singularité s'impose aussi comme une exigence, lorsque celle-ci est définitivement et assurément invisible. Je pense aux exercices de notation sur mon père mort, sur sa voix et ses gestes dont j'ai essayé de me souvenir et que je désirais fixer.

À l'anthropologue de réfléchir sur ce type de descriptions et sur sa propre capacité de saisir chacun des humains. C'est une telle évidence et en même temps d'un tel étonnement : il n'y a pas deux individus identiques, ni même presque identiques. Un être humain est d'abord un corps séparé en train de continuer, de faire, de dire. C'est aussi la différence de chacun, telle qu'elle est visible par un observateur et telle qu'elle se vit plus ou moins explicitement, qu'elle se perçoit, la singularité de chacun qui se ressent comme soi et pas un autre et qui ne peut être, au sens strict, substituable. Un substitut par clonage constituerait un autre volume avec des continuités temporelles différentes. Que se passerait-il en cas de téléportation d'une partie d'un volume dans un autre ? se demandent des philosophes. Mais il n'adviendrait à l'évidence rien d'autre qu'une nouvelle unité, un nouveau volume fait de gestes, de pensées et d'émotions. Et en aucun cas identique à ce que serait devenu le premier volume sans l'expérimentation... (cf. Lewis, Parfit et Swinburne : 2015).

De la même façon que les étudiants en sciences sociales sont envoyés dans des lieux publics pour y observer des situations, ce qui s'y passe, lorsque les gens y sont ensemble, l'exercice anthropologique consisterait à apprendre à saisir et à décrire des singularités d'humains. Tel cet homme qui a quitté son domicile conjugal pendant 20 ans, pour résider pas très loin de celui-ci, à propos duquel Hawthorne écrit ce qu'aurait à faire l'anthropologue : « C'est le mari qui nous intéresse. Nous devons nous dépêcher de le rattraper dans la rue, avant qu'il ne perde son individualité, et ne se fonde dans la grande masse de la vie de Londres. Alors il serait vain de l'y rechercher. Restons sur ses talons, donc, jusqu'à ce qu'après plusieurs tours et détours superflus, nous le trouvions confortablement installé au coin du feu du petit appartement évoqué plus haut. » (Hawthorne 2012 : 23).

Et le peintre revient, avec sa force méthodologique, à propos de l'être humain. Dans son *Traité de la peinture*, Léonard de Vinci écrit que « c'est un péché capital pour le peintre de faire des visages qui se ressemblent, et de même la répétition des gestes est un grand défaut » (Vinci 2003 : 78). Pessoa ne dit d'ailleurs pas autre chose sur la différence de chacun des humains : « Que nous soyons tous différents, voilà un axiome de notre nature. Nous ne nous ressemblons que de loin, et dans la proportion où nous ne sommes pas nous-mêmes. La vie est donc faite pour les gens indéfinis : ne peuvent s'accorder que ceux qui ne se définissent jamais et qui ne sont, ni l'un ni l'autre, absolument personne. » (Pessoa 1999 : 488).

Le « traité » de Léonard de Vinci m'incite à penser qu'un cours d'anthropologie aurait à commencer par quelques principes d'anatomie. Les titres de certains chapitres – parmi d'autres – du *Traité de la peinture* indiquent aux lecteurs ce que je veux dire : « Des mouvements du corps de l'homme, des changements qui y arrivent, et des proportions des membres – Des changements qui arrivent au corps de l'homme depuis sa naissance jusqu'à ce qu'il ait la hauteur naturelle qu'il doit avoir – Que les petits enfants ont les jointures des membres toutes contraires à celles des hommes, en ce qui regarde la grosseur – De la proportion des membres – De la jointure des mains avec les bras – Des attitudes et des mouvements du corps, et de ses membres – Du mouvement des parties du visage – Moyen de retenir les traits d'un homme, et de faire son portrait, quoiqu'on ne l'ait vu qu'une seule fois – Moyen pour se souvenir de la forme du visage – Comment un homme qui retire son bras étendu, change l'équilibre qu'il avait quand son bras était étendu. ».

N'est-ce pas Michel-Ange qui affirmait qu'il était « niais de préférer les chaussures d'un homme à son pied » (Redon 1989 : 95). Et Odilon Redon qui mentionne ce propos de Michel-Ange d'écrire à sa façon ce que je conseillerais de rappeler aux anthropologues : « S'il m'était permis de recommencer aujourd'hui mon éducation de peintre, je crois que je ferais beaucoup, pour la croissance et le plus grand développement de mes facultés, des copies du corps humain : je le disséquerais, l'analyserais et le modèlerais. » (p. 17). Et de rappeler que Delacroix disait, à soixante-dix ans, que s'il recommençait, il n'étudierait que le squelette (pp. 17 et 170).

Être anthropologue, c'est en effet avoir un regard et l'approfondir face à un être humain. L'anthropologue s'en étonne, observe et note. Il s'en étonne comme de la vie qui naît. Il remarque un poids, une tension, un équilibre, une force, une fragilité, un trouble. Il attend, il se soumet presque à celui qui bouge. Le corps humain, l'existence humaine dont il attend les mouvements du visage et du corps, pensant qu'il va voir des gestes jamais vus, comme Rilke le dit à propos de Rodin, l'un et l'autre pouvant nous éclairer et nous accompagner quelques instants. La capacité de travail est à nouveau marquée, avec cette visée du détail et de la précision : « Il observe et note. Il note des mouvements qui ne valent pas une parole, des tours et des demi-tours, quarante raccourcis et quatre-vingts profils. Il surprend le modèle dans ses habitudes et ses hasards, en proie à des expressions qui se forment justement, à des fatigues ou à des efforts. » (Rilke 2009 : 53). Rilke précise : « Son œil voit beaucoup plus qu'il ne peut exécuter pendant ce temps. Il n'oublie rien et souvent, lorsque le modèle l'a quitté, commence son véritable travail, avec l'abondance de ses souvenirs. » (p. 53). Dans une correspondance à Lou Andreas-Salomé, Rilke écrivait que, pour Rodin face à son modèle, « ce sont mille petits éléments de plan inscrits dans l'espace ; et sa tâche, quand il en tire une œuvre d'art, consiste à intégrer la chose encore plus intimement, plus fermement. […]. La chose est déterminée, la chose d'art doit l'être plus encore. » (pp. 79-80). Disons à l'anthropologue que son anthropologie doit être aussi déterminée que la réalité. Et ce n'est pas rien. Quel sera l'anthropologue à qui l'on pourra dire que son travail est « réalisation » ? (p. 80). Il peut utilement lire les descriptions rilkéennes des sculptures de Rodin et s'exercer ensuite avec ses propres « modèles » : c'est aussi une leçon d'anthropologie. Celle qui initie au face-à-face avec une réalité qui s'impose, sans l'oublier, en la gardant le plus possible. Celle qui invite à regarder aussi les modèles quand ils ne se croient pas observés, pour y découvrir « une foule de gestes jamais vus, toujours négligés » (Rilke 2009 : 46-47).

Plus que souvent, les regards sont galvaudés par des perspectives diverses, et aussi par la rapidité et le rythme des instants. Mais c'est chacune des figures isolées et séparées que l'anthropologue apprendrait à regarder et à décrire. Un principe de l'anthropologie est celui-ci, Léonard de Vinci et Pessoa viennent de le rappeler : « Plus nous devenons humains, selon Rilke, plus nous devenons différents. C'est comme si les êtres, soudain, se multipliaient par mille ; car un nom collectif qui suffisait naguère pour des milliers a vite fait de devenir étroit pour dix, et l'on est contraint de considérer chaque individu isolément. » (Rilke 1989 : 83). Rilke lui-même s'étonne : « Comment avais-je pu par exemple ne pas m'apercevoir du nombre de visages qui existent ? Il y a une quantité de gens, mais il y a encore beaucoup plus de visages, car chacun en a plusieurs. » (Rilke 1993 : 437). Rilke s'adresserait-il à de jeunes anthropologues : « Fuyez les grands sujets pour ceux que votre quotidien vous offre. » (Rilke 1992 : 21) ?

Ce qui est à observer, ce sont en tout cas des « êtres isolés distincts » (Rilke 2015 : fr. XXXVIII). Et Rilke d'esquisser ce qui est pour moi la méthode clé de l'anthropologie : regarder *un* être humain, le suivre, l'observer dans ses actes se faisant, se continuant, et ses façons d'être présent. Ainsi l'observateur marche derrière une personne :

> Nous continuions notre chemin, lui et moi. [...] Il arriva que l'homme sauta les marches du trottoir en soulevant une jambe, de même que les enfants, en marchant, dansent ou sautillent parfois un peu pour s'amuser. Il remonta sur le trottoir d'en face d'une seule grande enjambée. Mais à peine fut-il en haut qu'il se mit à tirer un peu sur l'une de ses jambes tout en sautillant sur l'autre jambe à plusieurs reprises. [...] Un pressentiment m'invita à nouveau à passer de l'autre côté de la rue, mais je n'y cédai pas et restai derrière cet homme en dirigeant toute mon attention sur ses jambes. [...] Je notai que l'homme était aux prises avec une autre contrariété. Le col de son pardessus s'était relevé ; et il avait beau s'efforcer soigneusement, tantôt d'une main, tantôt des deux, de le baisser, il n'y parvenait pas... Mais je remarquai aussitôt avec un immense étonnement que, dans les gestes affairés de cet homme, il y avait deux mouvements : un mouvement secret rapide, avec lequel il redressait imperceptiblement son col et un autre mouvement appliqué, permanent, exagérément décom-

posé, qui voulait s'employer à retourner le col. Cette observation me troubla au point qu'il me fallut deux bonnes minutes pour reconnaître que se produisait dans le cou de cet homme, derrière le pardessus relevé et les mains nerveusement agitées, le même terrible sautillement en deux temps qui venait d'abandonner ses jambes. [...] Je vis que ce sautillement vagabondait dans son corps, cherchait à faire irruption à un endroit ou à un autre. [...] Au moment d'aborder le carrefour suivant, il y eut encore deux sautillements, deux petits sautillements à demi réprimés et parfaitement insignifiants. [...] Sur la place Saint-Michel, il y avait beaucoup de véhicules et beaucoup de gens pressés qui allaient et sautaient ; nous étions souvent pris entre deux voitures et alors, il reprenait son souffle et se laissait un peu aller comme s'il voulait se reposer, et il se permettait un petit sautillement, un petit hochement de tête. [...] Puis, quelque chose d'incertain s'introduisit dans la démarche, il fit encore deux pas, puis s'arrêta. Il resta un moment arrêté. La main gauche se détacha doucement de la canne et se souleva si lentement que je la vis trembler en l'air ; il rejeta un peu son chapeau en arrière et se passa la main sur le front. (Rilke 1993 : 477-480).

Continuons avec Rilke. Ainsi, en même que l'être séparé, l'anthropologue voit une « distinctivité », la « forme » unique de chaque être humain, qui lui est propre, une forme en mouvement et que chacun entraîne dans son développement. « Chaque être se développe, écrit Rilke, et se défend selon son mode et tire de lui-même cette forme unique qui est son propre, à tout prix contre tout obstacle. » (Rilke 1992 : 74). Et cette distinctivité se lit dans le visage et aussi dans toute autre partie du corps : « Ce qui était écrit dans le visage [...] se lisait jusque sur la moindre partie de ce corps. » (Rilke 2009 : 27). Une unité est ainsi observable, un même mouvement, un même ondoiement, une légèreté ou une pesanteur.

Un tel regard anthropologique, celui focalisé sur les êtres humains est trop exigeant, raconte Pessoa, pour se satisfaire des théories sociologiques et aussi de « l'inutilité des théories et des pratiques politiques » (Pessoa 1999 : 548). Et il continue : « Fonder des théories, par une réflexion honnête et patiente, à seule fin de les combattre ensuite – agir et justifier nos actes par des théories qui les condamnent – nous tracer un chemin dans la vie, pour agir ensuite en sens inverse de ce chemin. » (p. 55). L'anthropologue des humains ne devrait pas apprécier « les classifieurs de choses – ces hommes de science dont toute la science se ramène à classer – ignorant en général que le classable est infini et que, par conséquent, on ne saurait le classer » et s'étonne encore plus que les classifieurs « ignorent aussi l'existence de classables inconnus, ces choses de l'âme et de la conscience qui se logent dans les interstices de la connaissance » (p. 365).

Ce qu'écrit Orhan Pamuk sur les musées et les individus me semble d'une force rare, constituant un possible substitut à l'association entre les musées, les cultures et les ethnologies ou anthropologies sociales, à condition de maintenir la proposition jusqu'au bout, sans reglisser dans le goût des traditions. En effet, et si chacun avait son musée, selon la proposition d'Orhan Pamuk ? L'écrivain n'hésite pas : « Nous ne voulons plus de ces musées qui essaient de retracer l'histoire d'une société, d'une communauté, d'une équipe, d'une nation, d'un État, d'un peuple, d'une institution, d'une entreprise ou d'une espèce. Nous savons tous que les histoires ordinaires, quotidiennes, d'individus singuliers se révèlent être plus riches, plus humaines et plus réjouissantes. » (Pamuk 2012 : 55).

ÉTENDRE LA PERCEPTION : VOIR L'INACHÈVEMENT

C'est dans la littérature que Proust trouve une manière de saisir, de faire connaître « cette réalité loin de laquelle nous vivons », de « sortir de nous », de chercher à apercevoir « quelque chose de différent », comme il le note, « qui ne peut pas "s'observer" ». Ces parties de la vie que les hommes ne voient pas nécessairement, explique Proust, « parce qu'ils ne cherchent pas à l'éclaircir » cachées par « la connaissance conventionnelle » (Proust 1989 : 202-203). Ces choses peuvent être diverses, la vision et la quête de Proust ne sont sans doute pas celles de Cézanne se dressant brusquement dans la voiture, interpellant son cocher pour lui montrer ces « bleus sous les pins, ce nuage là-bas » (cité dans Maldiney 1973 : 138). Ni celle de René Char qui avait un certain mépris vis-à-vis des hommes, la plupart ne voyant que « leur prison historique et sociale », « voués à l'entrain de l'obéissance ». Le poème est ainsi un « cri d'efferement » « devant le spectacle hideux de ce bas monde » (dans Veyne 1990 : 41). Il existe en effet des regards capables de faire voir ce que la plupart des autres ne voient pas, y compris lorsqu'il est celui d'un chercheur scientifique, capables d'attirer l'attention sur quelque chose de différent, en plus, de le dégager de ce qui peut habituellement l'effacer. Des œuvres d'art permettent ainsi de découvrir des portions et des parcelles de l'existence que d'emblée l'anthropologue n'a pas perçues (Kundera 1986 : 16 et 25).

Revenons une nouvelle fois à Bergson et à l'artiste distrait, « détaché », comme il le caractérise (Bergson 2014 : 185) et qui possède cette possibilité d'un élargissement de sa perception, de voir « plus de choses ».

> Pourquoi, étant plus détaché de la réalité, arrive-t-il à y voir plus de choses ? On ne le comprendrait pas si la vision que nous avons ordi-

nairement des objets extérieurs et de nous-mêmes n'était qu'une vision que notre attachement à la réalité, notre besoin de vivre et d'agir, nous a amenés à rétrécir et à vider. De fait, il serait aisé de montrer que, plus nous sommes préoccupés de vivre, moins nous sommes enclins à contempler, et que les nécessités de l'action tendent à limiter le champ de la vision. (p. 151).

Bergson exprime cette spécificité possible de l'artiste révélant au scientifique quelque chose que celui-ci, ancré dans sa tradition disciplinaire, n'avait pas perçu ou n'avait pas voulu percevoir :

À quoi vise l'art ? s'interroge-t-il. Sinon à montrer, dans la nature même et dans l'esprit, hors de nous et en nous, des choses qui ne frappaient pas explicitement nos sens et notre conscience ? Le poète et le romancier qui expriment un état d'âme ne le créent certes pas de toutes pièces ; ils ne seraient pas compris de nous si nous n'observions pas en nous, jusqu'à un certain point, ce qu'ils nous disent d'autrui. Au fur et à mesure qu'ils nous parlent, des nuances d'émotion et de pensée nous apparaissent, qui pouvaient être représentées en nous depuis longtemps, mais qui demeuraient invisibles, telle l'image photographique qui n'a pas encore été plongée dans le bain où elle se révélera. Le poète est ce révélateur (…). Les grands peintres sont des hommes auxquels remonte une certaine vision des choses qui est devenue ou qui deviendra la vision de tous les hommes. Un Corot, un Turner, pour ne citer que ceux-là, ont aperçu dans la nature bien des aspects que nous ne remarquions pas. Dira-t-on qu'ils n'ont pas vu, mais créé, qu'ils nous ont livré des produits de leur imagination, que nous adoptons leurs inventions parce qu'elles nous plaisent, et que nous nous amusons simplement à regarder la nature à travers l'image que les grands peintres nous ont tracée ? C'est vrai dans une certaine mesure ; mais, s'il était uniquement ainsi, pourquoi dirions-nous de certaines œuvres – celles des maîtres – qu'elles sont vraies ? Où serait la différence entre le grand art et la pure fantaisie ? Approfondissons ce que nous éprouvons devant un Turner ou un Corot : nous trouverons que, si nous les acceptons et les admirons, c'est que nous avions déjà perçu sans apercevoir (p. 150).

L'art élargit la perception et la saisie de ce réel ainsi perçu et permet ainsi de saisir quelque chose d'autre ou en plus, au-delà des « généralités conventionnellement et socialement acceptées » mais disciplinairement transmises dans la science. Un quelque chose qui attend « le moment de vibrer » et que l'art permet de reconnaître (Bergson 1992 : 115 et ss.). Je n'aime pas nécessairement ce genre de mots ou d'expressions, d'emblée trop forts et peu précis, mais il s'agit bien de reconnaître dans telle peinture ou tel poème une intuition que sa propre discipline scientifique ne parvient pas à légitimer, confirmer, reconnaître. Bien sûr, le chercheur pourrait découvrir ces « autres choses » sans le détour par l'art. Mais en l'occurrence, c'est l'art qui me permet de confirmer certaines choses, de les légitimer, de me les rendre évidentes, tant elles semblent résister à la discipline anthropologique. « Tout ce qui peut nous passionner, c'est de découvrir un nouveau tranchant, un nouvel espace, la moindre partie d'un nouvel espace, de l'apercevoir dans la pénombre, à peine la lumière le frise », écrit Giacometti (1990 : 123). N'est-ce pas aussi cela l'objectif d'une science : étendre ce qui est à voir, s'en étonner, le penser, le disséquer ? Dans ce cas, l'art ne serait pas seulement fournisseur de nouveaux thèmes, il serait aussi une aspiration pour l'anthropologue à étendre son regard. L'anthropologue deviendrait ce distrait, détaché, capable de regarder plus, d'observer autrement.

Une des choses que la tradition anthropologique ne pousse pas à regarder et que l'art m'a aidé à voir, à confirmer, à légitimer, c'est l'inachèvement, l'inachèvement des phrases, des gestes, des postures. Pessoa sait combien les sensations fortement ressenties génèrent de la souffrance, et note que pour « vivre activement parmi les hommes et les fréquenter assidûment », « on doit geler toute la surface de contact avec autrui, afin que tout geste fraternel ou cordial à notre égard glisse sans jamais nous pénétrer ni s'imprimer en nous » (Pessoa 1999 : 503). Une conversation, renchérit Pessoa, est « un monologue à deux » (p. 358). Oui, ce ne sont pas des *inter*actions, mais des rais qui partent de chacun, sans *vraiment* atteindre l'autre.

Sont à ce propos interpellantes les sculptures qu'étudie Delphine Dupuy, en particulier des figures féminines acéphales, dans un site russe (autour de 20 000, 25 000 ans). Elle note, certes avec prudence et nuance, que « la récurrence dans la figuration des segments anatomiques montre que le morcellement du corps est intentionnellement structuré et non aléatoire. Il s'agit donc d'interrompre la continuité du corps à des localisations précises et de produire des segments corporels définis » (Dupuy 2013). Pourquoi ne pas voir dans ces œuvres la conscience exprimée de l'inachèvement des actes humains ? Qu'ils sont incomplets, qu'il leur manque toujours quelque chose. Une imperfection physique, presque physiologique, une imperfection parfois aussi ressentie. « Ce qui m'a le plus frappé au monde, c'est que personne n'allait jamais jusqu'au bout », écrit Paul Valéry à Gide (Moutote 1998 : 599) et il continue : « La vie est pleine de formes d'hésitation. » (Valéry 1987 : 53). Cela peut-il être associable aux « fragments » de Rodin, tels que Rilke les découvre dans l'atelier du sculpteur :

> Rien que de fragments, côte à côte, sur des mètres. Des nus de la grandeur de ma main, d'autres plus grands, mais rien que des morceaux, à peine un nu entier : souvent un morceau de bras, un morceau de jambe

tels qu'ils se présentent, côte à côte, et tout près, le tronc qui leur revient. Ailleurs le torse d'une figure contre lequel se presse la tête d'une autre, le bras d'une troisième… comme si une tempête indicible, un cataclysme sans précédent s'étaient abattus sur une œuvre (Rilke 2009 : 75).

Dans la réalité de l'inachèvement, ne voyons rien qui participe de la morale, mais d'une dimension consubstantielle à l'être humain. Une bonne part de ce « manque » émerge des détails de la continuité se faisant, comme si les instants se succédant empêchent les actes d'aller au bout d'eux-mêmes. Le préfixe « per » signifie à travers, sur toute l'étendue, sans discontinuité. En composition, cela signifie « tout à fait, complètement, jusqu'au bout, sans interruption ». « Im-per » : c'est la continuité qui ne va pas jusqu'au bout dans chacun de ses instants, « imperfectus » voulant dire non achevé, inachevé, incomplet, imparfait. Quelques mots de Christian Bobin dans *Noireclaire* le disent : « C'est assez beau, cette vie où on ne peut rien faire qu'échouer » ou « Le manque est la lumière donnée à tous. » (Bobin 2015 : 13).

Je peux voir là le risque d'introduire le pathos et le pathétique. Mais nous atteignons avec le « manque » un point limite capital, celui qui fait l'exactitude d'une description, en opposition au « fictionnalisme » des théories en sciences sociales. Elles sont habituées à poser au départ de leur élaboration un « comme si » : faire comme si l'homme était rationnel, avait des raisons d'agir, justifiait ses actes, jouait un rôle, etc. Ce « comme si », elles le posent évidemment intentionnellement, en sachant la limite de l'exactitude qu'il implique. On pourrait objecter que les actes des humains sont souvent tout cela à la fois, rôle, rationalité, justification. Peut-être, mais surtout au-delà de l'addition, l'atteinte de l'exactitude passe par l'intégration du manque, de l'inachèvement, ce qui fait que les humains ne sont pas vraiment rationnels, justificateurs, expressifs, communicants, etc. Une anthropologie de l'être humain passe par une description des formes différentes d'inachèvement.

Regarder *un ensemble* d'individus *inter*agir, c'est d'emblée risquer d'absorber la faille, l'imperfection de chacun. C'est ce que peu de sociologues ou d'anthropologues sociaux ont évité. Il y a bien les gaffes et les embarras de Goffman, mais comme à gérer dans une situation. Les ethnométhodologues parlent de l'incomplétude des mots. Mais comme effacée, complétée, dans le jeu de l'accomplissement en situation. La science sociale : c'est une théorie de la mise ensemble et de l'effacement du dé-lien permanent. C'est au fond le risque de la « théorie » rappelé par Blumenberg. Le théoricien est celui qui voit de moins en moins, comme travaillant dans des « espaces protégés », avec une exposition limitée « au monde extérieur » (Blumenberg 2000 : 11-12). L'auteur de la théorie sait certes qu'il ne sait pas, mais « *ce qu*'il ne sait pas, ça, il a du mal à le savoir. Sinon il ne passerait pas si fondamentalement à côté du réalisme de la vie » (p. 23). À chaque fois, il importe d'« attirer dans le champ de l'attention ce à quoi on ne prête pas attention » (pp. 40-41). Et cela, des formes artistiques peuvent aider à le faire, pour éviter à l'anthropologue « la distance grandissante toujours plus grande qui l'empêche d'être tout œil » (p. 149). Ainsi, l'anthropologie de l'être humain crée une faille dans la théorie des sciences sociales, en se proposant d'explorer la dé-mise ensemble, le dé-lien, la séparation.

Dans les peintures de Jean Rustin, je découvre des visages en chacun desquels nous pouvons tous déceler une tristesse, une solitude, un décalage, une fragilité, une incompréhension. Des regards adressés au peintre, comme éberlués, immobilisés, ne semblant pas saisir, les yeux presque cachés, des regards qui ne se croisent pas, regardant dans une autre direction que celle des autres, qui ne comprennent pas ce qui arrive, ce que d'autres veulent, ce qu'ils ont fait. Quand on découvre de telles figures, on peut passer outre. On peut aussi être interpellé, pensant qu'elles font référence à des personnes qui ont existé, que le peintre a rencontrées, pensant aussi que leur pouvoir expressif dénote une couche, une partie de l'attitude, de la posture de chacun des humains repliés vers ou dans leur propre corps. Une couche faite de la non-communication, du retrait, du repli, perceptibles en chaque instant. Ces personnages ne sont-ils pas étonnés que c'est seulement une partie de notre attitude qui dit cela ? Eux qui la ressentent presque entièrement. Peut être mêmes sont ils étonnés que cette partie est si peu thématisée, explicitée, comme si elle n'existait pas sauf lorsqu'elle devient dysfonctionnelle, pathologique, anormale comme on dit.

Proches ou distants, ces personnages sont séparés. C'est ce qui me frappe : un espace vide, cet espace vide qui est comme impossible à penser en sciences sociales qui cherchent à décrire ce qui est entre les individus ou ce qui perturbe ce comblement. Mais entre, il n'y a rien. Ce qui est ici signifié, ce n'est pas le désordre du lien, mais l'impossibilité de celui-ci et surtout l'expression ressentie de cette impossibilité avec la posture ou la mimique correspondante. C'est aussi le mode d'être humain qui est en jeu, évasif, manquant, se retirant, se dérobant lui-même, laissant des blancs entre chacun, et dans sa propre présence à côté de chacun. Le manque n'est pas seulement dans le regard, il est aussi dans la posture de chacun.

Les figures de Rustin, leurs émotions, celles qu'elles invitent chez le regardeur, me déplacent vers de Hopper, vers ses personnages dont la force de la banalité exprimée, en même temps que la solitude, attire l'œil. Ce ne sont plus des visages qui regardent le peintre, comme étonnés, ce sont des attitudes arrêtées qui sont prises au moment où les personnes pensent ne pas être regardées, les personnes en soi, pourrait-on presque dire, et ainsi tout aussi innocentes que celles que peint Rustin. C'est aussi un espace vide qui est marqué entre les corps de Hopper, dans une chambre, un bureau, un café, d'un homme et d'une femme, à propos desquels on se demande tout naturellement ce qui va se passer et qu'une réponse est presque directement donnée par ce que l'on voit : probablement rien, peu en tout cas. Un peu, comme les hommes et les femmes assis au soleil, ces « gens au soleil », ensemble mais séparés. Quelque chose va se rater. C'est ce qui semble se voir et générer ce qu'on appelle une émotion.

L'art est heuristique pour l'anthropologue. Il permet d'expliciter des intuitions à peine posées, d'oser les avancer, alors qu'elles pouvaient sembler peu évidentes eu égard à un cadre disciplinaire et conceptuel. C'est le cas avec cette idée de l'espace vide entre deux humains, de la non-communication, de l'inachèvement, c'est le cas aussi avec la singularité. Car à observer attentivement un humain à la fois, que voyons-nous ? Ceci : des êtres qui, selon les mots de Rilke, « essaient de s'atteindre avec des mots, des gestes. C'est tout juste s'ils ne se démettent pas les bras, car les gestes sont trop courts. Ils font d'infinis efforts pour se lancer les syllabes et, en même temps, ce sont encore de franchement mauvais joueurs de ballon, qui ne savent pas rattraper » (Rilke 2015 : fr. X). L'anthropologue le voit. Rilke le redit : « Les êtres humains sont séparés par des distances si effrayantes. [...]. Ils se jettent tout ce qu'ils ont et ne l'attrapent pas. » (Rilke 1993 : 302). Penser les êtres humains en termes de séparation me semble *le* principe, la base même de l'anthropologie.

Nous ne voyons pas alors des êtres qui se précipitent et qui se déversent, mais des âmes qui ne sont qu'« ébauche » (Rilke 1992 : 77) : « deux êtres encore imprécis, inachevés, dépendants » (pp. 75-76). L'anthropologue observe ainsi des solitudes essayant de se toucher, des êtres distincts qui tentent de se parler. Des débuts seulement, des débuts de relation, comme le disent les bras tendus de beaucoup de personnages de Giotto : des humains délimités, séparés, détaillés par les visages et les regards de chacun, et comme restant en avant du tableau, ainsi que le note Catherine Beaugrand dans la préface à mon livre sur « le volume humain » (dans Piette 2017).

Dans la posture observée, rien n'est complet : l'acte, le geste, la pensée. Ils ne sont pas complets par rapport à l'idée, au mot, au concept. Le manque est comme l'essentiel, celui qui ne cesse de revenir d'observation en observation, qu'on a tendance à délaisser comme secondaire. C'est lui le centre. C'est comme si, quand on le voit, on ne voulait pas continuer à le voir, préférant rester focalisé sur la signification, la conséquence, l'impact.

Sans doute aurais-je pu choisir d'autres œuvres, mais dans *Pratique de l'effacement,* le poète Michel Bourçon, qui a commenté aussi les peintures de Rustin, dit simplement le vide, l'imperfection, le décalage, dans la présence et la coprésence des êtres humains. Ils ne sont pas moraux, ils ne sont pas matériels. Ils leur sont consubstantiels. Ce n'est pas la distance au rôle que connaissent bien les sciences sociales, ni la parcimonie cognitive des actes routinisés :

« personne ne peut / nous toucher vraiment » (Bourçon 2007 : 10)

« sans pouvoir soutenir / les yeux des autres / qui regardent sans voir » (p. 25)

« chaque jour nous passons / au plus près des vivants / sans rien débusquer » (p. 38)

« une ébauche dans la distance / souvent vivre / c'est renoncer » (p. 61)

« nous passons seulement / dans le déroulement des rues / nous sommes / dans ce que chaque pas / nous retire » (p. 65)

« durant toute l'existence / nous vivons avec un autre / dont les gestes / délimitent notre espace / nous demeurons / sans atteindre » (p. 66)

À l'anthropologue de se saisir de la singularité et de l'inachèvement, de regarder, d'observer, de la plus précise des façons, de ne pas oublier qu'il y a une réalité, d'analyser, de conceptualiser, de faire œuvre scientifique, comme on dit. L'art, lui, a en tout cas appris à différencier les axiomes de l'anthropologie de ceux des sciences sociales. Ceux-ci posent l'existence et la signification des phénomènes sociaux. L'anthropologie, comme science des humains, sans qu'elle se perde dans les mises en perspective, partirait des axiomes suivants : la séparation des humains, leur différence ou la singularité de chacun, l'inachèvement de leurs actes, gestes et paroles.

Bibliographie

Alféri, Pierre, 1989, *Guillaume d'Ockham le singulier*, Paris : Minuit.

Beaugrand, Catherine, 2017, Continuité du volume d'être, vue de l'art, in *Le volume humain. Esquisse d'une science de l'homme,* Lormont : Le Bord de l'eau.

Bergson, Henri, 1992[1900], *Le rire*, Paris : Presses Universitaires de France.

Bergson, Henri, 2014[1934], *La pensée et le mouvant*, Paris : Garnier-Flammarion.

Blumenberg, Hans, 2000, *Le rire de la servante de Thrace*, Paris : L'Arche.

Bobin, Christian, 2015, *Noireclaire*, Paris : Gallimard.

Bourçon, Michel, 2007, *Pratique de l'effacement*, Chaillé-sous-les-Ormeaux : L'idée bleue.

Dufay, Sébastien, 2010, Retrouver la face : étude du visage dans les dessins d'Antonin Artaud et d'Alberto Giacometti, in *Visage et portrait, visage ou por-*

trait, édité par Fabrice Flahutez, Itzhak Goldberg et Payanota Volti, Nanterre : Presses Universitaires de Paris Ouest.

Dupuy, Delphine, 2013, L'incomplétude et le morcellement du corps féminin dans l'imaginaire paléolithique : les sculptures gravettiennes de Kostienki 1-I (Plaine russe – 22 000-23 000 ans BP), http://blogs.univ-tlse2.fr/palethnologie/wp-content/files/2013/fr-FR/version-longue/articles/AMO3-02_Dupuy.pdf

Gasquet, Joachim, 1988, *Cézanne*, Paris : Éditions Cynara.

Giacometti, Alberto, 1990, *Écrits*, Paris : Hermann.

Gide, André et Valéry, Paul, 1955, *Correspondances (1890-1942)*, Paris : Gallimard.

Hawthorne, Nathaniel, 2012, *Wakefield*, Paris : Allia.

Hodler, Ferdinand, 2014, *La mission de l'artiste*, Genève : Notari.

Hopkins, Gerard Manley, 1980, *Poèmes et proses*, Paris : Seuil.

Hopkins, Gerard Manley, 1997, *Carnets-Journal-Lettres,* Bordeaux : William Blake and Co.

Klein, Yves, 1961, *Le manifeste de l'hôtel Chelsea*, New York. Kundera, Milan, 1986, *L'art du roman*, Paris : Gallimard.

Lévinas, Emmanuel, 1982, *Éthique et infini*, Paris : Fayard.

Lévinas, Emmanuel, 1990, *Totalité et infini*, Paris : Le Livre de Poche.

Lewis, David, Parfit, Derek et Swinburne Richard, 2015, *Identité et survie*, Paris : Ithaque.

Maldiney, Henri, 1973, *Regard, parole, espace*, Lausanne : L'Âge d'Homme.

Moutote, Daniel, 1998, *Le journal de Gide et les problèmes du moi*, Paris : Slatkine.

Pamuk, Orhan, 2012, *L'innocence des objets,* Paris : Gallimard.

Pessoa, Fernando, 1999[1982], *Le livre de l'intranquillité,* Paris : Christian Bourgois.

Piette, Albert, 2017, *Le volume humain, Esquisse d'une science de l'homme*, Lormont : Le Bord de l'eau.

Proust, Marcel, 1989[1927], *Le temps retrouvé*, Paris : Gallimard.

Redon, Odilon, 1989, *À soi-même*, Paris : José Corti.

Rilke, Rainer-Maria, 1992, *Lettres à un jeune poète*, Paris : Grasset [1903-1908].

Rilke, Rainer-Maria, 1993, « Sur l'art », *In Œuvres en prose*, 677-683, Paris : Gallimard, [1898-1899].

Rilke, Rainer-Maria, 2009, *Sur Rodin*, Bruxelles : André Versaille Éditeur [1903].

Rilke, Rainer-Maria, 2015, *Notes sur la mélodie des choses,* Paris : Allia [1898].

Rosaldo, Renato, 2013, *The Day of Shelly's Death : the Poetry and Ethnography of Grief*, Durham (NC) : Duke University Press.https://www.amazon.fr/Day-Shellys-Death-Poetry-Ethnography/dp/0822356619/ref=sr_1_8?s=english-books&ie=UTF8&qid=1476952527&sr=1-8&keywords=rosaldo+renato

Saint-John Perse, 1970[1957], *Amers*, Paris : Gallimard.

Sers, Philippe, 2004, *L'Avant-garde radicale. Le renouvellement des valeurs dans l'art du xxe siècle*, Paris : Les Belles-Lettres.

Thévoz, Michel, 2003, *L'esthétique du suicide*, Paris : Minuit.

Valéry, Paul, 1987, *Cahiers* (tome I), Paris : Gallimard.

Van Gogh, Vincent, 1988[1914], *Lettres à son frère Théo*, Paris : Gallimard.

Veyne, Paul, 1990, *René Char en ses poèmes*, Paris : Gallimard.

Vinci, Léonard de, 1942, *Carnets I*, Paris : Gallimard.

Vinci, Léonard de, 2003[1651], *Traité de la peinture*, Paris : Calmann-Lévy.

Wildenstein, Daniel, 2010[1999], *Monet ou le triomphe de l'impressionnisme*, Paris : Taschen.

Notes

1. Vincent van Gogh, Lettre à Theo van Gogh, Saint-Rémy-de-Provence, dimanche, 9 juin 1889, http://vangoghletters.org/vg/letters/let779/letter.html#original
2. Vincent van Gogh Lettre à Theo van Gogh, Saint-Rémy-de-Provence, circa vendredi, 20 Septembre 1889, http://vangoghletters.org/vg/letters/let805/letter.html#original
3. Une bonne part des réflexions de cet article résulte d'échanges avec Catherine Beaugrand que je remercie.

Troisième partie

PHOTOGRAPHIES ET RYTHMES

8

VERS UNE *IMAGE-TEMPS* DE LA RESTITUTION

Ralf Marsault

Un créateur d'images ne peut avoir, même s'il cherche à les dépasser, que difficultés à comprendre le sens de sa propre création : toute conceptualisation n'accouche jamais que d'une sorte de vide spéculatif. On se rallie ainsi à la formule de Richter quand il affirme que « *l'on ne peut rien penser du fait de peindre, car peindre est une autre forme de pensée* » (trad. de l'auteur)[1].
 Il me semble néanmoins que, dans le cadre spécifique d'une restitution en anthropologie visuelle où la question de l'ambivalence de la perception, et *a fortiori* celle de son objectivité, sont assumées, produire le visible peut alors consister à s'essayer à raisonner comme on initie un processus, comme on forme une matière (Deleuze 1988 : 9), et cela en termes d'image *immanente*[2], en termes d'image *inconsciente*[3]. Le projet d'une recherche de la temporalité des perceptions serait alors une possibilité de sortie de crise, en cela surtout qu'elle s'essaie à rendre sensible les perspectives. Même si cette praxis singulière du croisement des points de vue ressentis comme *multiplicités*, que l'on a choisie autant qu'elle nous habite face au chaos perçu du monde qui nous assaille, n'est jamais que le fruit en acte d'une phénoménologie des circonstances. On ne saurait donc y disséquer la moindre arborescence ou taxonomie, *a fortiori* une quelconque transcendance de l'« in-vu » (Marin 1987 : 19-20). De même, et de façon concomitante, qu'il est tout aussi vain d'essayer de comprendre l'émotion que cette praxis de l'œuvre d'art peut produire, tant il demeure impossible de la justifier (Lévi-Strauss 2010 [1976]).
 Cependant, si cette *hantise* du visible, dans ce que l'on perçoit de la médiation entre l'évanescence de ses propres avatars et le spectre de nos imaginaires réflexifs, nous amène à l'évoquer, l'imaginer et la produire, c'est au moins autant pour la comprendre que dans le but

de s'en déprendre. Créer des images revient à territorialiser une pause face au malaise latent que provoque l'ambivalence de perceptions en constante mutation, et s'octroyer ainsi le répit d'un arrêt sur un *imago mundi* qui la mette à distance. En effet, si tout « allait bien », faire l'économie des images, voire celle des *selfies* particulièrement, s'imposerait comme une évidence.

Dès lors, ce plan sécant dans le chaos des percepts et des affects, qui ouvre l'espace-temps de l'image produite, semble se décliner plus spécifiquement dans le mouvement de traverse des strates qui lui donnent corps, sur le mode d'une réminiscence/apparition entre les cartographies d'un *atlas divinatoire* de ses devenirs probables, que dans le lisible d'un texte fondateur et précis dont on pourrait connaître la justification, le sens, ou la grammaire même. Il est d'ailleurs peu certain que des formes de sémiologie, analysant les images que nous produisons comme des signes ou entités, qui seraient devenues ainsi des propositions discursives étanches, soient d'un grand secours pour expliciter la cinétique et le territoire haptique de leur existence, *a fortiori* l'impermanence des fonctionnements de leur efflorescence en acte. On procède toujours par traduction, et avec celle-ci, forcément plus littéraire que littérale, la méprise est un risque latent prenant part à l'aventure. Non qu'il faille tout à fait craindre les paratextes de ces « traductions », dans la mesure où ils sont acceptés pour tels : d'autres formes de la représentation, comme autant de mythologies discursives, fut-ce aussi, bien évidemment, sous couvert d'objectivité et de rationalité scientifique. C'est dire si l'on est contraint de rester modeste dans l'approche des images. Face à l'ambiguïté des représentations, la citation de Manoel de Oliveira : « *Une saturation de signes magnifiques baignant dans la lumière de leur absence d'explication* » (Godard 1998 : 270), semble pour longtemps faire encore autorité.

Cependant, malgré ces leurres redoutés, et bien qu'elle soit si paradoxale pour un auteur à qui on demande de *décrypter* son propre travail, il me semble que la volonté de savoir, face aux images, reste néanmoins porteuse des quelques *lignes d'erre* d'un procès qui actualise un ensemble des perspectives de la *rencontre*. Il s'agit d'un champ fuyant de recherche, l'arpentage de cet atlas de chiromancie que nous avons évoqué, où l'anthropologie visuelle s'invente plus des *noces* que de véritables contacts, dans l'abîme du *double* où elle s'observe, précautionneuse au miroir de son éthique, mélancolique face à ses exténuations.

Par le truchement des confrontations que l'on va étudier, l'analyse des images permet en effet de questionner les partis pris d'objectivité et de justesse qui soi-disant les fondent, pour mieux en connaître, d'une part l'ambivalence avérée, mais surtout d'autre part le devenir possible d'une forme de *perspectivisme* qui nous rendrait une appréhension du réel plus prégnante.

AU-DELÀ DU RÉEL DE PRINCIPE

L'expérience de la pratique photographique conduit inévitablement à relativiser cette objectivité des images produites qui, revendiquée, n'accouche au mieux que d'un autre militantisme esthétique[4]. On ne peut, dès lors, que s'accommoder d'un compromis « subobjectif » (Latour 2012 : 12), où l'interaction entre le sujet et l'auteur de l'image concède leurs interactions réciproques. Ainsi, plutôt que chercher la plénitude d'une justesse illusoire dans un projet d'anthropologie visuelle, j'en suis venu à me demander s'il ne suffirait pas tout simplement de se contenter de faire : « *juste des images* », comme Godard, dans son film, en fit la proposition[5].

Ce film, impossible à réaliser dans sa volonté de déconstruction, mais se faisant tout de même et se perdant dans son propre commentaire et ses aspirations à ne pas vouloir prendre position, n'en demeure pas moins remarquable pour les quelques « lâcher-prises » qu'il contient. Car c'est justement cela qui va nous intéresser : ces manifestations interstitielles, toutes ces épiphanies qui se *défilent* à l'intérieur des images, vers l'en deçà de leurs marges. Ce que la photographie, dans l'ascèse de son exercice, offre parfois sans qu'on le cherche. Cette restitution du surgissement, dans le mouvement de son invention, d'un réel qui s'affranchit du cadre : un *effet* de représentation perçu comme micro-tressaillement.

Mais, revenant à l'origine de cet art de produire les images, on concédera ainsi ne jamais arriver sur son champ de recherche par hasard. À la manière d'un nomade qui invente autant qu'il relève et révèle les routes de son propre désert, notre histoire personnelle ne peut être exclue des conditions de l'expérience dans son interaction avec un terrain qui nous imprègne autant que nous l'influençons. Les motivations, les fascinations, qui conduisent vers ce que nous nous figurons être cet *ailleurs* caractéristique, voire des formes absolues de l'*altérité*, s'il en existe jamais, sont aussi, dans le même mouvement, les réminiscences de ressentis et d'expériences : la campagne battue d'une géographie d'*habitus* déjà éprouvée au préalable. Ces terrains, qui inspirent nos recherches, donnent dès lors à toutes et à tous le sentiment complexe d'une forme d'étonnement en partage autant que de complicité ludique face au fracas du monde. Cependant, si le désir qui *appréhende* l'altérité est à comprendre dans les trois acceptions lexicales du terme : arrêter quelqu'un, redouter quelque chose et comprendre par l'esprit, on retiendra particulièrement, comme je l'ai déjà mentionné, qu'il se manifeste surtout dans la foulée d'une menace potentielle, effective ou fantasmée, en tout état de cause perçue. Car c'est à partir de celle-ci que l'on peut expérimenter. La perception de l'altérité et la recherche de sa transmission peuvent s'expliciter de différentes manières et, particulièrement, à l'intérieur d'un décryptage, d'une atomisation des figurations, dans l'architecture d'une analyse étayée de concepts forgés au préalable. Celle-ci procède, à mon sens, d'une mise à l'écart vers une maîtrise plus ou moins assumée de son sujet d'étude : une volonté totalitaire de savoir, et d'absolu des pouvoirs de *figuration,* retenant l'autre dans les termes d'un discours qui ne peut être le sien et ne donne donc pas sa pleine chance au dialogue. On étalonne l'autre à des paradigmes pour le tenir à distance, si ce n'est le faire disparaître, de la même manière que se désexualise une femme, un homme *a fortiori*, au travers de son objectivation dans la pratique du strip-tease (Barthes 1957 : 160).

Cet enfermement de l'altérité dans les catégories d'un énoncé est un des possibles de gestion du trouble ressenti face à l'altérité : la formulation reste séduisante parce que réductrice, mais finalement pas si éloignée de la réminiscence d'une argumentation fondamentaliste, s'articulant autour d'arborescences analytiques arbitraires et imperméables à l'accident.

Il me semble beaucoup plus fructueux d'assumer alors l'inconfort et la *non-consolation* d'un relativisme, pour tenter une autre proposition reconnaissant sa valeur à une performativité de l'expérience, confirmant ainsi que : « n'importe quel type d'objet en sciences sociales est un objet que l'on construit progressivement, et qui n'est jamais donné en tant que tel » (Descola 2007 : 243).

De cette manière, gérer la peur face à *l'étrangeté* qui fascine le désir de connaissance, pourrait s'inventer, non pas dans une confrontation à des dogmes, mais dans une forme dynamique et construite, de la *rencontre*. On s'inspire ici du : « *Trouver, rencontrer, voler, au lieu de régler, reconnaître, et juger* » (Deleuze-Parnet 1996 : 15). Les deux auteurs précisent, dans ce livre où leurs voix se mêlent sciemment au point où l'on ne sait plus « qui parle » des deux, cette contexture de la rencontre :

> Rencontrer, c'est trouver, c'est capturer, c'est voler [...] La capture est toujours une double-capture, le vol, un double-vol [...] Une rencontre, c'est peut-être la même chose qu'un devenir ou des noces [...] quelque chose qui passe ou qui se passe entre deux, comme sous une différence de potentiel [...] ce n'est pas un terme qui devient l'autre, mais chacun rencontre l'autre, un seul devenir qui n'est pas commun aux deux, puisqu'ils n'ont rien à voir l'un avec l'autre, mais qui est entre les deux, qui a sa propre direction, un bloc de devenir, une évolution a-parallèle. C'est cela, la double capture... (Deleuze-Parnet 1996 : 13).

C'est, particulièrement, cet art de la double capture qui va motiver la recherche que je souhaite ici proposer : une rencontre comme partage d'expérience. Sans *a priori*, ni volonté intrusive de thésauriser des savoirs, sans jugement prérequis, ni quête d'un aveu quelconque, il s'agit de trouver la formalité d'une politesse qui permet parfois de créer des situations, avec des femmes et des hommes, des non-humains mêmes et des objets aussi, lors desquelles un plan d'immanence pourra, ou non, déliasser *les feuillets* (Deleuze-Guattari 2005 [1991] : 53) de sa structure. Ainsi, à la manière d'un mouvement de pouce qui entrouvre la tranche d'un livre ou d'un jeu de cartes, on cherchera à ouvrir les champs pour faire advenir ces lignes de fuites qui suggèrent la menée d'une forme de phénoménographie : la photographie des phénomènes en train de se produire.

L'anthropologie singulière que je défends s'est constituée au cours d'une maturation introspective dans l'esthétique de sa pratique, et ses processus sont, comme souligné, la multiplicité de mes raisons. Et si j'évoque l'éthique d'une politesse, le refus des jugements et la discrétion de son approche (Zaoui 2013), c'est que l'*enquête et ses graphies* ne sauraient faire abstraction du respect des distances : lorsque l'on s'intéresse à la question du portrait à l'intérieur d'un rhizome d'interactions sociétales toujours prompt à identifier et à discriminer, il fait sens que « *l'accès au visage est d'emblée éthique* » (Lévinas 1982 : 78-80). *A fortiori*, si l'on se tourne vers une population marginalisée par un type d'économie des échanges où elle joue sa survie et défend une rationalité sensible de *passagers clandestins* où les questions du discrédit et d'exclusion infamante sont prégnantes, on pressent alors cette *pauvreté essentielle* du visage (Lévinas 1982 : 76), qu'il importe d'accueillir avec attention et respect. On comprend ainsi peut-être mieux comment, confrontée à un groupe qui se méfie à juste titre des discours et des actes performés à son égard, ma façon de produire des images a été construite, autant que traversée, par le doute sur l'architecture de son ontologie personnelle. Cependant, bien que ma propre *Weltanschauung* s'inscrive parfois en faux avec les représentations du monde de celles et de ceux qu'elle aborde, il s'avère toujours possible de construire l'expérience d'un commun des intuitions. Particulièrement en cela que, loin d'être naïfs, ces femmes et ces hommes devenus actants de mon anthropologie jouent avec leur propre représentation d'eux-mêmes : pour négocier leur challenge sociétal et leurs transgressions, ils cherchent à se définir par une manipulation de masques (Marsault 2008 : 441), face aux catégories et jugements dans lesquels ils redoutent qu'on les enferme. Mais, n'ayant rien à perdre et faisant feu de tout bois, ils comprennent aussi que le *breaching* comportemental et social, voire la schizophrénie latente, qui conduisent le chercheur vers leur univers, sont à même de leur servir d'outil. Sur ce terrain des jeux de rôles, entre sujets et chercheur, une fois la complicité mutuelle reconnue, l'expérience du passage au travers du miroir photographique ménage, de part et d'autre, de façon presque métonymique, la possibilité de vacuole méditative d'un hors-champ hétérotopique où chacun se retrouve pour mieux se chercher.

Cette médiation entretient l'ambiguïté d'un lien avec ce à quoi elle se réfère, jouant sur l'étonnement entre proximité physique et espace de l'écart qu'elle produit à la surface de son image (Piette 1992 : 129-136). Elle fonde cette mise en abyme des pôles, non-lieu du miroir de l'appareil photographique qui sert pour définir le concept d'hétérotopie (Foucault 1984 : 46-49), faisant advenir à la fois la conscience d'un espace de la présence et celle d'une *chronotopie,* que le déroulement ou la révélation d'une effectuation des temporalités avait occultées. Cette confrontation offre même à chacun, l'un derrière son appareil comme auteur et l'autre en sujet occulté par son masque, le possible d'une *disparition* derrière l'œuvre créée : en cela, elle s'affranchit des ordonnances du *visage,* l'astreinte à *visagéité,* et permet de construire cette modalité, définie au préalable, de la rencontre.

LE PERSPECTIVISME DE L'IMAGE

Dans cet aller-retour constant du basculement spéculaire, on saisit la réminiscence de l'aller-retour permanent de celles et de ceux qui captivent notre attention au travers de leur propre jeu avec les apparences. L'étonnement partagé lors de cet exercice quasi ludique, entre perceptions rétiniennes et représentations mentales possédant, dès lors, la capacité inhérente à devenir le fondement et le partage d'une forme d'anthropologie « respective », il devient soudain possible de construire un type d'échange particulier dont la formulation pourrait même emprunter à des allants de soi repérés à l'œuvre dans d'autres cultures.

La recherche menée avec les Indiens Araweté d'Amazonie (Viveiros de Castro 1992) nous apprend ainsi que la perception de l'altérité s'y conçoit d'une autre manière que celle d'usage en Occident. Face à leur ressenti devant l'altérité, les Indiens

> ont peur, car l'altérité est l'objet d'un désir radical de la part du soi. Il s'agit d'une forme de peur qui, loin d'exiger l'exclusion ou la disparition de l'autre pour se retrouver en paix avec sa propre identité, implique nécessairement l'inclusion ou l'incorporation de l'autre, ou par l'autre (par, dans le sens de "au travers de"), comme forme de perpétuation du devenir-autre qui est le processus du désir dans les sociétés amazoniennes (Viveiros de Castro 2012 : 27-43) Trad. de l'auteur[6].

S'inspirant de ce paradigme, mon approche de l'anthropologie visuelle cherche à travailler sur cette fascination et le désir pour l'altérité, ou du moins ce que l'on croit en percevoir, la peur de sa menace, et l'intuition d'une définition du sujet, tant du côté du chercheur que de l'acteur/actrice de son sujet d'étude, qui passerait par une forme expérimentale, sans aller jusqu'au cannibalisme intellectuel avéré, comme on s'en doute, vers une rencontre empathique construite sur l'incorporation de l'autre. Il est évident que l'on se projette là dans une posture impossible à tenir, mais ce mouvement est, en soi, déjà une forme de recherche de connaissance. Ainsi, l'idée même de « sujet » ne peut être alors comprise que comme « *ex-istante* », c'est-à-dire en devenir de soi-même, comme insaisissable processus de mutation, multiplicité interconnectée dépendante et créatrice à la fois du réel, dans son pouvoir d'être affectée et d'affecter. On recherche ainsi à produire des images qui témoignent, dans l'absolu, d'une approche des données du multiple et non d'une formulation totalisante de l'unique.

Particulièrement, cette volonté de faire éclater la *cristallisation* des clichés dominant la thématique de la marginalité qui, sous le prétexte du compassionnel, participe encore et toujours d'une discrimination sournoise dans son œcuménisme, m'a conduit à la fin des années quatre-vingt, en partenariat avec le photographe Heino Muller, à me fixer au sein d'une population en volonté de rupture avec la société civile.

Il s'agissait de la comprendre et de partager sa culture, par ce biais singulier de la perception et l'analyse de l'esthétique de la présence qu'elle produit culturellement. La critique politique des conditions d'existence du sujet contemporain m'y retient encore (est-il même possible de quitter ou de se déprendre tout à fait d'un terrain de recherche ?), particulièrement dans cette quête d'une dynamique alternative, la recherche d'une utopie possible face à une société sécuritaire de la thésaurisation et du contrôle qui la cerne, mais à laquelle *nolens volens* elle demeure inévitablement attachée. Car cette volonté de créer une alternative chez ces êtres qui « challengent » le pouvoir et les préséances, demeure synchrone avec toute la réflexion, la recherche et les analyses que j'ai pu développer depuis. En cela elle l'inspire et la met en crise, tout à la fois. Ce que l'on pourrait aussi suspecter d'un *enlisement* dans le terrain relève ainsi plus d'une patience involutive cherchant à ressentir l'état mental de l'altérité pour pouvoir au mieux se le représenter (Hénaff 2014 : 201).

En effet, construire des images sur un terrain sensible ne peut se suffire d'une simple *empathie cognitive*. Ce n'est que l'ascèse du vivre au quotidien, dans ses moments de lenteur introspective tout autant que d'activité fébrile, qui permet cette approche intuitive où la proposition de situations (la réalisation d'une image photographique) peut, et parfois seulement, construire un type de dynamique qui témoigne sur la temporalité multiple des ressentis au moment choisi.

Ces jeunes femmes et ces jeunes hommes en marge du système, déclassés et en rupture de société, se retrouvaient à l'époque dans les squats et les salles de concerts parisiens. La cinétique de leur comportement trahissait l'expression d'une exclusion, subie effectivement ou figurée – voire inconsciente –, par laquelle on décelait une privatisation subie des organes et des corps conduisant à une forme de *blessure du narcissisme primordial* (Stiegler 2003). Celle d'une obsolescence plus ou moins programmée des représentations de ces mêmes corps et organes, face à l'accélération du développement technologique, la naissance du virtuel des réseaux et sa redistribution des paradigmes, un témoignage sur une situation de mutation sociétale intense où l'on ne possède plus les clés de décryptage, ni les médias utiles pour en maîtriser la perversité des effets.

Chez ces jeunes en quête des géographies de l'existence et des rites de passage de leur temporalité propre, la vêture et l'humour volontairement outragé ou le grotesque de leurs dégaines, jouaient une partition de *Trixter* méritant l'écoute. L'orchestration savante du masque de leurs apparences, cette chorégraphie de leurs allures dans l'efflorescence indexicale de leur langage, le spectre olfactif de leurs présences, la minéralité des sédimentations collectées lors de leurs déambulations, le parcours et les détours de leurs lignes d'erre, la graphie de leurs marquages tégumentaires, l'incidence des matériaux et le nomadisme du métal dans leurs chairs et leur environnement, l'accompagnement et l'anthropomorphisme des non-humains et objets perçus comme fétiches, animaux et artefacts totems chargés de sens, etc. : tout semblait construire l'inscription d'une esthétique flamboyante du pli de leur présence dans l'espace. La richesse de créativité de cette mise en scène dans la ritualisation du quotidien, produisait une dramaturgie singulière de l'existence où le ludique d'un jeu de cache-cache dissident avec l'astreinte à identité confectionnait une figure fascinante perçue comme altérité. Il fallait essayer de la comprendre, dans le sens d'en « faire partie », d'en faire l'expérience par le *corps*. Pouvoir dialoguer et jouer avec captivait l'étincelle d'un désir porteur d'une forme de promesse, bien que ne cachant nullement ses risques ni le port de ses traîtrises, de ses illusions.

Notre proposition de restitution s'est alors organisée autour d'une proposition artistique : les premières images ne furent ainsi pas faites dans le cadre d'une recherche en sciences sociales, mais se voulaient exercices poïétiques de plans sécants plasticiens face au chaos des perceptions.

FIGURES DE STYLE

Nous avons ainsi commencé, et cela jusqu'au décès d'Heino Muller en 1995, une sorte de journal de bord en images, qui témoignait sur nos rencontres. Ce projet, appelé *Fin de siècle*[7], consistait en un échange symbolique où les personnes contactées se voyaient proposer une somme d'argent pour leur participation à une séance de pose. Le diagramme de la relation du peintre avec son modèle servait de référence et l'argent rétribué représentait le prix du livre qui serait édité par la suite. Il était ainsi donné, à toutes celles et ceux qui y participèrent, la possibilité d'obtenir une représentation photographique d'eux-mêmes (les tirages étaient offerts), mais ces portraits, particuliers à chacun(e), dialoguaient aussi dans le livre avec les autres. Réunis dans une forme de rhizome-état des lieux, les images composant ce travail ont consisté en un choix subjectif (du fait des photographes) reflétant le contexte culturel et sa cartographie possible à l'époque. Nous choisissions une ou deux images parmi la série d'une trentaine qui étaient réalisées à chaque séance. Le sujet n'avait donc pas le choix final de l'image, ou des images sélectionnées. Cependant, dans ce geste arbitraire d'auteurs, la pose était plus ou moins déterminée par avance, et une trentaine d'images étaient prises dans le cadre de divers essais avec des focales et des temps de pose différents, mais toujours autour de cette même pose. Dans les portraits qui furent réalisés avec une centaine de personnes, la situation où un *modèle* réclame de voir les autres clichés se présenta à très peu d'occasions. La planche de contact était alors montrée, mais il semblait, très étonnamment d'ailleurs, que l'image que nous avions sélectionnée semblait convenir à tout le monde. Il y aurait lieu de questionner cette pratique du pouvoir discrétionnaire dans le cadre de la représentation, mais comme rappelé au préalable, les images dont il est fait mention dans cet article ne furent pas, à l'origine, réalisées dans le cadre spécifique d'une recherche anthropologique.

Une image emblématique fonde le projet *Fin de siècle*. Elle fut réalisée lors d'un concert du groupe punk hardcore *Broken Bones,* en avril 1987, lors duquel Heino Muller et moi-même perçûmes une intensité en partage entre le public et le groupe. Une forme de transe immanente faisait soudain *corps commun*, emportant tout le monde dans son processus. Il nous a alors semblé, par intuition, « indispensable » de conserver une trace de ce moment et une photographie a été faite *backstage*, après le concert, avec le guitariste Tony *"Bones"* Roberts, contre cette bâche en plastique qui réfracte l'éclair du flash. On remarque le tatouage d'une petite croix gammée sur la deuxième phalange du pouce de la main droite, et, sur son ventre, celui d'un crâne de monstre, n'ayant qu'une

orbite, et portant une sorte de casque sur lequel on distingue la lettre
« N », rappel du dessin-emblème qui circulait dans les années quatre-
vingt sur les T-shirts et couvertures de disques du groupe : une tête
de mort portant un casque à pointe en métal, similaire, formellement,
au type de ceux portés par l'armée allemande lors de l'entrée dans le
premier conflit mondial.

Cette croix gammée, symbole que l'on a vu arboré par certains à
l'origine du mouvement punk[8], est un détail qui caractérise l'outrance
de la provocation des premiers punks. Son évocation, détournée de
son sens premier, n'en demeure pas moins ambivalente par sa simple
présence. Nous eûmes d'ailleurs l'occasion d'entendre, à propos de certains, rares heureusement, le qualificatif de *nazi punk* : ceux qui firent
usage de violence et d'arbitraire, que cela soit dû à leurs excès de toutes
natures (alcool, drogues, etc.), ou à un comportement vis-à-vis d'autrui
se définissant, dans une souffrance et un mal-être individuel probable,
par des tentatives de domination ou d'exploitation unilatérale des situations. Le désespoir et la rage de quelques-uns qui traversèrent, avec
une extravagance de sélénite, le phénomène punk, ne peuvent qu'interroger. L'arrogance punk s'étant voulue, par son projet contestataire
et somme toute moralisateur, la dénonciation des dysfonctionnements
entropiques dans la société contemporaine, elle n'a pas toujours su ainsi
parfois échapper à l'enlisement dans la trivialité de ses manipulations
de signes. Cependant, pris dans l'étau de la précarité des situations,
face à la violence complexe des échanges de la société néolibérale du
thatchérisme, particulièrement dans son exploitation assumée des êtres
et de l'environnement au profit du marketing de sa doxa transcendan-
tale, était-il possible que certains, qui se revendiquèrent de la mouvance
punk, échappassent totalement au régime des ambivalences dans leur
dénonciation/déconstruction ?

C'est face à la difficulté de ce cas d'école que le projet d'une restitution ethnographique se trouve confronté à ses propres intentions.
Comment rendre au sujet, et à ceux qui en partageront l'image, une
proposition qui ne soit ni caution complaisante, ni dénonciation stig-
matisante ? Si *l'art n'a pas d'opinion* (Deleuze, Guattari 1991/2005 :
176), il lui incombe tout de même de faire en sorte que la production de son travail, ce *composé de percepts et d'affects* (Deleuze,
Guattari 1991/2005 : 163), accède à la permanence d'un équilibre
de toutes les forces en présence : c'est-à-dire sa pertinence, l'*aplomb*
(Deleuze, Guattari 1991/2005 : 164) de sa médiation. D'autant que
cette image ne saurait échapper, tout à fait, à l'anthropomorphisme
d'un fétichisme projectif toujours possible, et sa cohorte de rituali-
tés idolâtres. La prise en compte de l'agentivité des images ne peut
être éludée dans leur conception. Grâce aux travaux de Warburg, on

sait que celles-ci peuvent avoir leur propre « *charge inassignable, d'un insaisissable concentré d'énergie, d'excitation et de mouvement* » (Sierek 2009 : 197), c'est-à-dire qu'elles sont aussi et surtout, au-delà du visible, des *champs de forces* (Sierek 2009 : 15).

L'image de Bones a été faite d'instinct, sans réfléchir au devenir de son projet, dans le *continuum* de la transe vécue. Mais une question affleure : pourquoi faire une telle image, dans quel but ? Il était sans doute nécessaire de la faire pour pouvoir envisager les cent cinquante suivantes qui allaient constituer le projet *Fin de siècle*. Ce portrait ne nous renseigne en rien sur l'intimité du personnage au-delà des détails, presque exotiques de sa parure, si ce n'est un effet de sidération capté là avec une acuité particulière : le reflet sur la toile de plastique qui sert de fond est métonymique d'un éblouissement qui se conjugue avec le visage « halluciné » du guitariste Bones. Ce visage exprime la fatigue du concert ; la maigreur des joues creusées en est énigmatique. On ne saurait enfermer Bones dans une représentation, le fixer dans une posture. Il s'agit seulement de partager avec lui ce moment épuisé de la transe, le faire, par translation, partager avec d'autres. Souhaitant

Photo 1. *Couverture du livre*

Photo 2. Bones, Montreuil, 1987

évoquer la réminiscence d'un effet de mouvement, cette image, faite sans calcul préalable, nous donne un accès à Bones, qui n'est plus tant celui de la discrimination (on observe de nombreux détails, mais ils relèvent tous de l'anecdote). Cette photographie est alors singulière, non parce que le sujet est spectaculaire, voire son auteur talentueux, mais bien parce que l'éclair sur la toile, le visage du personnage dans son lâcher-prise, le placement de ses bras, l'éblouissement au niveau du plexus solaire, le hasard des lignes de la fermeture Éclair® et des plis de la bâche en plastique, concourent à l'émergence d'une forme de diagramme du « surgissement » : l'apparition du tatouage sur le ventre faisant ainsi irruption hors du blouson.

Cet effet de dérapage, de *sortie de piste*, témoigne sur le phénomène où Bones et le photographe ont été co-actants d'une transe comme « être ailleurs » d'un devenir en partage. L'éclair reflété, le visage, les bras et le tatouage créent un mouvement de dé-plis qui fonde la représentation, qui la fait advenir. Par son questionnement apaisé et silencieux, Bones ne semble cesser de surgir. Cette dynamique d'un point de vue qui trahit sa multiplicité est devenue ainsi l'*image-origine*, étalon de référence du projet *phénomènographique* que fut *Fin de siècle*.

De même, extrait de la série *Fin de siècle*, le portrait d'Armelle est par contre une mise en scène. L'image ne renseigne en rien sur le tragique de l'expérience qu'elle vivait au quotidien, et pourtant, à présent qu'Armelle est décédée, elle restitue un singulier sursaut de présence vitale : l'intensité d'une immanence se révèle dans le croisement des bras, mis en perspective du regard. Les effets contrastés de brillance dans le noir, rehaussés par l'usage d'une lampe qui, à l'instar du portrait de Bones, produit ces *catch lights*[9] dans les yeux, surlignent le morcellement dans la texture du blouson, fait de différents morceaux rapiécés, eux-mêmes pris au piège de ces fermetures à glissière, qui anticipent des mouvements d'ouverture et de clôture. Le point est fait sur le personnage mais, à mon sens, un élément flou opère la synthèse des perceptions et ouvre un décrochement de plan, une ligne de fuite : l'escalier, au second plan, oscille dans la représentation, entre le mouvement métonymique de montée au plateau/niveau supérieur et la descente, que l'on ne peut exclure, vers l'enfer fantasmé de possibles « chutes rebelles ». Ce balancement ondulatoire caractérise l'image et en produit la force. Les marches de l'église Saint-Gervais, rue de Bagnolet à Paris, ont été choisies intuitivement. Il fallut désigner un lieu qui soit extérieur au squat dans lequel elle séjournait et, dans l'urgence, c'est la solution qui fut retenue. Mais c'est surtout la fréquentation du quotidien d'Armelle qui a suggéré ce parti pris dans l'esthétique de l'image. Il a fallu se sentir *devenir Armelle*, en écho à quelque chose de secret dans la rencontre, cette intimité d'un tragique en partage vraisemblablement, pour que l'idée de l'escalier *mis à nu* serve de métaphore transitive. Ces marches accèdent-elles à quelque chose de sacré ? En cela que, le chaos dont nous étions les témoins dans le quotidien d'Armelle, nous l'aurait suggéré ? Armelle n'était pas une amie proche, cependant il faut admettre qu'elle incarnait l'intensité d'une peur et d'un mal-être qui nous était intime.

Le portrait a été fait avec sa collaboration ; elle se maquilla pour l'occasion. Elle demanda de réaliser une image supplémentaire avec son petit chat, image aussi reproduite dans le livre, même si elle demeure plus anecdotique. Par sa demande d'image annexe, il y avait donc la certitude/crainte que le portrait risquait de révéler une brutalité, qu'elle ne pouvait nier, puisqu'elle se l'infligeait en vivant dans ces circonstances, mais à laquelle elle ne voulait très justement pas être réduite. La photographie avec le petit chat a donc été faite. Armelle ne pouvait savoir, ni Heino Muller ou moi-même, que cette image n'était en fait pas nécessaire. Car le portrait, *au pied du mur* des marches, porte en lui toutes les ambiguïtés nécessaires à la transcription du relativisme dans la perception et évite toute stigmatisation. À la fois brute mais sensible, cette image ne fige rien, elle demeure en tension, en advenir : elle accède au non-dit du partage d'une attente, dans la réciprocité de sa double prise.

Entre le portrait de Bones réalisé sans préméditation et la scénographie de celui d'Armelle, les deux approches ne sont pas antinomiques, mais se complètent par ce qui leur est commun : une intuition née de l'expérience où les photographes lisent le réel comme un appel auquel ils cherchent réponse. Les deux images permettent d'accéder à une connaissance qui n'est pas sensible au premier regard, mais outrepasse celle du document, même si la dynamique, le mouvement interne de ces portraits, qui est responsable de leur singularité opératoire, demeure aussi pour partie le fruit du hasard. Mais ces images nous permettent de saisir comment, dans le mouvement intérieur qui les anime, un lien étroit avec la notion de temporalité participe de leur architecture.

On terminera ces études de figures de style, par une image réalisée sur la Wagenburg de Waldemar Straße, à Berlin en 1993.

Photo 3. Armelle, Paris 1988.

On y découvre Godz, qui vivait alors sur le lieu, et dont la situation a déjà été documentée (Marsault 2008 : 95). Ce qu'il importe à présent de retenir, au-delà de la complexité et des contraintes inhérentes à la prise de vue, c'est, en s'inspirant de la présence aléatoire du panneau de signalisation en bas à droite de l'image, comment l'image véritablement opère. Une *triangulation* du désir, imprévue mais intense, se fonde en effet entre la flamme qui brûle le poing droit de Godz, l'ouverture nonchalante de la braguette de son jean et la représentation de cette femme qui offre la générosité de sa poitrine et ouvre ses cuisses, donnant à imaginer l'intime de ses parties génitales. Cette potentialité du sexuel est l'ouverture du portrait, sa sortie de cadre. Godz est représenté dans son environnement, comme une figure émergente d'un noir fantasmatique, mais il n'y est pas réduit. Quelque chose le déborde, qui fait accéder au sublime de sa présence. Ce que l'image restitue alors ce n'est pas tant le présent de l'expérience, qui est certes là indéniablement, mais aussi et surtout un accès à la feuillure du moment, dans le défilement de son effectuation.

L'IMAGE TEMPS DE LA PRÉSENCE

Les trois exemples que cet article aborde, témoignant sur la méthodologie de mon travail de restitution anthropologique, me permettent alors de proposer la conclusion suivante qui s'est imposée au cours de l'expérience. Celle-ci me semble être la plus pertinente pour rendre compte d'un champ de recherche. En effet si, comme nous l'avons concédé, ce terrain est la construction par le jeu de l'interaction entre le chercheur et les actants d'une situation, au hasard des circonstances et nécessités, il ne peut être possible d'en proposer une restitution qui soit l'image figée des ressentis. Il s'agit alors de dépasser le paradigme de l'observation pour, inscrit dans la durée en s'inspirant du vécu perceptif du sujet d'étude, trouver les solutions plasticiennes et les propositions esthétiques les mieux à même d'en restituer l'épaisseur des feuillures et la multiplicité des plateaux. On s'accorde ainsi sur le fait que la perception du réel s'accompagne, au sens bergsonien, de la coexistence virtuelle de la mémoire. L'épaisseur des personnages que l'on rencontre, et avec lesquels on s'incorpore au travers du partage de l'expérience, est faite de *ces plans de conscience à travers lesquels le souvenir s'actualise* (Deleuze 2014 [1966] : 62). Il importe de chercher la forme extensive d'une figuration qui en rende compte, laissant au sujet les marges de sa puissance d'existence et de ses capacités de présence, plutôt que de s'en tenir à la stigmatisation d'une forme décryptée et désincarnée, certes plus facile à réaliser, mais insatisfaisante dans sa volonté de pouvoir taxinomique. Ainsi, les effets de scintillement, de bascule, et de tressaillements, aussi oniriques que parfois baroques dans les représentations que nous avons étudiées, sont certes le résultat de situations paradoxales, mais ils offrent l'opportunité de créer surtout un effet de perspective qui ouvre ou déboîte l'image, pour offrir la restitution des temporalités multiples œuvrant à la perception du champ.

Cette praxis, faisant l'effet d'une invocation dans sa ritualité symbolique, n'est pas sans ambivalence, puisqu'elle essaie de trouver/inventer, au cœur de l'image fixe qu'est la photographie, le devenir et l'agentivité d'une perception de trouble : un mouvement cherchant l'accès à une forme de miroir hétérochrone de la restitution. Mais cette médiation de l'invocation permet, parfois seulement, un accès au multiple des temporalités, qui constitue la sensation que nous avons du réel, quand cette même sensation « *coïncide avec les modifications nécessaires que subit, au milieu des images qui l'influencent, cette image particulière que chacun de nous appelle un corps* » (Bergson 2012 : 67).

Ce rituel de l'invocation, complice du silence photographique, opère alors comme dynamique jouable, pour contracter la vibration intrinsèque

***Photo 4**. Godz, Berlin 1993*

aux stimulations perceptives qui nous préoccupent, et pour sortir ainsi de l'impasse analytique à laquelle un auteur est confronté lorsqu'il lui revient d'expliciter sa propre création.

Bibliographie

Barthes, Roland, 1957, *Mythologies*, Paris : Point essais Seuil.

Bergson, Henri, 2012 [1939], *Matière et mémoire*, Paris : PUF Quadrige.

Deleuze, Gilles, 1988, *Périclès et Verdi. La philosophie de François Châtelet*, Paris : Minuit.

Deleuze, Gilles, Guattari, Félix, 1991/2005, *Qu'est-ce que la philosophie ?* Paris : Minuit.

Deleuze, Gilles, Parnet, Christian, 1996, *Dialogues*, Paris : Champs Flammarion.

Deleuze, Gilles, 2014 [1966], *Le bergsonisme*, PUF.

Descola, Philippe, 2007, Faut-il avoir peur du relativisme ?, Entretiens avec Serge Gruzinski et David Bloor, Tracés n° 12, Paris : ENS éditions.

Daston, Lorraine, Galison, Peter (préf. Bruno Latour), 2014, *Objectivité*, Dijon : Les Presses du réel.

Foucault, Michel, 1984, *Des espaces autres* (conférence au Cercle d'études architecturales, 14 mars 1967), Tome IV, Texte 360, Paris : Gallimard.

Godard, Jean-Luc, 1998, *Jean-Luc Godard par Jean-Luc Godard*, Tome II, Paris : Cahiers du cinéma.

Hénaff, Marcel, 2014, *Violence dans la raison. Conflit et cruauté,* Paris : L'Herne.

Lévinas, Emmanuel, 1982, *Éthique et infini*, Paris : Fayard Le Livre de Poche essai.

Lévi-Strauss, Claude, 1976 [2010], Le sensible et l'intelligible, entretien avec Maurice Olender, janvier 1976, publié dans *La règle du jeu*, n° 44, octobre 2010, Paris.

Marin, Louis, 1993, *Des Pouvoirs de l'image, gloses*, Paris : Le Seuil.

Marsault, Ralph, 2008, *Résistance à l'effacement*, Dijon : Les Presses du réel.

Piette Albert, 1992, La photographie comme mode de connaissance anthropologique, *Terrain*, n° 18, pp. 129-136.

Sierek, Karl, 2009, *Images oiseaux*, trad. Pierre Rusch, Paris : Klincksieck.

Stiegler, Bernard, 2003, *Aimer, s'aimer, nous aimer : du 11 septembre au 21 avril,* Paris : Éditions Galilée.

Tarabout, Gilles, 2005, Sans douleur. In *Systèmes de pensée en Afrique noire*, 1 / 2005, p. 143-169.

Viveiros de Castro, Eduardo, 1992, *From the Enemy's Point of View*, Chicago : University of Chicago Press.

Viveiros De Castro, Eduardo, 2012, Immanence and fear : Stranger-events and subjects in Amazonia, *HAU : Journal of Ethnographic Theory* 2 (1) : 27–43.

Zaoui, Pierre, 2013, *La discrétion Ou l'art de disparaître*, Paris : Autrement.

Notes

1. « *Man kann sich nichts dabei denken. Malen ist eine andere Form des Denkens.* », in Corinna Belz, 2011, *Gerhard Richter Painting*, Zero one Film Produktion mit Terz film, WDR, mdr & arte. Traduction de l'auteur.
2. « *la cause immanente. C'est une cause qui non seulement reste en soi pour produire, mais est telle que l'effet produit reste en elle.* » Gilles Deleuze, Image Mouvement Image Temps, Cours Vincennes-St Denis, 22 mars 1983.
3. « *Car la nature qui parle à l'appareil photographique est tout autre que celle qui parle à l'œil – autre, avant tout, en ce qu'à un espace consciemment travaillé par l'homme se substitue un espace élaboré de manière inconsciente.* » Walter Benjamin, 2000, Œuvres II, Gallimard, Paris, (p. 300).
4. Mathieu Demy, Stan Neuman, Alain Nahum, 2012, Film documentaire, Les grands courants photographiques, Vol. 3 *La nouvelle objectivité allemande*, 26', Production, Arte France, Camera Lucida, Centre Pompidou.
5. « *Le vent d'est* », film politique de Jean-Luc Godard et Jean-Pierre Gorin, du collectif Dziga Vertov, 1970, 95 min, Coproduction Polifilm & Anouchka.
6. "*are afraid because alterity is the object of an equally radical desire on the part of the Self. This is a form of fear that, far from demanding the exclusion or disappearance of the other in order for the peace of self-identity to be recuperated, necessarily implies the inclusion or incorporation of the other or by the other (by, also in the sense of —through), as a form of perpetuation of the becoming-other that is the process of desire in Amazonian socialities.*"
7. 25/34 Photographes (Ralf Marsault et Heino Muller), 1990, *Fin de siècle*, Pirates Associés éditeur, Paris.
8. Plusieurs photographies montrent Sid Vicious, bassiste du groupe The Sex Pistols, portant un T-shirt à croix gammée, un extrait vidéo aussi (https://www.youtube.com/watch?v=LArHeZyILa8).
9. Points blancs spéculaires.

9

LES RYTHMES DE L'URBANISATION GLOBALE. EXPLORATION DES COMPÉTENCES COSMOPOLITES

Emil Abossolo Mbo & Cassis Kilian

> Nous proposons alors ici une première définition de la ville comme projection de la société sur le terrain (...) Ce qui est inscrit et projeté n'est pas seulement un ordre lointain, un ensemble social, un mode de production, un code général, c'est aussi un temps, ou plutôt, les temps, les rythmes. La ville est entendue autant que la musique, elle est lue comme une écriture discursive.
>
> Henri Lefebvre (2000b : 109)[1]

En 1991, j'ai vu (l'anthropologue du projet de collaboration présenté ici) pour la première fois Emil Abossolo Mbo : il était assis à l'arrière d'un taxi avec son collègue et ils se moquaient d'un chauffeur ivoirien qui essayait de gagner sa vie à Paris. Abossolo Mbo a joué le rôle d'un riche Camerounais dans *Night on Earth*. Le titre du film de Jim Jarmusch fait référence à un rythme qui a un impact énorme sur les gens : l'altération du jour et de la nuit – chaque trajet en taxi commence à 4 heures du matin. La plupart des gens dorment lorsque les taxis traversent Los Angeles, New York, Paris, Rome et Helsinki. La nuit répond aux rencontres dans les taxis ainsi qu'aux paysages urbains, tunnels, routes et feux de circulation, qui ont un impact sur le rythme des conversations.

Né à Yaoundé, Abossolo Mbo vit à Paris depuis plus de vingt ans. C'est un acteur cosmopolite, qui a joué dans des films africains, européens et américains, a travaillé dans des villes du monde entier et a joué dans des rôles en français ainsi qu'en béti, en anglais, en espagnol et en portugais. Abossolo Mbo incarnait un colonel dans la Sierra Leone post-coloniale, un soldat sous commandement européen, un missionnaire, des politiciens qui ont abusé de leur pouvoir, un Africain mortellement malade vivant en Europe, des migrants qui ont réussi, des migrants qui ont moins de succès, et bien d'autres personnages confrontés à des enchevêtrements mondiaux. Abossolo Mbo a étudié leurs conditions de vie et leurs façons d'y faire face ; il a exploré les aspects corporels et émotionnels de la globalisation. Abossolo Mbo considère le rythme comme un indice de cette recherche artistique, mais il est aussi apte à découvrir les dimensions existentielles de la « modernité en général » (Appadurai 1996), qui sont difficiles à analyser par les anthropologues, car le niveau préverbal de l'expérience est difficile à saisir.

Cassis Kilian m'a contacté (l'acteur du projet collaboratif présenté ici) dans le cadre d'un projet de recherche intitulé « *Actors as Anthropologists* ». Elle m'a dit qu'elle est née près de Francfort et enseigne à l'Université de Mayence. Elle est titulaire d'un doctorat en anthropologie, mais avant ses recherches académiques, Kilian a travaillé comme actrice et son expérience dans les deux domaines l'a incitée à explorer les affinités et les zones frontalières de l'anthropologie et de l'art de la scène. Les acteurs ont développé des modes spécifiques pour observer d'autres personnes et ils disposent de méthodes sophistiquées pour incarner l'observé. Lorsque les acteurs reconstituent leurs observations, ils sont capables de discerner les caractéristiques significatives des expériences corporelles et émotionnelles. Nous convenons que les méthodes des acteurs peuvent aider à révéler des aspects corporels de la globalisation, qu'il est difficile d'explorer avec les outils empiriques que les chercheurs utilisent habituellement.

J'ai dit à Kilian que j'étais intéressé par l'analyse de ma recherche artistique sur fond de débats anthropologiques et postcoloniaux. Étant donné que j'ai souvent joué le rôle d'un citadin venu de l'étranger, elle m'a demandé si j'avais des idées pour explorer les paysages urbains. J'ai répondu que l'adaptation du rythme dans les contextes urbains peut être révélatrice, surtout si l'on tient compte du fait que de plus en plus de gens se déplacent d'une ville à l'autre et que l'urbanisation globale est caractérisée par des technologies qui imposent des rythmes spécifiques. Il serait également intéressant d'explorer la manière dont les gens se déconnectent de ces rythmes, par exemple les jeunes qui portent des écouteurs dans les transports publics. De plus, la collision de rythmes corporels individuels et de rythmes urbains peut être éclairante. J'avais déjà développé quelques idées sur l'importance du rythme dans un atelier intitulé « L'être rythmique » (pour plus de détails voir http://emilabossolombo.wordpress.com/ateliers/ consulté le 2 février 2014) et lors d'une conférence sur ce sujet que j'ai donnée à l'Université d'Avignon.

Nous avons décidé de concevoir un projet sur le rythme urbain, qui comprend des ateliers pour les anthropologues qui s'intéressent aux nouvelles approches méthodologiques. Nous appréhendons le rythme comme une structure temporelle marquée par la répétition, les pauses et les accents, qui sont créés et adaptés par ce que Bruno Latour (1992) a appelé des « actants », c'est-à-dire des êtres humains aussi bien que des entités non humaines, comme les planètes, les machines et les infrastructures. Les gens s'arrêtent aux feux de circulation, les escaliers roulants accélèrent leurs mouvements et les parcs les invitent à ralentir leur allure et ils peuvent se reposer sur des bancs quand brille le soleil. Nous estimons que le rythme est essentiel pour analyser la façon dont les gens ressentent un sentiment d'appartenance ou d'aliénation dans les environnements urbains. Notre thèse est que la perception de l'isolement est souvent liée à l'incapacité à s'adapter aux rythmes hétérogènes d'une ville : les rythmes de la circulation, du travail et des modes de vie dominants. Nous considérons la gestion des différents rythmes urbains comme une compétence cosmopolite. En ce moment, nous recueillons des fonds et développons des exercices qui permettent aux chercheurs d'étudier les rythmes urbains ainsi que les possibilités d'adaptation et d'imposition des rythmes. Nous planifions des ateliers dans des universités européennes et africaines : avec les participants, nous explorerons les environnements urbains respectifs et nous comparerons les expériences de ces ateliers dans le cadre d'une conférence de clôture.

Dans ce texte, nous exposerons quelques notions théoriques utiles à notre travail : pour analyser les concepts d'aliénation et d'appartenance, nous nous appuyons sur Achille Mbembe (2000, 2004), Kwame Anthony Appiah (2007, 2010) et sur les remarques de Thomas Hylland Eriksen (2013, 2014) concernant le cosmopolitisme. D'autres points de référence sont le concept de « sensuous scholarship » de Paul Stoller (1997), ainsi que les réflexions de George E. Marcus (2010) sur les collaborations avec les artistes de la scène. De plus, les réflexions de Tim Ingold (2010) sur le lien entre la marche, la respiration et le savoir sont importantes pour nous.

Dans une prochaine étape, nous attirerons l'attention sur le film *Les maîtres fous* (Jean Rouch, 1955) parce que nous considérons le rituel de transe des travailleurs migrants documentés dans ce film comme une tentative précoce d'explorer les rythmes urbains. Les problèmes liés à la réception de ce film nous permettront d'esquisser ce que nous entendons par faire place à l'intersection de l'art, de la recherche et de la politique. Nous montrerons comment les thèmes de notre collaboration sont liés aux débats scientifiques concernant les phénomènes de globalisation dans l'espace urbain. Cela nous amène à une question épistémologique : une technique « étrange » comme la transe peut-elle nous aider à comprendre l'effet des rapports de force déséquilibrés et des infrastructures commandées par le temps sur les citadins ? La présentation d'un exercice qui fait partie des ateliers que nous planifions a pour but de décrire la valeur heuristique de l'exploration corporelle de rythmes spécifiques. En guise de conclusion, nous résumerons pourquoi les anthropologues ont encore des difficultés à analyser les rythmes urbains et récapitulerons comment l'approche holistique des arts du spectacle peut contribuer à résoudre ce problème méthodologique.

POINTS DE RÉFÉRENCE THÉORIQUES

La migration est un phénomène mentionné à plusieurs reprises dans le contexte de l'urbanisation mondiale : de nombreux Africains vivent et travaillent aux États-Unis et en Europe, la plupart dans les grandes villes. En raison du colonialisme et des structures néocoloniales, même ceux qui restent dans les centres urbains du continent africain sont conscients des interdépendances mondiales, parce qu'elles sont devenues manifestes dans les paysages urbains et les infrastructures des mégalopoles africaines. Des maisons somptueuses rappellent l'époque coloniale. Les villes se développent rapidement parce que les travailleurs migrants arrivent des zones rurales et d'autres pays africains ainsi que des investisseurs du Nord et des pays asiatiques. Les centres commerciaux, les chaînes hôtelières, les gratte-ciel des entreprises transnationales sont des preuves du capitalisme mondial. De nombreux bâtiments sont détournés de l'usage auquel ils sont destinés, tant dans les zones dégradées que dans les quartiers riches. Les perdants et les gagnants de la globalisation essaient de tirer le meilleur parti de leurs situations respectives. C'est pourquoi les urbanistes considèrent les capitales africaines comme des laboratoires pour étudier les effets de la globalisation (Gandy 2005). C'est pourquoi des architectes comme Rem Koolhaas examinent Lagos. Achille Mbembe (2004 : 374) a revisité « la biopolitique de Johannesburg » et a analysé « comment l'assemblage de divers fragments de l'ancienne ville ouvre un espace à des expériences de déplacement, de substitution et de condensation ». Il conclut : « Dans le processus émerge une forme originale, si ce n'est pas du cosmopolitisme africain, alors il s'agit de la performance de la mondanité. »

Nous pensons que le cosmopolitisme est un sujet important lorsque nous voulons analyser les compétences dont les gens ont besoin dans les espaces urbains du monde entier. Thomas Hylland Eriksen, dans un chapitre – Writing on the "possibility of cosmopolitism" – d'un livre intitulé *"Frictions of hospitality and the promise of cosmopolitanism"*, (2013 : 135) résume les leçons que les Européens devraient apprendre. Il y affirme qu'il n'y a pas de définition communément reconnue du terme dans les textes académiques récents. Nous analysons comment le rythme, en tant que structure temporelle, se manifeste dans les environnements urbains, et comment il est lié aux interdépendances globales en constante évolution et aux sentiments et attributions d'appartenance et d'aliénation. C'est pourquoi nous examinons les dimensions opérationnelles de termes comme « cosmopolitisme » et son interaction avec d'autres termes flous, concepts et entités vagues comme la globalisation, l'appartenance et l'aliénation.

Faute d'une définition commune dans le monde académique, l'emploi prédominant du terme « cosmopolite » dans le discours public mérite d'être examiné de plus près : il s'applique aux Américains et aux Européens, rarement aux Asiatiques et presque jamais aux Africains. Apparemment, le capital politique, économique et social inégalement réparti a un impact sur la catégorisation comme « cosmopolite ». Les journalistes n'utilisent pas l'expression « migrant cosmopolite ». Ils affirment peut-être qu'un Africain arrivant en Europe ou aux États-Unis possède certaines compétences multiculturelles. Pourtant, dans les textes académiques, les auteurs préfèrent généralement affirmer la compétence multiculturelle des Africains, même si les adjectifs « cosmopolite » et « multiculturelle » sont connotés différemment : la dimension du capital culturel est moins évidente dans ce dernier. Il est paradoxal que même les chercheurs désireux de déconstruire des concepts de « l'autre » utilisent souvent des mots tels que « hybride », « imitation » et « local » pour décrire les phénomènes africains, mais rarement en relation avec les caractéristiques des modernités européennes ou américaines. En ce qui concerne les études littéraires, Achille Mbembe (2000) a fait remarquer que la voix cosmopolite est automatiquement accordée aux écrivains euro-américains, mais pas aux écrivains africains. Mbembe se réfère à Kwame Anthony Appiah (2007) qui veut transgresser la différence et suggère « le cosmopolitisme comme une éthique » dans un monde où, selon Appiah, tout le monde est un étranger. Il ne se penche pas explicitement sur l'espace urbain, mais nous pensons que les sentiments d'aliénation sont liés à la dynamique de l'urbanisation mondiale.

Dans ce contexte, nous nous inspirons d'Eriksen (2012) qui fait implicitement allusion au rythme lorsqu'il considère « l'altérité comme une condition universelle dans un monde en forte tension » où les personnes, les biens et l'information circulent de plus en plus vite. Les villes sont des carrefours de ces mouvements accélérés et nous suggérons que les sentiments d'aliénation et d'appartenance sont liés à la capacité de s'adapter aux rythmes : une femme de Kyoto arrivant à l'aéroport de Francfort pourrait se sentir familière avec le lieu. Elle peut être capable de se connecter avec le flux des autres arrivants. En entrant dans Starbucks, elle pourrait éprouver un sentiment d'aisance, un sentiment d'appartenance. Alors qu'une femme née à Francfort peut avoir une crise de panique, elle peut se sentir complètement aliénée par la grande salle du Terminal 1. Elle peut avoir le sentiment que tout le monde sauf elle est parfaitement adapté au rythme de l'aéroport, alors qu'elle est paralysée, exposée à ses rapides battements de cœur.

Les comédiens explorent et interprètent de tels sentiments. Nous nous référons à un terme inventé par Paul Stoller et considérons les approches d'acteur comme une recherche sensuelle ("a sensuous scholarship"). Stoller (2004 : 820) est convaincu que « les complexités transnationales exigent une approche plus sensuelle de l'ethnographie » et invite les spécialistes des sciences sociales "to rethink their scholarly being-in-the-world", à repenser leur être-au-monde en tant qu'universitaire. Nous nous référons à l'interrogation de Stoller sur les épistémologies académiques et explorons les « régimes sensoriels » (*ibid.*), c'est-à-dire les modalités de perception, les expériences sensuelles et les réactions corporelles avec les méthodes des arts vivants. George E. Marcus (2010 : 87) fait remarquer que les explorations des artistes dans le domaine du théâtre et du cinéma peuvent sembler superficielles d'un point de vue scientifique, mais il affirme que leurs réflexions sont en fait « profondément ancrées » dans les processus de travail de l'artiste du spectacle. Suggérant des collaborations, Marcus (*ibid.*) note que les anthropologues peuvent « utiliser l'expérience et les techniques [des artistes] pour réinventer les frontières et les fonctions du travail de terrain en anthropologie ». Le but de notre expérience commune dans l'ethnographie sensuelle est une compréhension approfondie de la dimension existentielle de la vie urbaine. Nous pensons que « l'altérité en tant que condition universelle » (Eriksen 2012) résulte d'une urbanisation mondialisée et mise sous tension à laquelle tous ceux qui vivent dans les centres urbains doivent faire face. Nous nous inspirons du rythme pour étudier ce phénomène, parce qu'il nous permet d'explorer les aspects préverbaux des sentiments d'appartenance ou d'aliénation et les compétences cosmopolites kinesthésiques nécessaires dans les paysages urbains.

Étant donné la multitude de langues dans une ville, la communication au-delà des mots devient plus pertinente. Appiah promeut une « éducation à la citoyenneté mondiale » (Appiah 2008) et recommande de regarder au moins un film sous-titré par mois (Appiah 2010). Abossolo Mbo a doublé Denzel Washington, mais nous rejetons tous les deux le doublage parce que nous sommes convaincus qu'il déforme la musicalité spécifique d'un film, qui est liée au rythme de gestes particuliers et à un langage corporel précis. Ainsi, les films sous-titrés peuvent donner accès à diverses possibilités d'être dans le monde et sensibiliser le spectateur à la production de sens au-delà du sens lexical des mots. Dans un débat à la Nollywood Week à Paris, qui peut être visionné en ligne, Abossolo Mbo (2013) a déclaré que le doublage altère le rythme de la parole parce que la formulation des phrases est structurée par la respiration, les accents et les pauses (pour un podcast de la discussion, voir <https://www.youtube.com/watch?v=Ij0qqyJkcns> consulté le 30 août 2014). Si un acteur fait le doublage d'un autre acteur, il peut difficilement retenir ces aspects préverbaux de la communication ; en revanche, les spectateurs les perçoivent même s'ils ne comprennent pas le langage – quand ils regardent un film avec sous-titres, ils peuvent facilement compléter le sens lexical des mots.

Les aspects préverbaux de la communication sont difficiles à saisir pour les anthropologues : ils négligent le rythme et la respiration, parce qu'ils ne sont pas formés pour percevoir comment le sens est produit par l'interaction du langage parlé et du langage corporel. En revanche, les acteurs doivent animer les mots écrits avec leur corps et ils sont formés pour percevoir comment les gens communiquent du sens sans parler, même sans volonté de communiquer. Par conséquent, les acteurs apprennent à prendre conscience de la façon dont le rythme de la respiration est lié à l'émotion. Presque tout le monde sait que l'anxiété est liée à la respiration accélérée et les thérapeutes apprennent à leurs patients à respirer profondément et calmement pour surmonter les crises de panique – les acteurs apprennent une manipulation plus différenciée de la respiration, de sorte qu'ils sont capables d'évoquer le rire, les pleurs et les accès de colère. Ils savent qu'ils peuvent créer du suspense en inhalant et en faisant une pause avant d'expirer. Même si les spectateurs n'ont pas appris à analyser ce niveau de communication, ils perçoivent automatiquement qu'une telle pause est très différente d'une pause dans laquelle l'acteur exhale, bien que les deux pauses soient tout aussi longues. Les spectateurs s'identifient à un acteur, notamment parce qu'ils adaptent inconsciemment leur rythme respiratoire. Les processus d'identification de l'auditoire sont complexes et varient selon le type de représentation ; le rythme respiratoire est un déclencheur parmi tant d'autres. Nous le soulignons parce que le rythme respiratoire est le plus souvent négligé dans la recherche académique (sur l'importance du rythme respiratoire pour l'identification, voir aussi Fischer-Lichte 2004 : 96). Erika Fischer-Lichte, l'une des plus éminentes spécialistes des études théâtrales allemandes, a souligné à plusieurs reprises l'importance du rythme, qu'elle considère comme le mode de communication de base du théâtre (Fischer-Lichte 2004 : 236). Dans ce contexte, elle a souvent souligné l'importance de la respiration, des battements de cœur et de la communication pré-verbale dans les représentations théâtrales.

Tim Ingold étudie la pertinence de la respiration pour la production de connaissance. « *Footprints through the weather-world : walking, breathing, knowing* » d'Ingold (2010) a été l'un des textes les plus importants lorsque nous avons discuté quel exercice d'acteur pourrait être utile pour les anthropologues urbains. Ingold souligne le lien entre la respiration, le mouvement et la perception : « C'est devenu presque un cliché anthropologique de décrire la relation entre la connaissance et le corps en recourant à l'idée de réalisation. Pourtant, un corps conscient qui connaît et se souvient doit aussi vivre et respirer » (*ibid.*, 122). Les exercices de théâtre explorent l'interaction entre la respiration, la perception et le mouvement – le rythme de la respiration est crucial dans ce contexte. D'autres exercices explorent l'impact des différents sols, comme le pavage, la moquette ou le gazon, sur le rythme de la marche. En s'appuyant sur Ingold, notre projet vise à explorer les espaces urbains de manière kinesthésique (*ibid.*, 125). Cela inclut aussi des exercices sans mouvement évident, par exemple des études qui visent à explorer en quoi le fait de s'asseoir dans une église vide diffère de s'asseoir dans une station de métro surpeuplée.

Nous pensons que la dimension pré-verbale de l'existence et de la communication est cruciale et qu'elle est toujours liée à l'espace dans lequel se trouvent les gens. Nous devons être conscients qu'ils ne rencontrent pas les autres dans des cubes blancs, mais dans les supermarchés, les bus, les hôpitaux et les universités. Chaque endroit impose un autre rythme. Pour les migrants et les citoyens multi-localisés, le traitement de rythmes différents est au moins aussi important que le traitement de langues différentes. Les rythmes de circulation diffèrent dans de nombreuses villes du monde entier. Dans ce cas, l'adaptation du rythme peut devenir une question de vie ou de mort. Nous pensons que la gestion du rythme dans un paysage urbain est une compétence que les gens doivent apprendre, une compétence cosmopolite, dans des villes où tout le monde se sent quelquefois marginalisé.

LES RELATIONS DE POUVOIR NORD-SUD ET LES HIÉRARCHIES ÉPISTÉMOLOGIQUES

Selon le stéréotype, les Africains sont des spécialistes naturels du rythme. Dans cette perspective, le rythme est quelque chose d'archaïque et se réfère à la musique, à la danse et à la nature, et non à la globalisation, un terme qui est entré dans le discours public dans les années quatre-vingt-dix. Certes, l'intensification de l'enchevêtrement global a commencé beaucoup plus tôt : de nombreuses villes sont devenues puissantes à cause du colonialisme, et diverses études d'anthropologie urbaine analysent les effets des structures coloniales et néocoloniales sur les centres-villes et les banlieues en Afrique, en Europe et aux États-Unis (Hannerz 1980, Gmelch/Zenner 1988). Les anthropologues urbains abordent la migration, l'ethnicité, les bidonvilles et la gentrification. Étant donné que des rapports de pouvoir économiques, politiques et sociaux déséquilibrés se manifestent dans la topographie d'une ville, on pourrait prétendre que l'impact de ces rapports de pouvoir sur les sentiments d'appartenance ou d'aliénation est plus important que le rythme. Mais notre argument est que le rythme est crucial parce qu'il détermine l'expérience corporelle et émotionnelle de ces relations de pouvoir. De plus, nous soutenons que les équilibres du pouvoir peuvent être explorés en examinant comment les rythmes sont imposés et adaptés.

Le film ethnographique *Les maîtres fous,* tourné par Jean Rouch en 1955, traite d'une collision de rythmes dans la ville d'Accra durant la colonisation. Quand le film commence, nous voyons un vieil homme avec un long bâton qui attend patiemment jusqu'à ce qu'un long train de marchandises soit passé. Il traverse la voie ferrée pour entrer dans le centre-ville d'Accra. Des camions, des bicyclettes, des voitures qui klaxonnent, des enfants, des employés et des prostituées se frayent un chemin dans les rues surpeuplées. Un policier en uniforme dirige le trafic – aussi bien les véhicules que les piétons avec des mouvements exacts. Les marchands sur le bord de la route vendent leurs marchandises, de nombreuses processions défilent au rythme des tambours et des trompettes. Commentaire de Rouch : « Dans ces villes le trafic ne s'arrête jamais. Le bruit ne s'arrête jamais. » (*Les maîtres fous* 1955).

Ensuite, l'anthropologue français présente ceux que l'on appelle Hauka – un groupe de travailleurs migrants. Ils sont venus du Niger pour travailler à Accra, la capitale du Ghana (anciennement appelée Gold Coast) : on voit un docker décharger un cargo, un ouvrier des canalisations et un mineur. Le rythme de leur travail s'entremêle avec celui de la ville et Rouch remarque que ces hommes, venus de la savane tranquille du Niger, se réfugient parfois en périphérie, où ils accomplissent un rituel de transe : « Ils appellent les dieux nouveaux, les dieux de la ville, les dieux de la technique, les dieux de la force. » (*Les maîtres fous* 1955). Les Hauka marchent en cercle au rythme d'un monocorde : leur respiration s'accélère, leurs jambes commencent à bouger involontairement et ils tombent en transe. Dans l'état de possession, le Hauka peut révéler jusqu'à quel point les gens peuvent être dirigés par d'autres. Certains Hauka sont possédés par les esprits de l'armée britannique – ces Hauka sont animés par le rythme du pas cadencé des forces armées, le « slow march ». Leur rituel de possession révèle la discipline comme résultat d'un rythme imposé : Erhard Schüttpelz (2002 : 252) a remarqué que l'exercice militaire ressemble à la possession de Hauka dans l'état de transe parce qu'on pourrait dire que les soldats deviennent possédés par les ordres de leurs supérieurs. Selon l'Encyclopaedia Britannica (2014), l'entraînement répétitif « favorise l'exécution automatique des tâches dans des circonstances perturbatrices et une réponse instinctive au contrôle et à la stimulation des dirigeants ». Les corps des soldats réagissent à un contrôle externe, le commandement. Le déroulement des mouvements est souvent adapté au rythme des tambours qui accompagnent les ordres militaires.

Le rituel de Hauka a inspiré Jean Genet, des metteurs en scène comme Peter Brook et des artistes de performance dans le monde entier (Kilian 2012 : 56). Mais jusqu'à présent, dans le milieu académique, l'interprétation du film *Les maîtres fous* a été brouillée par des concepts obsolètes : au début, les spectateurs sont informés que les Hauka considèrent leur rituel comme un art. Cependant, la plupart des chercheurs n'ont pas considéré les Hauka comme des artistes, mais comme des victimes du colonialisme, et ils analysent leur performance comme un symptôme d'une expérience traumatisante, et non comme un acte créatif (Krings 1997 : 131). Les chercheurs soulignent souvent que le rituel est choquant, sanglant et brutal – des adjectifs qui s'appliquent également à certains rituels exécutés par des artistes du Nord. De plus, des artistes de la performance comme Joseph Beuys et Marina Abramovic affirment que leurs œuvres sont liées à des expériences traumatisantes. Cependant, dans ces cas, les universitaires ne considèrent pas leurs rituels comme un symptôme, mais comme un acte créatif de production de connaissances (Fischer-Lichte 2004).

Les maîtres fous, en revanche, est considéré comme une expression de problèmes spécifiquement africains. Le film l'est évidemment, mais là encore, on pourrait souligner l'expertise cosmopolite sous-estimée des acteurs africains. Nous sommes convaincus que le rituel de Hauka mérite d'être mentionné dans le *Anthropological Journal of European*[2] *Cultures* parce que les Hauka explorent les dimensions corporelles et émotionnelles de ce qu'Appadurai a appelé quarante ans plus tard « la modernité en général ». D'innombrables chercheurs se réfèrent au rituel lorsqu'ils traitent des phénomènes mimétiques dans le contexte de la globalisation. Les Hauka ont une part dans la production globale du savoir, mais en raison des hiérarchies épistémologiques, les découvertes sont attribuées à Rouch et non aux travailleurs migrants. Les Hauka sont considérés comme des objets de recherche anthropologique et non comme des sujets qui explorent eux-mêmes des questions anthropologiques. En se référant à Jean et John Comaroff (2012 : 1), on pourrait le dire ainsi : la performance de Hauka est considérée comme une donnée brute à partir de laquelle seuls les chercheurs du Nord pourraient façonner des théories vérifiables.

Nous suggérons un changement de perspective : l'un des Hauka devient possédé par l'esprit de la technologie occidentale. Il est entraîné par le rythme d'une locomotive. Trente ans après sa performance, Bruno Latour (1992) a utilisé le terme actant, qui s'applique à la fois aux acteurs humains et non humains, pour décrire les relations entre la technologie et les personnes. Les Hauka possédés dans *Les maîtres fous* montrent comment les alliances mises en œuvre, analysées par Latour, sont constituées par le rythme : même si un être humain met la machine en mouvement, une fois en action, c'est la machine qui bat la mesure du temps.

Les Hauka sont capables de rendre leur corps et leur esprit disponibles pour explorer les rythmes de rapports de force déséquilibrés dans la ville d'Accra. Ils ont développé une technique sophistiquée pour se libérer de la maîtrise de soi. C'est une condition préalable qui leur permet de s'inspirer des maîtres coloniaux et de leurs machines et de découvrir ainsi les rythmes qui donnent du pouvoir à la hiérarchie coloniale. Notre objectif est de transgresser les relations de pouvoir Nord-Sud qui sont encore en vigueur dans le monde académique et nous interrogeons les frontières épistémologiques des débats universitaires sur *Les maîtres fous* parce que nous considérons des pratiques telles que les méthodes de transe comme une production de connaissances. Des méthodes qui valent la peine d'être testées quand on tend vers une rythmanalyse (Lefebvre 1992) des villes européennes. En raison du déséquilibre des rapports de force dans la capitale de l'ancienne Gold Coast, les Hauka étaient conscients de l'importance de l'enchevêtrement global bien avant que le terme « globalisation » n'entre dans les discours publics. Aujourd'hui, les citoyens européens ont pris conscience des interdépendances mondiales, notamment en raison de la présence visible d'entreprises transnationales opérant dans les villes européennes. Ainsi, l'exploration des rythmes urbains par les travailleurs migrants nigériens a gagné en pertinence dans les contextes européens.

PROBLÈMES MÉTHODOLOGIQUES
DE L'ANALYSE RYTHMIQUE

Les anthropologues urbains s'intéressent à la façon dont les individus et les groupes perçoivent, naviguent et contestent l'espace urbain. Ainsi, ils utilisent des méthodes qualitatives, comme l'observation participante, et élargissent le spectre méthodologique en encourageant les gens à dessiner des cartes mentales ou en menant des entretiens approfondis. À notre connaissance, Marco Mareggi, architecte qui enseigne au Département d'architecture et d'études urbaines de Milan, est aujourd'hui l'un des rares, sinon le seul, à travailler prioritairement sur le rythme en milieu urbain. Mareggi s'intéresse à la façon dont les gens expérimentent l'infrastructure et les processus de travail. Il ne mentionne aucune des méthodes qualitatives utilisées par les anthropologues dans son énumération des « *Access Keys to Urban Rhythms* », mais note : « Les ensembles de données utilisés pour ce type d'analyse sont une combinaison de données statistiques, de sondages, de questionnaires, de calendriers et de cartes chronographiques. » (Mareggi 2012 : 6). Le terme « heure de pointe » indique que les rythmes urbains changent au cours de la journée. Une enquête quantitative peut facilement déterminer le volume de trafic. Les statistiques médicales peuvent prouver une corrélation entre le travail des trois-huit et l'insomnie ou une corrélation entre les maladies cardiaques et l'accélération du rythme de travail.

Les chercheurs (Edensor 2010 ; Wunderlich 2008) qui privilégient une approche plus qualitative de l'expérience des rythmes urbains se réfèrent à Henri Lefebvre, le doyen de l'« analyse rythmique » (2013), bien que ce dernier déclare (2000a : 219) : « Quand les rythmes sont vécus et se fondent dans un autre, il est difficile de les distinguer (…) ». Son conseil méthodologique se lit comme suit :

> Si nous n'écoutons pas les sons et les bruits et n'écoutons pas non plus notre corps (dont l'importance ne peut être surévaluée), nous ne comprenons (n'entendons) généralement pas les rythmes et les associations qui, néanmoins, nous compromettent. Ce n'est que dans la souffrance qu'un rythme particulier se sépare, altéré par la maladie. L'analyse est plus proche de la pathologie que du rythme habituel.
> Pour comprendre et analyser les rythmes, il faut laisser passer la maladie ou la technique, mais pas complètement. Il y a une certaine externalité qui permet à l'intellect analytique de fonctionner. Cependant, pour capturer un rythme, il faut qu'il soit capturé par lui. Il faut laisser aller, donner et s'abandonner à sa durée. (Lefebvre 2000a : 219).

Le principal problème de la recherche qualitative sur le rythme est, selon Lefebvre, « qu'il faut être à la fois à l'intérieur et à l'extérieur » (*ibid.*), c'est pourquoi il suggère la perspective d'une rue vue d'un balcon. Pourtant, il s'agit d'un point de vue très éloigné pour la recherche anthropologique et il est douteux qu'il apporte un éclairage sur l'expérience vécue des individus en matière de rythme urbain. Lefebvre lui-même était conscient du problème : avec Cathérine Régulier, il a publié l'article « *Rhythmanalysis of Mediterranean Cities* » (Lefebvre/Régulier 2000). Ce titre promet une réflexion basée sur une étude empirique, mais les auteurs reconnaissent que leur étude ne répond pas aux attentes qu'ils ont eux-mêmes soulevées : en fin de compte, ils concluent que leur « analyse rythmique » des villes méditerranéennes peut « paraître abstraite, car elle fait appel à des concepts très généraux » (2000 : 240). Quoi qu'il en soit, Lefebvre et Régulier espèrent que l'exploration des rythmes urbains « sera reprise et mise en avant par d'autres » (*ibid.*).

Nous pensons que la reconstitution du rythme urbain permet d'être à la fois à l'intérieur et à l'extérieur simultanément. Lefebvre et Régulier affirment que « les rythmes ne peuvent être analysés lorsqu'ils sont vécus » (*ibid.*, 229). Nous objecterons que si l'on observe les gens dans un environnement urbain, et si l'on réinterprète ces observations dans un autre lieu, il est possible de percevoir des caractéristiques significatives au rythme spécifique que les gens adaptent dans divers endroits. Pour ce faire, nous avons développé un ensemble d'exercices pour notre atelier sur l'exploration du rythme urbain. Nous présenterons ci-dessous un exercice anthropologique préparatoire.

Dans ce contexte, nous distinguons deux modes de reconstitution, un mode plus actif et contrôlé, et un mode plus passif qui implique l'abandon de la maîtrise de soi (Kilian 2012 : 50). La performance du Hauka indique que l'état de possession a plus de valeur heuristique pour une analyse du rythme qu'une simple imitation, car elle aide à découvrir des caractéristiques significatives de rythmes très complexes. Une imitation active produit souvent des stéréotypes parce que l'imitateur adapte consciemment un mouvement et qu'il a donc des difficultés à vivre quelque chose de nouveau. Nous pensons que l'étonnement est une condition préalable à l'inspiration : il permet aux gens d'abandonner le contrôle et de surmonter les perceptions et représentations stéréotypées. L'exercice que nous allons présenter évoque des inspirations qui peuvent avoir une valeur heuristique pour une exploration des rythmes urbains.

LA TRANSE EN TANT QU'ENQUÊTE SUR LES RYTHMES URBAINS

Rouch explique dans *Les maîtres fous* que les Hauka regardaient attentivement les cérémonies de l'armée britannique sur une grande place d'Accra. Mais comment une telle observation peut-elle être reproduite plus tard comme un rituel de transe dans un autre lieu donnant l'impression de ne rien faire intentionnellement et avec le sentiment d'être possédé par un esprit ? Beaucoup d'anthropologues ont observé des rituels africains au cours desquels les gens se sont laissé posséder par de grands chats, mais l'étude des lions ou des tigres est aussi l'un des exercices les plus courants dans les écoles de théâtre. De célèbres professeurs d'art dramatique tels que Lee Strasberg (2010), Susan Batson (2014) et Ned Mandarino (1985) ont largement publié sur cet exercice et il est utilisé sous différentes variations pendant les cours d'art dramatique. Nous pensons que cet exercice pourrait aussi être instructif pour les anthropologues, car au départ, il est préférable de commencer par explorer un lion, car cela nous permet d'adapter une attitude d'étonnement, de perception, qu'il serait plus difficile de maintenir à l'égard d'un être humain.

Vous êtes au zoo. Vous observez un lion. Vous rentrez à la maison, vous commencez à reproduire les mouvements du lion et vous comprenez probablement que vos observations sont déficientes. Il faut donc aller au zoo encore et encore, prendre des notes est inutile et analyser le mouvement du lion est vain, car plus vous observez le lion de façon inactive, mieux c'est. Vous attendez juste, mais vous devez être très attentif à votre corps, quand vous percevez le lion. Bientôt, vous prendrez conscience des impulsions qui traversent votre corps. Vous ressentirez le besoin de répéter certains des mouvements du lion. On ne peut pas s'abandonner à de telles impulsions dans un zoo. En outre, si vous le faites, vous risqueriez d'imiter ce que vous voyez et donc de passer de la passivité à l'activité, mais plus tard dans la répétition, les impulsions reviennent automatiquement. Si vous réussissez à ne rien faire d'autre que de céder à ces impulsions, vous devenez possédé par le rythme du lion. Si vous êtes capable de maintenir un mode passif qui vous permet de suivre cette inspiration, vous pouvez devenir le médium du lion. Mentionner de tels concepts dans un article académique suscite le scepticisme (Schneider et Wright 2010 : 3), mais les acteurs utilisent de tels concepts – et ils fonctionnent. Les textes anthropologiques sur le rituel de possession des Hauka ont consolidé le principe selon lequel la transe est quelque chose d'étrange. Les psychologues et les neuro-scientifiques ne partagent pas ce point de vue et pensent que la transe est assez fréquente. Ils distinguent différentes intensités de transe et déclarent qu'elle se produit lorsque l'attention est focalisée d'une certaine manière (Vaitl 2007 ; Kick 2007). Le rythme est un déclencheur important de la transe.

Nous commencerons nos ateliers sur l'exploration du rythme urbain par l'exercice du lion, car les anthropologues sont formés pour observer les gens. Pour leur enseigner un autre mode de perception, nous considérons qu'il est productif de commencer par percevoir un animal. De plus, nous pensons qu'une exploration du rythme d'un lion est révélatrice pour les anthropologues intéressés par les rapports de pouvoir urbains parce qu'ils se concrétisent par le fait que des actants comme les horloges et les supérieurs sont capables d'imposer des rythmes aux autres. Le film de science-fiction *Les saignantes* (Bekolo 2005) se déroule à Yaoundé, la capitale du Cameroun. Abossolo Mbo joue le rôle d'un politicien. Il s'est inspiré d'un lion. Sa performance repose sur la théorie que dans les environnements urbains, qui sont marqués par la technologie et les infrastructures contrôlées par l'horloge, le rythme non cadencé d'un lion est perçu comme extrêmement puissant. Nous utilisons le terme d'infrastructures contrôlées par horloge pour identifier une série d'actants non humains (Latour 1992) qui imposent des rythmes : par exemple, les feux de circulation, les horaires des transports publics ou les poinçonneuses. Notre but est de découvrir comment les rythmes que les actants respectifs imposent entrent en collision avec le rythme individuel.

Les experts en publicité utilisent également des rythmes en contrepoint : il y a fréquemment la référence aux chats sauvages dans le contexte urbain, et ce n'est rien de spécifiquement africain. Nous le voyons dans les publicités américaines lorsque des hommes musclés s'étirent comme des lions avant d'utiliser un déodorant. Nous le reconnaissons dans le rythme des défilés que les mannequins adoptent lorsqu'ils font la promotion de lignes de vêtements des prochaines collections. Les défilés de mode sont des performances de ce que les responsables marketing qualifient de cosmopolitisme. Les tenues présentées sont conçues pour être admirées dans les métropoles du monde entier. N'est-il pas étrange que les mannequins qui établissent des tendances dans les capitales du Nord global s'inspirent des animaux qui vivent dans les régions les plus éloignées du globe ? N'est-il pas curieux que les mannequins de la couverture du célèbre magazine féminin « Cosmopolitan » nous regardent avec un regard de tigre ?

CONCLUSION

L'étude du rythme est indispensable à la recherche médicale et à la planification urbaine. Ces approches quantitatives peuvent documenter certaines conséquences des rythmes imposés et adaptés aux contextes urbains, certains aspects de la façon dont les gens vivent les rythmes urbains, mais les anthropologues recherchent des approches plus holistiques. Ensuite, ils tentent de représenter les expériences humaines dans un contexte donné d'une manière plus évocatrice que les scientifiques, qui veulent fournir une interprétation cohérente de leurs statistiques. Cependant, jusqu'à présent, les anthropologues urbains ont négligé le rythme, une entité que de nombreux réalisateurs considèrent comme la caractéristique la plus importante de la vie urbaine. Le rythme est très présent dans *Berlin – Die Sinfonie (sic !) der Großstadt* (Ruttmann 1927), *Modern Times* (Chaplin 1936), *Koyaanisqatsi* (Reggio 1982) et *Sans soleil* (Marker 1982). Le rythme est significatif non seulement dans *Les maîtres fous*, mais aussi dans de nombreux autres films ethnographiques tournés dans des paysages urbains. Mais le rythme est rarement mentionné explicitement dans les textes ethnographiques. Nous pensons qu'il s'agit moins d'un problème de représentation, car les textes peuvent aussi évoquer des rythmes, et les films ne se contentent pas de documenter les rythmes, ils les évoquent plutôt à travers un choix de motifs, de montage de séquences et de musique. L'absence d'études anthropologiques sur les rythmes urbains semble être un problème méthodologique.

Les anthropologues n'ont pas encore trouvé de méthode qualitative pour explorer les rythmes urbains, même s'ils les ont souvent adaptés. Jean Rouch, par exemple, a comparé son maniement novateur de la caméra portative qu'il a utilisée lorsqu'il a tourné *Les maîtres fous* à la danse et à la corrida (1979 : 63). Bien qu'il ne le mentionne pas explicitement, il s'est adapté au rythme des gens devant sa caméra (*ibid.*). Suite à Lefebvre, le dispositif méthodologique de « l'analyse rythmique » consiste à être « à la fois à l'intérieur et à l'extérieur » (Lefebvre 2000a : 219). Nous suggérons la reconstitution des rythmes urbains comme moyen de sortir de ce dilemme méthodologique. La recherche sensuelle (« sensuous scholarship ») que nous considérons comme une méthode qualitative, permet une microanalyse de l'expérience du rythme en milieu urbain. Les acteurs ont développé des méthodes pour explorer comment les gens vivent les paysages urbains, comment ils traversent une place vide, comment ils marchent sur des tapis rouges, comment ils se comportent à l'extérieur d'un café au début du printemps, quand le soleil se lève soudainement. Pour explorer comment ces conditions se répercutent sur les gens, les acteurs doivent être libres de réagir. Les chercheurs travaillent souvent de manière très active et les anthropologues sont plutôt formés pour se concentrer sur les actions des gens plutôt que sur leurs réactions. Nous avons présenté un exercice qui évoque un certain état de passivité attentive, que nous considérons comme une forme de transe. Cette condition est favorable à une perception holistique, ainsi qu'à une reconstitution qui peut révéler des caractéristiques significatives des rythmes que les gens adaptent et imposent.

Aujourd'hui, des anthropologues comme Arnd Schneider et Christopher Wright (2010) explorent la valeur heuristique des arts visuels pour la recherche anthropologique. Dans les années 1950, Rouch a commencé à explorer les pratiques de performance pour la production de connaissances (Kilian 2012), mais depuis longtemps il n'y a pas eu de tentative notable de développer cette voie. À notre connaissance, Kilian et Caroline Gatt (2011) sont les seuls universitaires qui étudient la valeur heuristique des arts du spectacle pour l'anthropologie. Ce vide académique nécessite des recherches plus approfondies.

Pour l'atelier que nous planifions, nous avons conçu des exercices qui apprennent aux anthropologues à reproduire leurs observations d'autres personnes. D'autres exercices sont censés former les chercheurs à percevoir plus intensément leurs propres réactions corporelles dans une rue, dans une gare, dans un ascenseur ou sur un pont. Le point crucial que nous voulons faire valoir est que l'on peut apprendre beaucoup de choses sur l'expérience sensuelle de ces lieux, si l'on essaie de la revivre dans un autre temps et un autre espace. Là encore, nous pensons que la passivité attentive est la meilleure condition pour répondre à des questions telles que : qu'est-ce qui me fait avancer plus vite dans certaines rues, même si je ne suis pas pressé ? Comment ai-je réagi lorsque je suis resté coincé dans l'ascenseur ? Marcus (2010 : 86) déclare : « [Dans] certains domaines de l'art, comme le théâtre et le cinéma, il est important de reconnaître qu'il existe depuis longtemps des pratiques d'investigation et de préparation qui, bien que similaires au travail anthropologique sur le terrain, ont une généalogie indépendante quant à la façon dont elles s'intègrent dans les pratiques artistiques. ». Selon Marcus, ces pratiques artistiques ne peuvent être explorées dans le cadre d'un travail de terrain participatif, mais dans celui de la collaboration. Lors de ses tournages, Rouch a également collaboré avec des Africains. Mais comme l'anthropologue français était considéré comme l'auteur des films et des articles publiés sur les expériences communes, les personnes avec lesquelles il travaillait étaient perçues comme des « informateurs ». Nous voulons dépasser l'organisation hiérarchique de la collaboration de Rouch et nous considérons nos expériences à l'intersection de l'art et de la recherche, comme un lieu de création académique. De plus, nous soulignons le potentiel heuristique de la transe et remettons en question l'hypothèse de son altérité, ce que beaucoup d'anthropologues ont affirmé.

Notre but était de montrer que les discours sur la transe de Hauka sont liés à des relations de pouvoir Nord-Sud, qui se répercutent encore sur les hiérarchies épistémologiques, que nous avons tenté d'écarter en attribuant des compétences cosmopolites aux Hauka. Nous sommes en fait convaincus qu'ils possèdent des compétences cosmopolites parce qu'ils ont pu explorer les rythmes du colonialisme à Accra. Cependant, nous sommes conscients que l'adjectif « cosmopolite » semble inadéquat lorsqu'on l'attribue aux travailleurs migrants nigériens qui pratiquaient des rituels de transe. Lorsque nous attirons l'attention sur eux dans un journal spécialisé dans les cultures européennes, nous voulons également souligner la capacité à adopter des rythmes comme une compétence cosmopolite sous-estimée des migrants qui vivent dans les villes européennes. Cependant, être conscient dans quels contextes il est nécessaire d'adopter des rythmes et dans quelles situations il est possible et même nécessaire de se déconnecter d'un rythme prédominant est important pour tous ceux qui vivent à Paris, à Francfort ou dans d'autres grandes villes.

Nous considérons les espaces urbains comme des croisements dans un « monde surchauffé » marqué par des rythmes accélérés auxquels les gens ne sont plus capables de s'adapter. Nous pensons que c'est la raison pour laquelle l'altérité est devenue une « condition universelle »

(Eriksen 2012) à laquelle tous les habitants des villes doivent faire face. Les sentiments d'aliénation sont liés à la collision des rythmes corporels individuels et des rythmes urbains et le soi-disant *burn-out* dont souffrent de plus en plus de gens est au moins le résultat de ce phénomène et un indice que le rythme est un sujet pertinent pour les anthropologues urbains.

Bibliographie

Abossolo Mbo, Emil, 2013, Debate at Nollywood Week Paris : Film Export and Translation – Final 7/7', [https://www.youtube.com/watch?v=Ij0qqyJkcns accessed on August 30th, 2014].

Appadurai, Arjun, 1996, *Modernity at Large : Cultural Dimensions of Globalization,* Minneapolis : U of Minnesota Press.

Appiah, Kwame, 2007, *Cosmopolitanism : Ethics in a World of Strangers,* New York : Norton.

Appiah, Kwame, 2008, Education for Global Citizenship, *Yearbook of the National Society for the Study of Education* 107 : 83–99. doi : 10.1111/j.1744-7 984.2008.00133.x.

Appiah, Kwame, 2010, Kwame Appiah discusses World Citizenship at FIU, <http://news.fiu.edu/2010/04/kwame-appiah-discusses-%E2%80%98world-citizenship%E2%80%99-at-fiu/13443> accessed on August 27th, 2014.

Batson, Susan, 2014, *Truth : Wahrhaftigkeit im Schauspiel, ein Lehrbuch,* Berlin : Alexander-Verlag.

Comaroff, Jean and Comaroff, John, 2012, *Theory from the South : Or how Euro-America is Evolving toward Africa,* Boulder : Paradigm.

Edensor, Tim (ed.), 2010, *Geographies of Rhythm : Nature, Place, Mobilities and Bodies,* Ashgate : Burlington.

Encyclopaedia Britannica, 2014, Drill, <http://www.britannica.com/EBchecked/topic/171618/drill> accessed on August 27th, 2014.

Eriksen, Thomas Hylland, 2012, Living in an Overheated World : Otherness as a Universal Condition, in Susan Yi Sencidiver, Maria Beville and Marie Lauritzen (eds), *Otherness : A Multilateral Perspective,* Bern : Peter Lang, 239–260.

Eriksen, Thomas Hylland 2013, Frictions of Hospitality and the Promise of Cosmopolitanism, in Thomas Claviez (ed.), *The Conditions of Hospitality : Ethics, Politics, and Aesthetics on the Threshold of the Possible,* New York : Fordham UP, 81–93.

Eriksen, Thomas Hylland, 2014, The Cartoon Controversy and the Possibility of Cosmopolitanism, in Lisette Josephides and Alex Hall (eds), *We the Cosmopolitans : Moral and Existential Conditions of Being Human,* New York : Berghahn, 135–155.

Faubion, James D. and Marcus, George E. (eds), 2009, *Fieldwork Is Not What It Used to Be : Learning Anthropology's Method in a Time of Transition,* Ithaca : Cornell UP.

Fischer-Lichte, Erika, 2004, *Ästhetik des Performativen,* Frankfurt : Suhrkamp.

Gandy, Matthew, 2005, Learning from Lagos, *New Left Review* 33 : 37–53.

Gatt, Caroline, 2011, By Way of Theatre : Design Anthropology and the Exploration of Human Possibilities, in Jacob Buur (ed.), *Participatory Innovation Conference Proceedings*, Sønderborg : University of Southern Denmark.

Gmelch, George, Robert V. Kemper and Walter P. Zenner (eds) 1988, *Urban Life : Readings in the Anthropology of the City,* Illinois : Waveland.

Hannerz, Ulf, 1980, *Exploring the City : Inquiries Toward an Urban Anthropology,* New York : Columbia UP.

Ingold, Tim, 2010, Footprints through the Weather-world : Walking, Breathing, Knowing, *Journal of the Royal Anthropological Institute,* N.S. : 121–139.

Kick, Hermes Andreas, 2007, Trance – Vision – Psychose. Existentielle Grenzerfahrung und neuer Wert, in Stephan Matthiesen and Rainer Rosenzweig (eds), *Von Sinnen : Traum und Trance, Rausch und Rage aus Sicht der Hirnforschung,* Paderborn : Mentis, 219–233.

Kilian, Cassis, 2012, *Schwarz besetzt : Postkoloniale Planspiele im afrikanischen Film,* Bielefeld : Transcript.

Krings, Matthias, 1997, *Geister des Feuers. Zur Imagination des Fremden im Bori-Kult der Hausa,* Münster : LIT.

Latour, Bruno, 1992, One More Turn after the Social Turn : Easing Science Studies into the Non-Modern World, in Ernan McMullin (ed.), *The Social Dimensions of Science,* Paris : Notre Dame UP, 272–292.

Lefebvre, Henri and Régulier, Catherine, 2000, Rhythmanalysis of Mediterranean Cities, in Eleonore Kofman and Elizabeth Lebas (eds), *Henri Lefebvre : Writings on Cities,* Oxford : Blackwell, 228–240.

Lefebvre, Henri, 2000a, Seen from the Window, in Eleonore Kofman and Elizabeth Lebas (eds.), *Henri Lefebvre : Writings on Cities,* Oxford : Blackwell, 219–227.

Lefebvre, Henri, 2000b, Continuities and Discontinuities, in Eleonore Kofman and Elizabeth Lebas (eds), *Henri Lefebvre : Writings on Cities,* Oxford : Blackwell, 104–110.

Lefebvre, Henri, 2013, *Rhythmanalysis,* London : Bloomsbury.

Mandarino, Ned, 1985, *All About Method Acting,* Los Angeles : Mandarino.

Marcus, George E., 2010, Affinities : Fieldwork in Anthropology Today and the Ethnographic in Art-work, in Arnd Schneider and Christopher Wright (eds), *Between Art and Anthropology : Contemporary Ethnographic Practice,* Oxford : Berg, 83–94.

Mareggi, Marco, 2012, Access Keys to Urban Rhythms, in Christina Inbakaran and Marie-Louise van der Klooster (eds), *2011 Time Use in Australia, United States and Canada,* Melbourne : Deakin University.

Mbembe, Achille, 2000, À propos des écritures africaines de soi, *Politique africaine* 77, pp. 16–43.

Mbembe, Achille, 2004, Aesthetics of Superfluity, *Public Culture* 16 (3), pp 373–405.

Rouch, Jean, 1979 : La caméra et les hommes, in Claudine de France (ed.), *Pour une Anthropologie visuelle : Cahiers de l'Homme,* Paris : Mouton, 53–71.

Schneider, Arnd and Wright, Christopher (eds) 2010 : *Between Art and Anthropology : Contemporary Ethnographic Practice,* Oxford : Berg.

Schüttpelz, Erhard, 2002, Die Einfahrt des Zuges. Jean Rouch Film Les Maîtres Fous und die Hauka, in Iris Därmann und Cristoph Jamme (eds), *Fremderfahrung und Repräsentation,* Göttingen : Velbrück, 248–276.

Stoller, Paul, 1997, *Sensuous Scholarship,* Philadelphia : University of Pennsylvania Press.

Stoller, Paul, 2004, Sensuous Ethnography, African Persuasions, and Social Knowledge, *Qualitative Inquiry* 10(6) : 817–835.

Strasberg, Lee, 2010, Animal Exercise, in Lola Cohen (ed.), *The Lee Strasberg Notes* London, New York : Routledge, 34–36.

Vaitl, Dieter, 2007, Wenn das Gehirn zerfällt : Neurobiologische Grundlagen veränderter Bewusstseinszustände, in Stephan Matthiesen and Rainer Rosenzweig (eds), *Von Sinnen : Traum und Trance, Rausch und Rage aus Sicht der Hirnforschung,* Paderborn : Mentis, 43–66.

Wunderlich, Filipa, 2008, Symphonies of Urban Places : Urban Rhythms as Traces of Time in Space. A Study of Urban Rhythms, *Koht ja Paik / Place and Location : Studies in Environmental Aesthetics and Semiotics,* VI : 91–111.

Films

Bekolo, Jean-Pierre, 2005, *Les saignantes*, 35 mm, 97 min, France/Cameroon : Quartier Mozart Films.

Chaplin, Charlie, 1936, *Modern Times*, 35 mm, 87 min, USA : United Artists.

Jarmusch, Jim, 1991, *Night on Earth*, 35 mm, 129 min, USA : Fine Line Features.

Marker, Chris, 1982 : *Sans soleil*, 35 mm, 100 min, France.

Reggio, Godfrey, 1982, *Koyaanisqatsi*, 35 mm, 86 min, USA : Island alive, New Cinema.

Rouch, Jean, 1955, *Les maîtres fous*, 16 mm, 36 min, France/Ghana : Les Films de la Pléiade.

Ruttmann, Walter, 1927, *Berlin – Die Sinfonie der Großstadt*, 35 mm, 53 min, Germany, Berlin : Deutsche Vereinsfilm AG.

Notes

1. Cette citation ainsi que les citations suivantes d'Henri Lefebvre ont été traduites à partir du livre édité en 2000 par Eléonore Kofman et Elizabeth Lebas, *Henri Lefebvre : Writings on Cities,* Oxford : Blackwell.
2. Ce chapitre a été publié pour la première fois en 2015 en anglais dans l'*Anthropological Journal of European Cultures*, vol 24 (2) : 97-116.

10

LES JEUX VIDÉO EN AVEUGLE : ESSAI DE RYTHMANALYSES

Mathieu Triclot

Ce chapitre a pour objet la présentation d'un projet de recherche en cours, fondé sur l'enregistrement des entrées sur les contrôleurs pendant des sessions de jeu vidéo. Ce projet, qui relève de la tradition de la « rythmanalyse » (Bachelard 1932 ; Meschnonic 1982 ; Beaune 1999 ; Lefebvre 1992), résonne de manière directe avec les questions traitées dans le séminaire *L'enquête et ses graphies*. En effet, la particularité de ce travail est qu'il propose d'analyser la relation du joueur au jeu, ses modes d'engagement et de présence, en faisant l'économie de l'image affichée à l'écran et en lui substituant d'autres élaborations graphiques.

Ainsi, ce projet se caractérise d'abord par l'établissement d'une trajectoire de graphies : au point de départ est l'image actionnée à l'écran d'un jeu ; cette image est ensuite remplacée par un ensemble de données portant sur les gestes effectués qui se présentent sous forme d'un tableau ; enfin, ce tableau est à son tour représenté par toute une série de figurations graphiques qui relèvent de la visualisation de données. Ces dernières figurations vont de la visualisation rythmique d'une session particulière (rythme s'appuyant sur les contrôleurs, la variation de la vitesse instantanée de la souris, les mouvements des sticks) à des cartographies qui portent sur de nombreuses sessions agrégées.

Ce projet s'insère dans un ensemble de travaux qui vise, dans la lignée du programme des *play studies* défendues dans *Philosophie des jeux vidéo* (Triclot 2011), à objectiver la relation du joueur au jeu et à analyser les formes d'engagement à l'œuvre dans la situation ludique (Berry 2012 ; Boutet 2012 ; Coavoux, Berry, Rufat, Ter Minassian 2013 ; Coavoux, Gerber 2016 ; Rufat, Ter Minassian 2012). Nous avons pu explorer, sur les mêmes enjeux, d'autres méthodes et par conséquent d'autres trajectoires de construction d'images. En nous inspirant de la figuration phénoménographique d'Albert Piette (2009), nous avons, par exemple, travaillé sur le recodage d'enregistrements vidéo de joueurs en situation (Boutet, Carvajal, Ter Minassian, et Triclot 2013).

Ces démarches d'enquêtes recoupent bon nombre des préoccupations de ce séminaire, telles qu'elles sont exposées dans le descriptif de 2013 (Boutet, Denoun, Langewiesche, et Ouédraogo 2013). Elles s'adressent à un régime particulier de consommation des images, celles du jeu vidéo, mais elles travaillent, de surcroît, l'image initiale au moyen de nouvelles graphies qui la complètent (phénoménographie) ou s'y substituent (rythmanalyse).

Nous examinerons ce que nous apprennent ces trajectoires de graphies, en mettant en regard les points de convergence et de divergence qui peuvent apparaître entre la conduite de ces projets et l'analyse du rôle des graphies dans l'enquête telle que la propose ce séminaire. Dans un deuxième temps, nous présenterons quelques échantillons commentés de ce programme de recherche rythmanalytique, en insistant sur les cadres théoriques qui peuvent être mobilisés pour interpréter les graphies produites.

L'ENQUÊTE ET SES PHÉNOMÉNOGRAPHIES : SUR LA VOIE DE L'HOMME MINIMAL

Le premier point de convergence entre ces travaux et les attendus du séminaire porte sur la question des « régimes de preuve » et, notamment, du recours à l'iconographie, à la perception sensible, par différence avec l'écriture : « Les modèles canoniques privilégient l'usage de l'écriture orthographique et relèguent souvent les formes d'écritures iconographiques dans la perception sensible, l'allusif et le flou symbolique, à l'extrême opposé de la rigueur démonstrative et argumentative de l'écriture. » (Boutet, Denoun, Langewiesche, et Ouédraogo 2013).

Les démarches exposées ici ont la particularité de ne pouvoir se construire autrement que par le travail de production graphique. Ce recours à la graphie vaut aussi bien pour la visualisation des données rythmanalytiques que pour l'opération de recodage phénoménographique des sessions de jeu. Le travail de construction des figurations est au cœur de l'opération de production de connaissance et ne saurait en être dissocié.

De plus, un des points clés de ces méthodologies de recherche tient à l'écart qu'elles introduisent non seulement par rapport à l'écriture, mais aussi par rapport à la parole et aux récits que les acteurs peuvent faire après coup de leur activité. Au cœur du travail rythmanalytique réside ainsi l'ambition de faire apparaître des constituants de l'expérience, qui relèvent de l'infra-langagier, sous la modalité du geste et du rythme. Ce travail introduit un déplacement important par rapport au travail classique de l'entretien qualitatif.

En effet, l'écart est considérable entre ce que nous livrent les enregistrements de l'activité et ce que les acteurs peuvent nous en dire après coup. Tout se passe comme si le récit *ex post* opérait par un travail de prélèvement, en retenant ce qui fait événement dans la situation, mais en délaissant ce qui relève de la distraction, des modes d'engagement faibles, de l'ennui, et des attentions latérales qui sont largement éliminées de la description. Ces démarches d'observation fine des acteurs et de captation de leur activité construisent ainsi une autre représentation des situations observées, orthogonale à ce que nous livre l'écriture, comme la parole ou le récit. Nous retrouvons ici la méfiance que peut afficher Albert Piette vis-à-vis de « l'après-coup » : « Pas question d'arriver après le déroulement de l'événement, et de se satisfaire alors de l'écoute de quelques discours rétrospectifs sur la situation ou de lire divers documents à son sujet. [...] Le travail phénoménographique consiste en une attention à la séquence d'action, c'est-à-dire aux activités telles qu'elles se font, au moment où elles se font. » (Piette 2009 : 39)

Superposer ainsi à l'entretien qualitatif, l'observation fine de la situation, dans sa granularité infinie, produit un décalage particulièrement intéressant dans le cas des situations de jeu vidéo vis-à-vis des descriptions les plus socialement partagées de la pratique, qui insistent régulièrement sur la fascination, l'engagement, l'excitation, voire l'addiction, etc. Or, les enregistrements nous offrent une tout autre réalité : la prégnance des temps faibles, une forme de résilience vis-à-vis de l'échec et de la répétition, l'importance des attentions latérales et, sur cette trame, quelques moments forts qui viennent ponctuer une activité souvent de basse intensité. « L'homme minimal » de Piette est à l'œuvre en jeu vidéo, comme ailleurs, simplement peut-être plus régulièrement titillé par les relances du dispositif ludique, par les problèmes à résoudre, sans quoi le jeu laisserait place à l'ennui.

DE L'IMAGE-ALIBI À L'IMAGE-ACTIONNÉE

Ce primat accordé à l'image – ici comme visualisation de données – dans l'enquête nous mène très directement au deuxième point de convergence : la question de « l'image-alibi ». « L'image (photographique ou filmique) ne serait qu'une preuve d'authenticité ou une illustration destinée à occuper l'œil ; elle est alors une "image-alibi" ».

Les images dans le projet de rythmanalyse n'ont pas vocation à illustrer ou à authentifier, c'est-à-dire à fonctionner comme document. À l'inverse, les travaux sur les jeux vidéo ont recours à une « image-alibi » paradigmatique, à travers la capture d'écran. Or, un des points clés de ce travail, avec une dimension provocatrice pour l'étude d'un dispositif audiovisuel, tient à l'occultation volontaire de l'écran. Ainsi, il s'agit d'étudier les jeux vidéo « en aveugle », sans référence à l'image primaire consommée dans le jeu.

Reste que la gestuelle employée nous livre souvent, en creux, les propriétés de l'espace joué : un stick droit qui parcourt l'ensemble des directions possibles illustre, par exemple, pour des titres en 3D, un espace de jeu dans lequel l'orientation dans la verticalité est une composante de l'expérience (figure 1). Sur d'autres sessions, de jeux de gestion ou de stratégie, la disposition des mouvements de la souris, la répartition des clics font apparaître une authentique image-fantôme de l'interface à l'écran.

Tout se passe comme si, pour construire la connaissance d'un certain régime d'images – l'image actionnée des jeux vidéo (Perény 2013) –, la trace gestuelle portait autant, sinon plus, d'informations que l'image seulement perçue. De fait, la focalisation sur l'image écranique seule

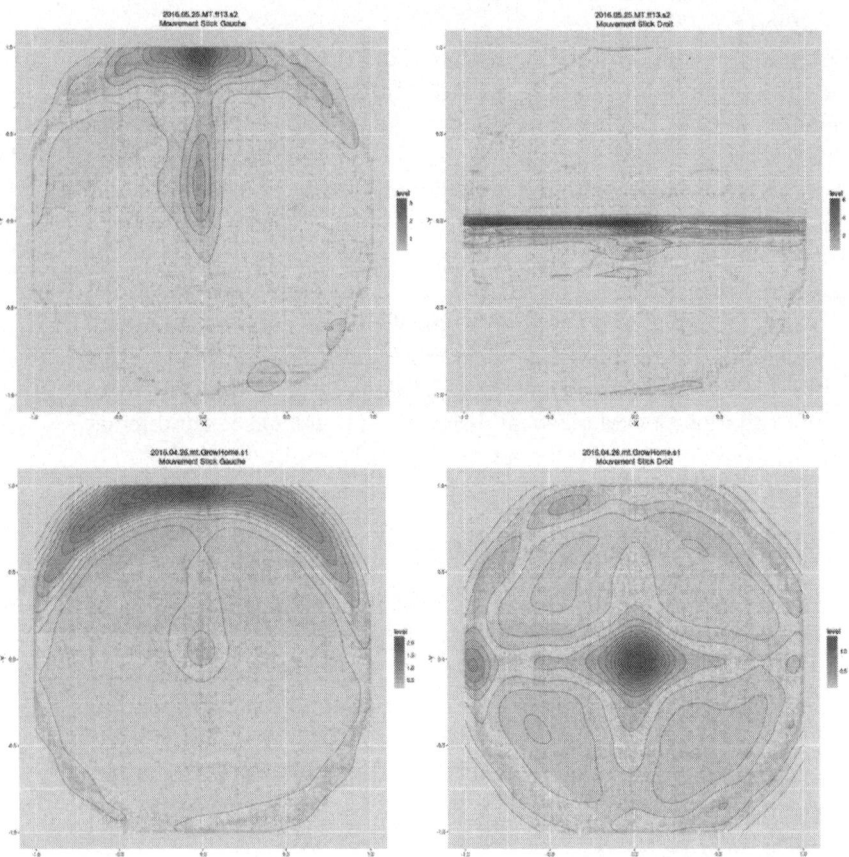

Figure 1. Mouvement des sticks Final Fantasy 13 et Grow Home.

peut faire obstacle à la connaissance des pratiques. En jeu vidéo, la composante figurative est, en effet, régulièrement mise au service de l'actionnabilité. Le jeu vidéo peut être caractérisé, pour reprendre la formule de Thomas Morisset, comme « un art du geste usant l'image » (Morisset 2015). Consommer l'image de jeu vidéo comme spectateur nous fait rentrer dans un rapport à l'image différent de celui du joueur qui consomme l'image par le geste. On connaît d'autant mieux les jeux vidéo qu'on ne regarde pas seulement l'écran, mais aussi la main. Être fidèle à l'image de jeu vidéo, ce n'est pas la contempler, mais la renvoyer à sa double production : sa production mathématique, son code, qui détermine en deçà de la figuration les zones à actionner, et sa production gestuelle qui réalise les virtualités inscrites dans le programme.

Ce parti-pris d'écarter radicalement l'image-alibi se fonde dans une approche par les dispositifs, qui s'intéresse moins aux jeux dans leur singularité, qu'aux situations ludiques produites à l'entrecroisement du joueur et de la machine (Triclot 2012). Une telle démarche nous éloigne aussi bien des *game studies*, telles qu'elles se sont développées comme formalisation des savoirs professionnels du game design (Zabban 2012), que des approches sémiologiques ou représentationnelles des jeux vidéo (Triclot 2014). L'image est une composante de la situation ludique : on joue bien avec des images, mais l'image ne nous donne pas le tout du jeu et conduit même en partie à le masquer (Boyer, Zabunyan 2012).

Cette interrogation sur la nature de l'image des jeux vidéo nous renvoie, en outre, au thème de la « complexification technique et informatique des images », un des axes de réflexion du séminaire. Sur notre terrain, ce constat vaut aussi bien pour l'image d'origine – celle affichée à l'écran du jeu – que pour l'image produite, qui relève de la visualisation de données. Dans les deux cas, nous avons à faire à une image qu'il serait « impossible à produire à la main » et qui ne peut résulter que d'une entreprise de programmation spécifique. On notera cependant que le traitement automatisé réclame son lot de doigté, un travail de préparation et de nettoyage des enregistrements, qui relève d'un ensemble de savoir-faire techniques bien plutôt que d'un processus intégralement délégué à la machine ou à des boîtes noires algorithmiques.

PHILOSOPHER AVEC LES SCIENCES SOCIALES

Sur le constat de ces convergences dans le rapport à l'image, le point de divergence le plus direct avec le positionnement du séminaire me paraît être celui qui tient à la question des disciplines et du projet de connaissance. Les travaux que je présente s'inscrivent pour moi dans un travail de philosophie. Ce travail interroge de manière très directe l'articulation entre philosophie et sciences sociales, y compris du point de vue de la rythmanalyse où la dimension pluridisciplinaire du travail est moins marquée que pour la phénoménographie, par exemple, qui relève d'un projet collectif, mobilisant anthropologie, géographie et sciences du langage.

Le travail rythmanalytique illustre une démarche, que je qualifie de « philosophie par le bas », qui consiste à s'impliquer sur les terrains et à travailler au ras des matériaux de l'enquête. Cette démarche contraste avec la stratégie habituelle en philosophie de « remontée en généralité », à partir des données récoltées. Nous pouvons penser ici, en matière de théorie du jeu, au travail remarquable du philosophe Jacques Henriot, qui fut l'un des fondateurs des sciences du jeu en France (Brougère 2013). Le travail d'Henriot consiste à discerner, derrière l'infinie pluralité des activités ludiques de grandes structures, ce qu'il peut décrire dans ses premiers travaux, à la manière de l'existentialisme sartrien, en termes de schèmes intentionnels du côté du sujet. Dans cette stratégie de « remontée en généralité », la philosophie se dégage un domaine en propre, en surplomb des sciences sociales (Henriot 1969 ; Henriot 1989).

Pour ce qui est du savoir des jeux et des joueurs, une autre voie pour le travail philosophique est possible, qui consiste à descendre en singularité au plus près des matériaux de l'enquête. La part philosophique du travail me paraît double. Elle tient d'abord au type de matériaux soumis à l'analyse. Les enregistrements nous livrent le jeu comme un processus de subjectivation en situation. Ce que nous observons, ce sont des agencements de sujets et d'objets, par où se cultivent certains affects. Quel type de connaissance pouvons-nous prendre de ces processus ? La tradition philosophique a présenté, en ces matières, un argument d'incomplétude radicale. Lorsqu'il s'agit de saisir ces processus, nous échappons au régime standard de l'objectivation (Merleau-Ponty 1945 : 175-179). Mais s'ouvre ici la possibilité d'un régime de savoir sous la forme de l'essai, en faisant varier les « prises théoriques » et méthodologiques sur la situation, qui nous livrent, chacune, un aspect irrémédiablement incomplet du processus en cours.

Le deuxième aspect de cette philosophie par le bas tient à la part qu'y joue l'invention conceptuelle. Non seulement les données rythmanalytiques « ne parlent pas » nativement, mais nous touchons avec ces enquêtes à des zones qui relèvent de l'infra-symbolique et de l'infra-langagier, et qui posent un problème majeur d'interprétation. La simple invention d'une méthode de collecte, de langages de description relève d'une production de concepts, au plus près des données. Cette approche par le bas, sensible à ce qui émerge des enregistrements, s'oppose à l'écueil d'une « science confirmatoire », qui retrouve toujours dans les données, suffisamment souples et labiles, ses cadres théoriques initiaux. Cette forme de travail philosophique, indexé à l'enquête, ne peut se passer des sciences sociales, tout en orientant l'examen vers des intérêts de connaissance qui peuvent être divergents : moins la connaissance du terrain pour lui-même, que l'invention, l'essai méthodologique et le travail sur les cadres théoriques qui l'accompagnent.

LE PROCESSUS DE CAPTURE RYTHMANALYTIQUE

Le travail de capture et d'analyse des entrées effectuées sur les contrôleurs pendant les sessions de jeu constitue un projet au long cours que j'ai pu mener avec les étudiants, élèves-ingénieurs, qui ont participé aussi bien à l'élaboration par strates successives du programme de captures, qu'à la production d'enregistrements, la construction d'indicateurs et l'analyse des résultats produits. Ce programme s'inscrit dans le courant des « humanités numériques », avec cette particularité de faire un pas de côté par rapport aux démarches focalisées sur l'analyse textuelle.

En l'état actuel, le processus comporte quatre étapes principales. La capture des entrées est effectuée au moyen d'un logiciel dédié (RNGames). Dans sa dernière version, le logiciel est disponible sous licence libre (https://github.com/GamesRythmAnalysis/RNGames). Le programme fonctionne pour les machines sous Windows, Linux et Mac. La bibliothèque ludique sur ces machines est telle, qu'en s'aidant de l'émulation au besoin, l'immense majorité des titres est disponible pour enregistrement.

Les enregistrements effectués se présentent ensuite sous la forme d'un ensemble de fichiers Excel, distincts selon les contrôleurs utilisés (clavier, souris, manette) et présentent les enregistrements bruts. Ces enregistrements sont retraités sous R de façon à produire une liste d'indicateurs, ainsi que des visualisations (rythmes de clics, d'appuis, mouvements de la souris ou des sticks, etc.). Les scripts d'analyse sont également disponibles (https://github.com/GamesRythmAnalysis/RnGameDataExploitation). Enfin, la dernière étape porte sur le traitement en masse des données. Actuellement, la base de données comporte plus de 600 enregistrements, effectués sur plus de 3 ans.

Ce programme de capture des entrées sur les contrôleurs permet d'obtenir des résultats à quatre niveaux d'analyse. Au niveau le plus global, la collecte d'une grande masse d'enregistrements permet de rouvrir la question des genres de jeu et de leurs modes de classement. À un niveau intermédiaire, elle permet d'analyser les variations à l'intérieur d'un genre répertorié, et notamment de repérer les évolutions historiques. Un troisième niveau d'analyse porte sur les variations inter-individuelles, la question des différents styles de jeu, ainsi que les dynamiques d'apprentissage. Enfin, le dernier niveau se focalise sur la rythmanalyse de sessions de jeux particulières, pour lesquelles on peut décoder la distribution temporelle de la demande d'action.

CLASSER LES JEUX PAR LES RYTHMES

L'enregistrement des contrôleurs nous donne une indication quant aux demandes que les jeux font au joueur. Les jeux vidéo fonctionnent en effet comme des dispositifs de requêtes audiovisuelles : les mouvements représentés à l'écran exigent, selon des modalités qui peuvent être très diversifiées, d'autres mouvements sur les contrôleurs, de la part du joueur, lesquels modifient à nouveau la présentation audiovisuelle, laquelle introduit de nouvelles requêtes (Amato, Perény 2010). Cette boucle *feedback* qui est au cœur de l'expérience des jeux vidéo peut être mobilisée de manière extrêmement différente selon les genres de jeu. La demande rythmique d'un jeu de gestion est, par exemple, de manière intuitive totalement contraire à celle d'un jeu de plate-forme. Les indicateurs récoltés pour chaque session de jeu – nombre de clics souris ou d'appuis clavier par seconde, nombre de touches utilisées, durée moyenne des appuis, vitesse de déplacement souris, etc. – permettent de classer les jeux selon leur demande rythmique, en renouvelant ici un problème traditionnel de la théorie des jeux (Caillois 1958 ; Chateau 1946).

Saisir les jeux par l'intensité de leur demande rythmique fait ainsi apparaître des rapprochements entre des titres que l'on distribue d'habitude sur des genres différents. La démarche présente, en effet, l'intérêt de disqualifier par avance le mode de classification thématique (jeu de sport, de football, de course, de tir, etc.), très largement employé, dans la mesure où le monde représenté à l'écran ne rentre pas en ligne de compte. La cartographie des jeux que l'on découvre par les entrées sur les contrôleurs reste cependant scindée en mondes hétérogènes selon le mode de contrôle. Il n'existe, en effet, pas de conversion simple entre les entrées clavier/souris et les entrées manette, par exemple. Mais il n'est pas illogique de considérer qu'un même jeu, joué à la manette ou au clavier, propose une expérience différente au plan gestuel.

Les graphiques (figure 2) présentent les distributions pour les principaux indicateurs clavier : nombre d'appuis par seconde, écart-type de la durée entre les appuis, durée moyenne d'un appui, nombre de touches utilisées. La principale question qui se pose tient à la manière de caractériser les différences qu'introduit chacun de ces indicateurs. Si le nombre de touches fréquemment utilisées nous donne un indicateur de complexité, les autres indicateurs nous renvoient vers des valeurs qui possèdent une analogie avec des caractéristiques musicales : le nombre de clics par seconde nous indique la vitesse de l'exécution, l'écart-type

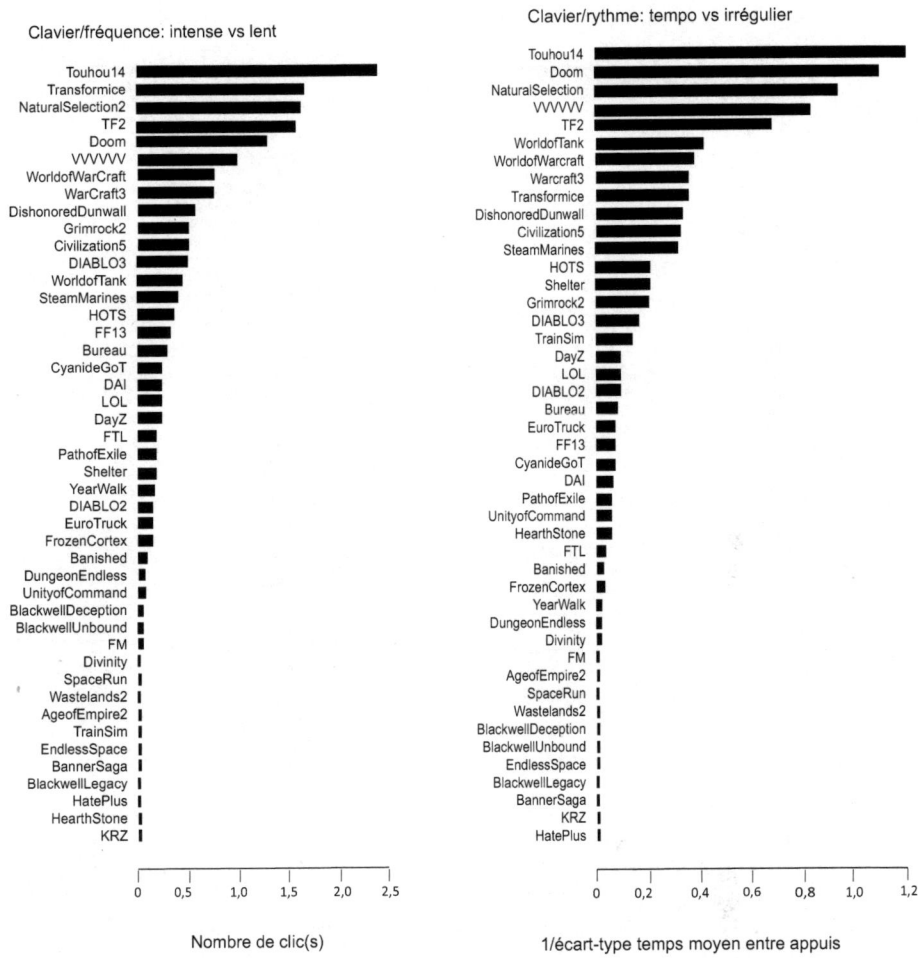

Figure 2. Tri à plat sur les principaux indicateurs clavier.

de la durée entre les appuis nous indique la régularité de l'exécution, la durée moyenne d'un appui le style de l'exécution.

L'analyse en composantes principales (ACP), en prenant en compte l'ensemble des indicateurs clavier et souris, nous oriente vers cinq options possibles pour caractériser la dominante gestuelle des jeux (figure 3). Sans surprise, l'ACP distingue tout d'abord les jeux que l'on pourrait appeler jeux de main droite (souris) et jeux de main gauche (clavier).

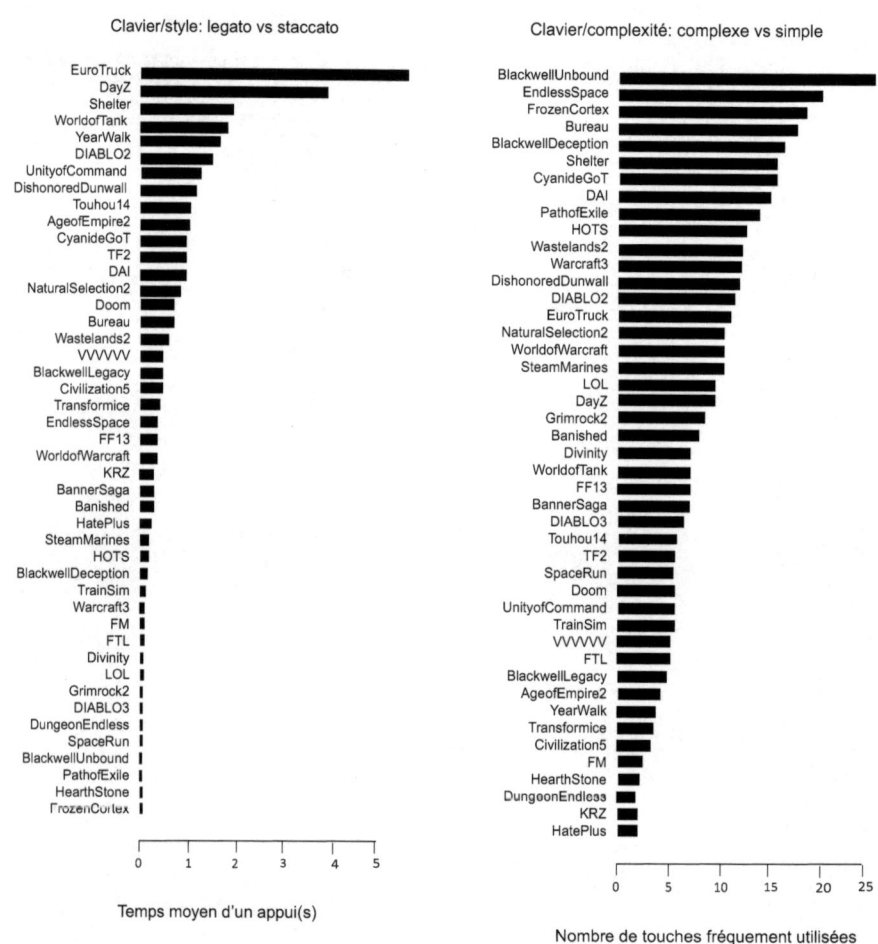

Figure 2. Tri à plat sur les principaux indicateurs clavier (suite).

De fait, rares sont les jeux à exiger un travail de même intensité en main droite et en main gauche (virtuosité).

Dans le champ des jeux à dominante clavier, trois directions existent : celle du martèlement dans le cadran en haut à droite, celle de l'appui long sur l'axe vertical, et celle de la complexité des appuis où le jeu de rôle en ligne rejoint l'enregistrement de sessions bureautiques. Enfin, la dernière zone à apparaître (cadran en bas à gauche) est celle des jeux à faible actionnabilité, qui regroupe des jeux traditionnellement distribués dans des genres différents, gestion, carte, *visual novel*, aventure.

Le même type d'analyse peut être conduit sur des genres identifiés (figure 4). Nous présentons ici les résultats sur le genre du *first person shooter (FPS)*. L'intérêt est de faire apparaître la très grande diversité du genre derrière un mode d'action uniforme : vue en première personne dans un univers en 3D, déplacement avec les touches du clavier, regard et ciblage piloté au moyen de la souris.

L'analyse des mêmes modalités clavier et souris fait apparaître de grands régimes d'expérience du FPS. Les jeux de la partie gauche représentent des jeux d'intense activité gestuelle. Celle-ci se distribue soit sous la forme de « la danse », avec de nombreux appuis claviers qui correspondent à la gestion du mouvement, soit sous la forme de la « frénésie », qui correspond à la définition attendue du *shooter* avec de nombreux clics souris, attachés à la fonction tir. On notera que les jeux de « danse » sont dominés par des titres multi-joueurs, qui exigent un déplacement constant et saccadé.

Les jeux de la partie droite présentent de manière symétrique deux méthodes d'actionnabilité simplifiée, qui correspondent à deux modes d'engagement différents avec l'espace du jeu. Dans le cadran en haut à droite, nous trouvons des jeux à appui long, qui proposent une expérience de « déplacement coulé » dans l'espace, dominé par la fonction avancer. Les jeux du cadran en bas à droite représentent des jeux de l'observation ou de l'hésitation, marqués par une forte irrégularité entre les appuis, et une durée moyenne entre appuis élevée. Ces jeux pourraient eux-mêmes se distribuer en deux familles : nous y retrouvons avec Talos Principle, The Witness, Super Hot des jeux d'énigme, mais aussi des jeux où la composante exploratoire est importante, avec notamment Doom, Mirror's Edge. Il est intéressant de constater avec Doom en particulier, le jeu qui lance le genre du FPS, que l'expérience est mixte : si les représentations publiques du genre sont dominées par la problématique de l'agressivité, l'expérience se fonde sur une alternance de moments d'action, sous la modalité du tir, et de déplacement et d'exploration, parfois à la limite de la désorientation.

LA MANETTE, LA MARIONNETTE ET L'INSTRUMENT

Ces analyses invitent à décaler les références mobilisées pour comprendre les jeux vidéo, en passant des arts de l'image et du cinéma en particulier aux arts de la performance, qui supposent l'interprétation d'une partition, d'un texte ou d'un « programme » préalable. Dans le cas des jeux vidéo, l'analogie invite à considérer le jeu non pas tant comme une œuvre à part entière que comme une « partition audiovisuelle » destinée à être exécutée par les joueurs. Dans cette analogie, les contrôleurs jouent le rôle de l'instrument.

Le travail de Bernard Sève (2013) sur l'instrument permet de caractériser la part gestuelle des jeux vidéo par différence avec le modèle de l'exécution musicale. Si Sève ne considère pas directement les jeux vidéo, sa thèse selon laquelle « la musique est le seul art qui use d'instruments » est cependant confrontée à l'objection de la marionnette, qui présente des affinités évidentes avec la situation vidéoludique. La marionnette fait « exister l'œuvre au fur et à mesure de son emploi ». Elle « a un statut intermédiaire entre le corps de l'acteur et l'instrument de musique : comme le premier, elle incarne ou "porte" un personnage ; comme le second, elle est un *artefact* qui doit être manié en temps réel par un artiste. » (Sève 2013 : 65) L'analogie est particulièrement intéressante dans le cas des jeux vidéo, qui placent le joueur en position d'animer un corps secondaire, qui n'est plus celui de la marionnette, mais celui de « l'avatar ».

Sève maintient cependant une distinction entre l'usage de la marionnette et celui de l'instrument de musique. « La marionnette ne produit pas quelque chose qui soit distinct d'elle-même ; alors que l'instrument produit quelque chose qui est distinct de lui, à savoir les sons de la musique ». Cet argument renvoie à la distinction initiale chez Sève entre le corps physique de l'instrument et son « corps musical » (Sève 2013 : 69). On pourrait cependant se demander si une telle distinction ne

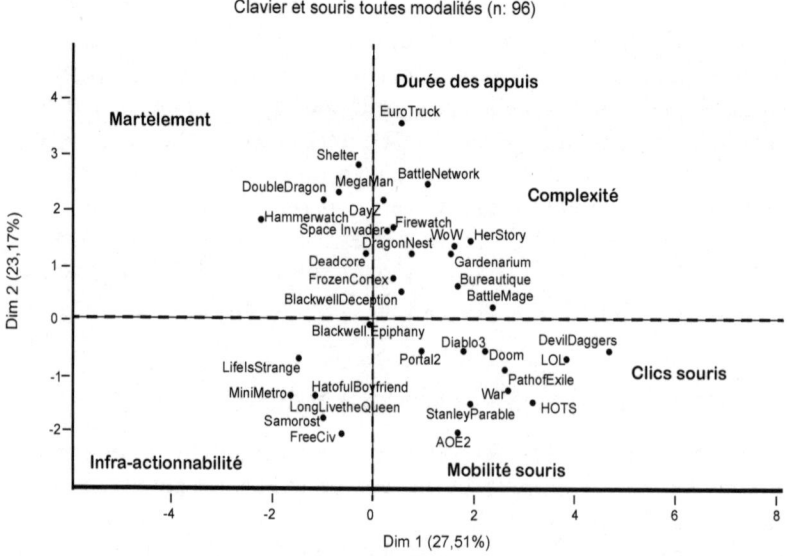

Figure 3. *L'analyse en composantes principales (ACP) sur les jeux clavier et souris.*

pourrait pas s'appliquer aussi au cas de la marionnette : ne pourrait-on distinguer de manière analogue le corps inerte de la marionnette et son « corps animé », par lequel se produit quelque chose d'autre que la simple exposition de marionnettes, c'est-à-dire le spectacle dans sa dimension de performance visuelle ?

Cette discussion a le mérite de faire apparaître une des spécificités des jeux vidéo, qui les éloigne de la performance du marionnettiste comme de celle de l'instrumentiste. En matière de jeu vidéo, la production de la performance est littéralement « assistée par ordinateur », avec une discontinuité majeure entre les gestes, minimes, sur les contrôleurs, et l'action démultipliée, qui est produite à l'écran. L'avatar marionnette se pare en jeu vidéo des attributs du robot, qui n'obéit pas tant à des transferts analogiques de mouvements qu'à des signaux de commande. La « continuité énergétique essentielle à l'instrumentalité de l'instrument » est remplacée par une émission de signaux, ce qui placerait le joueur dans la position du chef d'orchestre, dont la baguette n'est pas instrument au sens de Sève, plutôt que du musicien.

L'absence de partition au sens strict, à commencer par l'absence de toute mesure rythmique régulière, excepté le secteur spécialisé des « jeux musicaux », de même que le caractère conventionnel de la relation

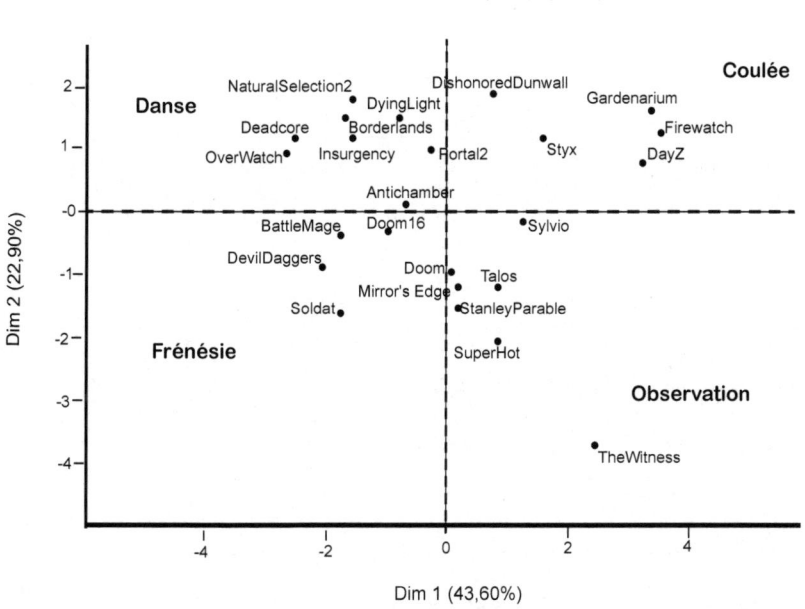

Figure 4. *L'analyse en composantes principales (ACP) sur le genre FPS.*

entre le geste sur les contrôleurs et l'action à l'écran, nous livrent les coordonnées du jeu vidéo comme performance gestuelle, aux voisinages de l'instrument et de la marionnette. Il nous semble qu'il y a ici tout un champ à explorer, au-delà de l'analogie si courue entre cinéma et jeu vidéo, pour qualifier l'expérience gestuelle des jeux vidéo. En la matière, le travail de David Sudnow sur sa pratique du piano (Sudnow 1978), comparée à sa pratique vidéoludique (Sudnow 1983), constitue un point de passage indispensable.

VARIABILITÉ INDIVIDUELLE

Au-delà des questions de classification inter et intra-genres, la rythmanalyse permet d'aborder un troisième champ de questions, qui porte sur la variabilité inter-individuelle. Il s'agit d'une question clé pour la validité même de ce travail rythmanalytique : si la diversité des manières de jouer l'emportait sur la diversité des jeux eux-mêmes, les enregistrements effectués perdraient en effet une grande part de leur valeur.

Un travail spécifique effectué sur quelques jeux d'arcade (Super Mario Bros, Donkey Kong, Space Invaders, Double Dragon), avec de nombreux participants, donne des résultats encourageants, dans la mesure où la variabilité inter-individuelle apparaît inférieure à la variabilité entre

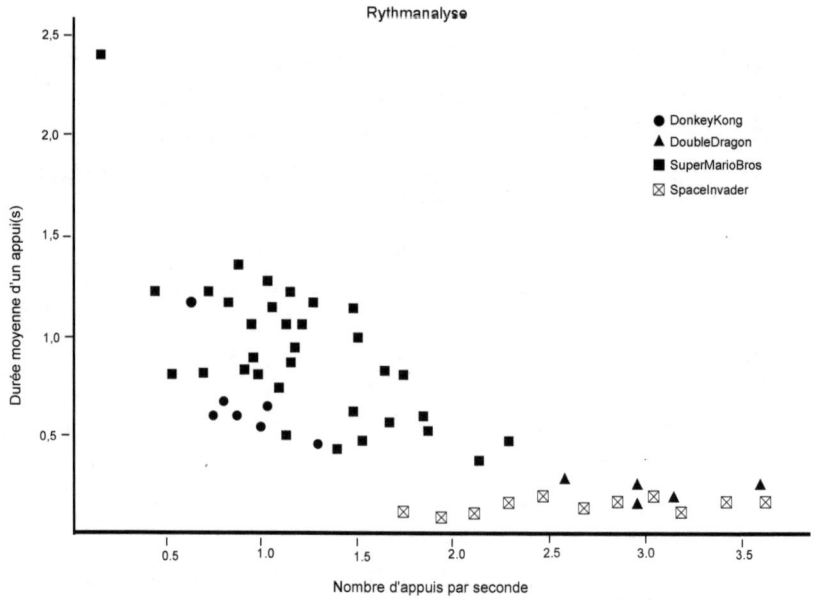

Figure 5. Différences individuelles sur quatre jeux d'arcade.

les jeux eux-mêmes (figure 5). Il apparaît en outre que la variabilité inter-individuelle est plus ou moins forte selon les jeux. Un jeu comme Space Invaders, qui est centré sur la modalité gestuelle du martellement, due à l'importance de la fonction tir, écrase largement les différences inter-individuelles, là où un titre comme Super Mario Bros permet des stratégies très différentes selon les joueurs, entre les débutants et les experts, mais aussi entre ceux qui privilégient la traversée rapide du monde et ceux qui privilégient la découverte de ses multiples secrets.

Un autre aspect de la différence inter-individuelle, qui mérite examen, tient aux effets d'apprentissage. Si l'on peut concevoir qu'il existe lors de l'apprentissage de multiples manières de jouer, le jeu n'impose-t-il pas, une fois l'apprentissage effectué, des rythmes d'action similaires ? La question est particulièrement vive dans le domaine des pratiques compétitives de type « e-sport », qui exigent de la part des participants une très grande virtuosité dans l'exécution.

Les quelques enregistrements que nous avons pu conduire sur des joueurs de haut niveau du jeu compétitif Starcraft 2 laissent transparaître le maintien d'une certaine diversité de styles. On notera que cette diversité est, en un sens, encouragée par le jeu lui-même, dans la mesure où chaque joueur peut choisir différentes *races*, dotées de pouvoirs propres, qui supposent chacune une certaine spécialisation et possèdent leur signature rythmique. Pour autant, il est apparu que même des joueurs spécialisés dans la même *race*, de niveau sensiblement équivalent, conservaient des différences significatives sur leurs indicateurs rythmiques. Ce qui conduit à l'hypothèse que, comme pour certains sports, des styles différents sont viables à haut niveau, sans qu'un optimum rythmique ou gestuel soit nécessairement décelable.

STYLISTIQUE DES SESSIONS INDIVIDUELLES

Enfin, le dernier niveau d'analyse porte sur des sessions singulières. Les enjeux relèvent, à ce point, de l'esthétique, au sens d'une étude de la sensation. Il s'agit de comprendre comment le joueur module la demande rythmique faite par le jeu. La méthode permet d'objectiver des zones d'émotions, qui ne se laissent pas facilement saisir dans les logiques de l'identification à l'avatar ou, plus généralement, du décodage symbolique vis-à-vis de ce que le jeu représente dans sa composante audio-visuelle. Nous avons ici à faire à des émotions qui engagent des transferts de mouvement, des affects rythmiques au niveau du corps propre. Le travail ryhtmanalytique permet ainsi d'accéder à des zones de l'expérience en situation, dont on serait bien en peine de savoir comment les saisir autrement (During 2012).

Le jeu Tetris fournit un exemple particulièrement remarquable pour ce genre d'analyse, dans la mesure où la composante représentationnelle relève de l'abstraction et ne laisse pas tellement place aux logiques ordinaires de l'identification avec le personnage et du récit. Tetris, comme l'immense majorité des jeux d'arcade, repose sur un principe d'accélération progressive, ce qui conduit à augmenter la difficulté jusqu'à ce que le jeu s'achève en *game over*.

L'enregistrement comparé des appuis d'un joueur débutant et d'un joueur expert révèle que si le débutant se laisse en quelque sorte emporter par l'accélération du jeu, comme l'on pouvait s'y attendre, l'expert parvient, en revanche, à moduler l'accélération (figure 6). La courbe des appuis présente, pour une partie bien définie, une séquence caractéristique : accélération, puis une sorte de plateau légèrement descendant, qui correspond à la faculté de maintenir le jeu dans des limites praticables, avant que n'arrive le *crash*.

Une des questions que l'on doit se poser est de savoir comment décrire phénoménologiquement « ce que cela fait que de jouer à Tetris ». Manifestement, une fois passée la caractérisation des émotions liées à la victoire, à la défaite, au triomphe ou à la frustration, attachées au score final, nous sommes bien en peine de savoir en quoi consistent les affects d'une partie. Tetris prive, en effet, le joueur des traditionnelles propositions d'identification (le vaisseau spatial, le cowboy, etc.). L'abstraction du jeu laisse place à des rapports de vitesse et de mouvements, qui ne se laissent capter qu'à travers l'enregistrement de l'activité sur les contrôleurs.

S'il y a émotions dans la partie, celles-ci relèvent de la transition entre un crescendo et ce moment où le joueur parvient à ralentir l'action, avant que n'intervienne la bascule dans le *game over* final. Cette caractérisation des émotions par les transferts de mouvements entre le corps du joueur et l'écran rejoint le travail de Raymond Bellour (2009) sur l'expérience élémentaire du spectateur de cinéma. « Les émotions que les films font lever s'avèrent, au moins pour une part variable mais cruciale, en proportion de leur capacité à inventer des formes ou des figures, des forces, des événements de masses et de lumière, des chocs de mouvements et de temps, plus ou moins ténus ou compacts. À la lisière du système stylistique ou l'établissant, ces événements sont physiques, même si sur l'écran ils sont incorporels. Leur mystère est de pénétrer des corps dont l'immobilité est le principe relatif, où ils deviennent corporels-incorporels. » (Bellour 2009 : 143).

Bellour s'appuie, dans son travail de description de ces affects de mouvement, sur les recherches de Daniel Stern, à propos du monde vécu du nourrisson, qui cherche à rendre compte d'un régime d'affects

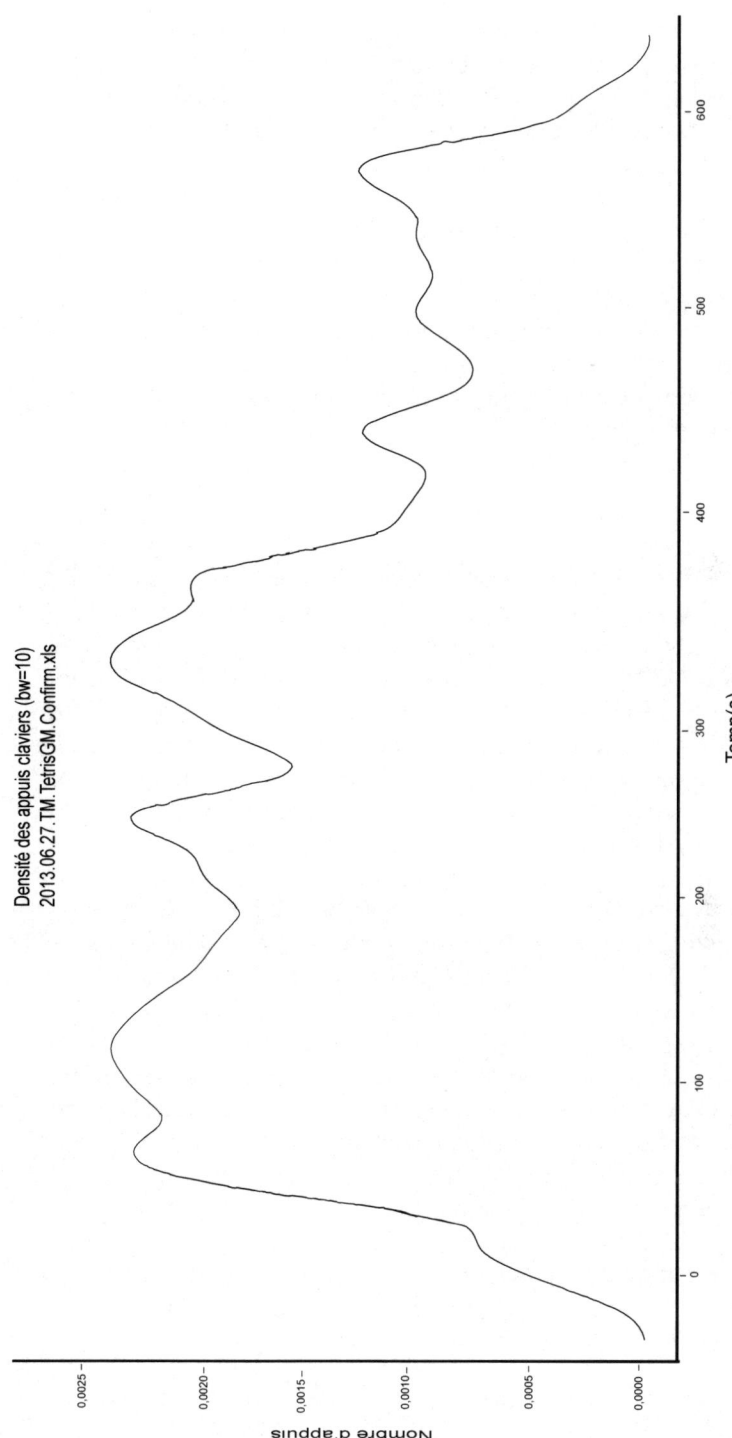

Figure 6. Les appuis clavier d'un joueur expert sur Tetris.

« de vitalité » dont « les caractères insaisissables sont mieux rendus par les termes dynamiques, kinétiques, tels que surgir, s'évanouir, fugace, explosif, crescendo, decrescendo, éclater, s'allonger ». Si une certaine théorie de l'expérience spectatorielle a pu chercher décrire l'expérience primaire du cinéma comme une question de mouvements et de rythme (Williams 1991), il paraît évident que cette attention aux mouvements qui traversent les corps des spectateurs et les corps à l'écran s'applique d'autant mieux aux jeux vidéo qui matérialisent de tels transferts (Triclot 2013). La possibilité de capturer la modulation des mouvements écraniques par le joueur permet d'étendre ce style de descriptions, adressées à la strate la plus basique de l'expérience, en deçà des constructions secondaires de l'ordre style ou du développement narratif et symbolique.

CONCLUSION

Nous avons présenté quelques échantillons de la méthode rythmanalytique appliquée aux jeux vidéo. Ces échantillons permettent d'illustrer une forme d'étude des pratiques de jeu en situation, qui fait l'économie du recours à l'image écranique, pour se focaliser sur la production gestuelle de la performance. Ce faisant, nous espérons accéder à des strates de l'expérience de consommation ludique des images, que la seule focalisation sur les événements à l'écran ne pourrait nous livrer.

Ce travail s'inscrit dans une esthétique des phénomènes techniques qui s'intéresse, à la manière de Leroi-Gourhan, aux continuités entre pratiques culturelles, pratiques techniques et rythmicités physiologiques. « Le sujet agissant, animal ou homme, est pris dans un réseau de mouvements, issus de l'extérieur ou de sa propre machine, mouvements dont la forme est interprétée par ses sens. Plus largement, sa perception s'interpose entre des rythmes externes et la réponse qu'il y donne motritivement. [...] Rythmes et valeurs réfléchis tendront, au cours de l'évolution humaine, à créer un temps et un espace proprement humains, à emprisonner le comportement dans le quadrillage des mesures et des gammes, à se concrétiser dans une esthétique au sens plus restreint. » (Leroi-Gourhan 1964 : 97-98) La bascule de nos activités dans un régime numérique nous permet aujourd'hui de collecter des traces plus nombreuses et plus détaillées des actions corporelles. Celles-ci permettent de renouveler le programme rythmanalytique, qui a toujours été un des marqueurs caractéristiques de l'anthropologie et de la philosophie des techniques de langue française.

Bibliographie

Amato, Étienne Armand et Perény, Étienne, 2010, L'heuristique de l'avatar : polarités et fondamentaux des hypermédias et des cybermédias, *Revue des Interactions Humaines Médiatisées,* 11 (1), 87-115.
Bachelard, Gaston, 1950[1936], *La dialectique de la durée,* Paris : PUF.
Beaune, Jean-Claude, 1999, *Philosophie des milieux techniques,* Seyssel : Champ Vallon.
Bellour, Raymond, 2009, *Le corps du cinéma : Hypnoses, Émotions, Animalités,* Paris : P.O.L.
Berry, Vincent, 2012, *L'expérience virtuelle,* Rennes : PUR.
Boutet, Manuel, 2012, Jouer aux jeux vidéo avec style. Pour une ethnographie des sociabilités vidéoludiques, *Réseaux,* n° 173–174, 207–234.
Boutet, Manuel, Colón de Carvajal, Isabel, Ter Minassian, Hovig et Triclot, Mathieu, 2013, Au-delà du virtuel : interactions sociales et spatiales dans et autour d'un univers vidéoludique, *Revue MEI,* 37, 103–116.
Boutet, Manuel, Denoun, Manon, Langewiesche, Katrin et Ouédraogo, Jean-Bernard, 2013, « L'enquête et ses graphies : figurations iconographiques d'après société », http://graphies.hypotheses.org/laxe-du-seminaire.
Boyer, Elsa, Zabunyan, Dork (dir.), 2012, *Voir les jeux vidéo : Perception, construction, fiction,* Paris : Bayard.
Brougère, Gilles, 2013, Jacques Henriot et les sciences du jeu ou la pensée de Villetaneuse, *Sciences du jeu,* 1.
Caillois, Roger, 1958, *Les hommes et les jeux,* Paris : Gallimard.
Chateau, Jean, 1946, *Le jeu de l'enfant,* Paris : Vrin.
Coavoux, Samuel et Gerber, David, 2016, Les pratiques ludiques des adultes entre affinités électives et sociabilités familiales, *Sociologie,* volume 7, n° 2, PUF, p. 133-152.
Coavoux Samuel, Berry Vincent, Rufat Samuel et Ter Minassian, Hovig, 2013, Qui sont les joueurs de jeu vidéo en France ?, in Mathieu Triclot (dir.), *La fabrique des jeux vidéo,* Paris : La Martinière, 172-177.
During, Elie, 2012, Éloge du style vectoriel, in Elsa Boyer (dir.), *Voir les jeux vidéo,* Paris : Bayard.
Henriot, Jacques, 1969, *Le jeu,* Paris : PUF.
Henriot, Jacques, 1989, *Sous couleur de jouer,* Paris : Corti.
Jumeaux-Bekkouche, Sophie, 2011, « PIETTE Albert, 2009. L'Acte d'exister. Une phénoménographie de la présence ». *ethnographiques.org,* Comptes rendus d'ouvrages [en ligne]. (http://www.ethnographiques.org/2011/Jumeaux-Bekkouche – consulté le 25.06.2018)
Lefebvre, Henri, 1992, *Éléments de rythmanalyse,* Paris : Syllepse.
Leroi-Gourhan, André, 1964, *Le geste et la parole,* Tome 1, Paris : Albin Michel.
Meschnonic, Henri, 1982, *Critique du rythme : Anthropologie historique du langage,* Paris : Verdier.
Merleau-Ponty, Maurice, 1945, *Phénoménologie de la perception,* Paris : Gallimard.
Morisset, Thomas, 2015, Les jeux vidéo ou la dépense des images, Communication Colloque Jeu vidéo : singularités d'un art de l'écran, Université de Strasbourg, 9 avril 2015.
Perény, Étienne, 2013, *Images interactives et jeu vidéo : de l'interface iconique à l'avatar numérique,* Paris : Questions Théoriques.

Piette, Albert, 2009, *L'acte d'exister : une phénoménographie de la présence*, Marchienne-au-Pont :
Socrate Promarex.
Rufat, Samuel et Ter Minassian, Hovig, 2012, *Les jeux vidéo comme objet de recherche,* Paris : Questions Théoriques.
Sève, Bernard, 2013, *L'instrument de musique : Une étude philosophique,* Paris : Seuil.
Sudnow, David, 1978, *Ways of the Hand,* Cambridge : MIT Press.
Sudnow, David, 1983, *Pilgrim in the Microworld,* New York : Warner Books.
Triclot, Mathieu, 2011, *Philosophie des jeux vidéo,* Paris : La Découverte.
Triclot, Mathieu, 2012, Jouer au laboratoire : le jeu vidéo à l'université (1962-1979), *Réseaux,* 30, n° 173-174, 177-205.
Triclot Mathieu, 2013, Les corps du jeu vidéo, in Serge Tisseron (dir.), *Subjectivation et empathie dans les mondes numériques,* Paris : Dunod.
Triclot, Mathieu, 2014, Game studies ou études du play ? Une lecture croisée de Jacques Henriot et de Jesper Juul, *Sciences du jeu,* 1.
Williams, Linda, 1991, Film Bodies : Gender, Genre, and Excess, *Film Quarterly,* Vol. 44 No. 4, 2-13.
Zabban, Vinciane, 2012, Retour sur les Game Studies, *Réseaux,* 30, n° 173-174, 141-176.